口才情商

口才三绝

会赞美 会幽默 会拒绝

路天章　编著

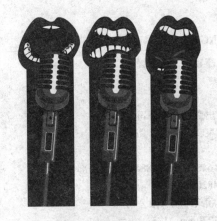

扫码收听全套图书

成都地图出版社

图书在版编目(CIP)数据

口才情商／路天章，李牧怡，张跃峰编著. -- 成都：
成都地图出版社有限公司，2020.5(2023.3 重印)
ISBN 978-7-5557-1478-1

Ⅰ．①口… Ⅱ．①路… ②李… ③张… Ⅲ．①口才学
－通俗读物 Ⅳ．①H019-49

中国版本图书馆 CIP 数据核字(2020)第 068425 号

口才情商

KOUCAI QINGSHANG

编　　著：路天章　李牧怡　张跃峰
责任编辑：吴朝香
封面设计：松　雪
出版发行：成都地图出版社有限公司
地　　址：成都市龙泉驿区建设路 2 号
邮政编码：610100
电　　话：028-84884648　028-84884826(营销部)
传　　真：028-84884820
印　　刷：三河市宏顺兴印刷有限公司
开　　本：880mm×1270mm　1/32
印　　张：15
字　　数：348 千字
版　　次：2020 年 5 月第 1 版
印　　次：2023 年 3 月第 8 次印刷
定　　价：98.00 元(全三册)
书　　号：ISBN 978-7-5557-1478-1

前　言

　　好口才能更好地辅助你展现自己的才华，体现风度和气质，这样会让他人更加关注你并且喜爱你；好口才亦能帮助你驰骋职场，赢得领导的青睐；好口才还能缩短人们心灵间的距离，促进彼此的交往。良好的口才可以把你的想法准确无误地传达给其他人，这会为你带来机遇；一些口才的小技巧还可以帮你化解你所面临的语言的刁难，解除你的困境。或许你认为成功的人不一定都具备良好的口才，但拥有好的口才绝对有益于成功。良好的口才是成功的催化剂，它能够提高成功的可能性，并且在关键时刻发挥至关重要的作用。

　　一个人拥有良好口才技巧的突出表现，就是会赞美，会幽默，会拒绝。

　　赞美并不是一味说好话，戴高帽，而是通过语言艺术让你的赞美话听起来令人舒服，不空洞、不虚伪。这就需要你敏锐地发现对方身上最值得赞美的地方，把赞美话说到对方内心深处，这样才能取得最佳的赞美效果。

　　会赞美的人，说话真诚、热情、有度，能让被赞美者感受到你所表达出的善意，从而建立和谐的沟通氛围。现实交往中，一句恰到好处的赞美话，往往能起到令人意想不到的效果。

幽默并不是单纯搞笑，而是通过运用睿智、轻松、寓意深刻的语言，来提升自己的社交形象，快速拉近双方的距离，化解突如其来的尴尬局面，缓和陷入僵局的紧张气氛。通过幽默，让人际交往更和谐，职场沟通更顺畅，家庭关系更美满。

拒绝并不是生硬地说"不"，而是通过委婉的语言让你口中的"不"字更具有人情味，更容易让人接受。有技巧地拒绝，不但不会给我们带来负面影响，反而能得到他人的敬佩与尊重。拒绝他人是生活中的一种艺术与技巧，学会并灵活运用它，会使我们的生活更从容，也会使我们有一个良好的社会关系。

本书通过大量现实生活中的对话场景，配合直观的手绘插图，介绍了如何说赞美话、幽默话、拒绝话的方法，希望本书能帮助读者提升口才技巧，增强沟通能力。

目　录

扫码点目录听本书

上篇　会赞美

第一章　赞美他人，就能照亮自己

赞美具有神奇的魔力／002

人人都爱被赞美／005

人人都有值得赞美之处／006

处处都有值得赞美的地方／009

第二章　赞美是口才，也是一门艺术

一语中的，赞美不是"拍马屁"／013

赞美应该给人美的感受 / 015

把握好赞美他人的"度" / 018

把自己放低，赞美的效果会更好 / 020

第三章　这样夸，让所有人都喜欢你

夸赞上级就这几招 / 025

少说客气话，多点坦诚赞美 / 027

求人时不妨多说几句恭维话 / 029

好孩子是夸出来的 / 031

中篇　会幽默

第一章　用幽默提升形象,到哪里都受欢迎

在幽默中提升魅力／042

幽默的人总受人欢迎／046

幽默使你万众瞩目／048

幽默有一种绝妙的影响力／050

第二章　职场幽默,让工作成为快乐的事

怎样与幽默型领导相处／055

获得赏识的幽默术／059

用幽默的力量让老板笑口常开 / 060

幽默地处理好同事关系 / 062

第三章　社交幽默，让沟通更顺畅

让紧张的气氛在幽默中缓和 / 068

因为幽默，在社交场中游刃有余 / 071

以幽默的语言化解人际的冰霜 / 073

幽默寒暄让交际更顺畅 / 075

第四章　家庭幽默，在幽默中享受幸福

防止婚姻老化，幽默交流必不可少 / 080

生活少动力，幽默来添加 / 083

改变心态，柴米油盐皆可幽默／086

用幽默来化解矛盾，关系更密切／089

用幽默来表达，和气又讲理／091

下篇　会拒绝

第一章　敢于拒绝，别为了面子强出头

　　　　因人情违心做事，等于作茧自缚／098

　　　　无法办成的事，不要轻易答应／101

　　　　不想吃亏，就果断拒绝对方／105

　　　　再熟悉的人，也要学会说"不"／109

第二章　善于拒绝，在不伤和气的同时巧妙拒绝

　　　　拒绝要懂技巧，不要伤害对方的面子／114

　　　　坚持弹性原则，给出模棱两可的答案／118

　　　　勇敢说"NO"，但要对事不对人／122

　　　　直接拒绝"冲力"大，那就绕着弯说／126

第三章　纵横职场，你可以说"不"

　　　　我不是长舌妇：拒绝流言蜚语／132

　　　　瓜田李下闲话多：拒绝办公室暧昧／135

　　　　朝儿晚五，不是朝五晚九：拒绝无偿加班／140

　　　　我不是"老白干"：拒绝分外事／145

上篇

会赞美

扫码点目录听本书

第一章　赞美他人，就能照亮自己

扫码点目录听本书

赞美具有神奇的魔力

印尼前总统苏加诺是位外交老手。他曾在广州青年为他举行的欢迎会上说了这样的一番话："今天，我非常高兴见到大家。你们青年人是民族的希望、未来的建设者、未来的主人翁。青年人是多么幸福啊！印度有很多神话，其中一个是关于'愿望之树'的，谁要是站到神树的下面，就能实现他此刻的愿望。假如我现在能够站到这棵神树下，我会向神树许愿：我想重新回到青年时代。"

苏加诺针对青年听众，热情赞颂他们拥有的宝贵青春。一番赞赏之词，一方面激起了听众的自豪感，另一方面博得了听众的亲近感和信任感，不仅拉近了感情，还增进了友谊。

虽然赞美能够拉近彼此的距离，但也要注意场合，对陌生人进行直接赞美则会显得矫揉造作、不伦不类。所以，如果我们在称赞一位经营者时，不妨间接赞美与其相关的其他方面，以此表现自己对对方眼光独到、经营有方的欣赏；而在称赞一位演讲人时，可以着力夸赞他的口才和博学等，这不但给他鼓励，还能证明自己有素养。

萧伯纳年轻时非常胆小。刚到伦敦的时候，有人请他去做客。他到了主人家门口后，挣扎很久还是不敢按门铃，徘徊许久后选择了放弃。但就是如此胆小的一个人，最后，却成为有名的演说家，实在是令人称奇。

萧伯纳受朋友之邀进行他人生的第一次演讲。当时，胆小的他怀着一颗忐忑不安的心诚惶诚恐地站起身来，声音很小地讲了一个小故事，结果却被众人嘲笑。大家都笑他胆小得像个小姑娘。他惭愧得无地自容。正在他懊恼时，一个女孩真诚地对他说："你的声音真好听，相信再大点声会更美妙。"萧伯纳害羞地看着女孩，女孩开心地笑了，她知道他已经接受了赞美。从此以后，萧伯纳不再在公众场合保持沉默，他像被一股无形的力量推动着，不断进步。

此后，每逢周末，萧伯纳都会积极地找寻机会当众演讲。即便别人觉得他很怪，他一直保持着不理会的态度。每次演讲过后，他都会反思以提升自己。

无论是在什么场所——是挤满成千上万听众的演讲大厅，还是寥寥数人的地下室，萧伯纳都会出现。经过反复锻炼，萧伯纳完全摆脱了胆小的毛病。他不仅能够大胆地与别人交谈，而且还开始展现自己演讲的魅力。

赞美具有神奇的魔力，它不但能化解尴尬，建立友情，还能让干戈化为玉帛，让不可能变成可能。

美国南北战争时期，北军格兰特将军和南军李将军交锋。经过激烈战斗，北军胜利，李将军签订降约，美国内战结束。

格兰特将军立了大功，但他并不狂傲。他首先谦恭地称赞对手："李将军虽然战败了，但这并不影响他的军事才能，他依旧是一位伟大的军事统帅。他一如既往的镇定，身穿军服，腰佩宝剑，气宇轩昂；我和他那高大的身材比较起来，真是相形见绌。"

格兰特不但大度地赞美了李将军的仪表和仪态，而且还不趁机诋毁他的军事才能，谦虚地认为自己的胜利和李将军的失败，是运气眷顾。他说："这次胜利来得很幸运，当时他们的军队在弗吉尼亚遭遇连绵阴雨，行军作战异常不便，而我军一直没有遇到如此糟糕的情况。老天在帮助我们，是幸运给了我们胜利！"

格兰特将军把 场关键性战役归功于天气和运气，而对自己战术指挥的高明闭口不提，面对战败的敌人时也不盛气凌人，而是赞美对方以维护战败者的尊严，最终，得到了更多的敬意。

人人都爱被赞美

1.希望赢得别人对自己的赞许，是人类的本性

人们正是在别人的赞美声中感觉到认可，获得重要的社会满足感。 人在婴儿时期，就从周围人的微小的赞美性动作中获得满足。 成人以后，更多的是在他人、社会舆论的赞许声中获得强烈的成就感。 这就是"社会赞许动机"。 应该认识到，人都有优点，这正是个人存在价值的生动体现。 人们一般都希望他人能看到和肯定自己的优点和长处，认可自己的成功。 因此，诚恳的赞美之声，总是能够赢得对方的欢心，同时也创造了美好愉悦的氛围。

2.赞美能形成良好的行为规范，有利于双方向积极肯定的方向发展

在人与人的交往中，适当的赞美能促使人改正缺点。 比如，对方本来具有优柔寡断的缺点，若听你称赞他很果断，那么他就可能改变原来的缺点，朝你赞许的方向去努力。 他的动力来源于他人的赞美。

3.适当地赞美对方，能够使其回以同样的热情

科学研究表明，别人对待你的方式，大部分取决于你对他

们的态度。 有的人总是抱怨别人不热情、不友好，事实上原因在于你自己。 面对镜子，如果镜子中的形象令你不悦，那最好从自己的脸上去找原因。 一个热情友好的赞美，总能换取对方同样的态度，更利于双方交流。

人人都有值得赞美之处

1. 所有的人都欢迎欣赏和赞扬

根据心理学的层次理论，自尊和自我实现是一个人较高层次的需求，它一般表现为荣誉感和成就感。 而荣誉和成就的取得，在得到他人和社会认可时最强烈。 而赞扬的作用，就是把他人需要的荣誉感和成就感，拱手相送到对方手里。

人们常常忽视对别人表示欣赏和赞扬这一美德。 当我们的儿子或女儿取得好成绩的时候，我们竟然忽视了，而没有对他或她加以赞扬；或者是当他们第一次成功地做出一块蛋糕或做好一个鸟笼的时候，我们却忘了鼓励他们。 没有任何东西比父母对子女的这种关注和赞扬，更能激励子女奋进。

下一次你在饭店吃到一道好菜时，一定要记得说这道菜做得不错，并且把这句话传给大师傅。 而当一位奔波劳累的推销员对你以礼相待时，也请你给他赞扬。

每一位传教士、教师以及演讲的人，都曾遭遇过掏出肚子里所有的东西却没有得到听众一句赞扬的话而倍感失望的情形。

那些在办公室、商店以及工厂的工作人员，还有我们的家人和朋友，也会有这种经历。

不管到什么地方，也不管什么时候，不妨多说几句感谢的话，留下一些友善的小火花。你将无法想象，这些小小的火花能够点燃起怎样的友谊火焰。而当你下次再到这个地方的时候，这友谊的火焰就会照亮你。

2. 赞扬就像是照在人们心灵上的阳光

玛丽作为一名见习服务员，在熙熙攘攘的纽约杂货商店里忙活了整整一天之后，已累得精疲力竭。她的帽子歪向一边，工作裙上被点点污渍沾满，双脚越来越疼，装满货物的托盘在她手中也变得越来越沉重。她感到疲倦和泄气："看来一切在我手中都干不好。"

玛丽好不容易为一位顾客开列完一张烦琐的账单，这家人有好几个孩子，他们三番五次地更换冰激凌的订单。

玛丽真的准备撒手不干了。

这时候，这一家人的父亲一面递给玛丽小费，一面笑着对她说："谢谢，你对我们的照顾真是太周到了！"

就在这一瞬间，玛丽的疲倦感瞬间就无影无踪了。她也回报以微笑。后来，当经理问到她对头一天的工作有什么感觉时，玛丽回答说："挺好！"

那一句赞扬好像改变了所有的一切。

如果几句话就能给别人带来这样的满足，我们何乐而不为呢？

3. 人人都有值得称道的地方

卡耐基在纽约的一家邮局寄信，发现那位管挂号信的职员很不耐烦自己的工作。于是，他暗暗地对自己说："卡耐基，你要让这位仁兄感到快乐，要他马上喜欢你。"同时，他又提醒自己："如果要他马上喜欢我，一定要说些好听的话让他高兴起来才行。而他，有什么值得我欣赏的呢？"非常幸运，他很快就找到了。

当他称卡耐基的信件时，卡耐基看着他，很诚恳地对他说："你的头发太漂亮了。"

他抬起头来，感到些许惊讶，脸上露出了无法掩饰的微笑。他谦虚地说："哪里，不如从前了。"

卡耐基又对他说："这是真的，简直如同年轻人的头发似的！"

他高兴极了。于是，他们愉快地谈了起来，在卡耐基离开的时候，他对卡耐基说的最后一句话是："很多人都向我询问到底有什么秘方，其实它是天生的。"

事后，卡耐基说："我敢打赌，这位朋友当天走起路来肯定是飘飘欲仙；我敢打赌，晚上他肯定会向他太太详细地叙说这件事，同时还会对着镜子仔细端详一番。"

卡耐基给一位朋友讲述这件事，朋友问卡耐基："你为什么要这样做？你想从他那里得到什么呢？"

卡耐基说："是的，我想要得到什么？什么也不要。如果我们只图从别人那里得到什么，那么我们就无法给人一些真诚的赞美，那也就无法真诚地把快乐带给别人。如果一定要说我想得到什么的话，告诉你，我想得到的只是一件无价的东西。这就是我为他做了一件事情，即使他对我并无回报，我心中也会产生一种满足之感。"

是的，真诚地对别人值得赞美的地方说出自己的赞美之词，对别人对自己都很有用。

如同艺术家给别人带来美的时候感到愉快一样，任何掌握了赞扬艺术的人都会发现，赞扬把极大的愉快不仅带给听者，而且也带给了自己。它不仅给平凡的生活带来了温暖和快乐，还把世界的喧闹声变成了音乐。

人人都有值得称道的地方，我们只需要把它说出来就好。

处处都有值得赞美的地方

美国管理专家戴维·马尔思被认为是钢铁业界的一个天才，他在当时拥有三千多美元的日薪，年工资为一百万美元。

但事实上，戴维·马尔思对于钢铁生产并不懂，是典型的"外行"管内行。

戴维·马尔思自己这样认为："我认为我所拥有的最大财富是我能使人们产生极大的热忱。要激发人们心目中最美好的东西，就是要去鼓励和赞美。我从来不指责任何人。我信奉激励人去工作。所以，我总是急于表扬别人而对吹毛求疵最讨厌。如果我喜欢什么东西或人，那就会诚挚地赞扬。"

"在社会交往中，虽然我在世界各地见到过许多伟人和普通人，但有一个人仍然要我去寻找发现，无论他有多高、多重要的身价，他在赞扬面前总比在批评面前做得更好，而耗费的精力也更小。"

戴维·马尔思的秘诀就是，不论是在公开还是私下的场合，都会赞美别人。赞美可以使人奋发向上，促使一个人不断进步和发展。

在日常交谈中，真诚的赞扬和鼓励，能使人的荣誉感得到满足，使人终生难忘。在日常生活中，一些人认为赞扬和鼓励有害无利，却相信处罚和责骂。其实，这是一种过时的思想和习惯，是和现代人健康的人格与尊严、荣誉与自尊相悖离的。有一句箴言："合适的话，甜了心而健于骨。"赞美之于人心，同太阳之于生命一样，有着十分神奇的作用。美国作家马克·吐温说："我听到一句好的赞词，就能够不吃不喝活上两个月。"他这句话的内在含义，就是指人们时常需要受人尊重和恭维。

英国大文豪查尔斯·狄更斯在年轻时穷困潦倒，好像干什么事都不顺利。父亲因为无钱还债而入狱，饥饿之苦是狄更斯经常遭受的。他总是坚持写作，却信心不足，总是晚上偷偷将稿子寄出去，又总是被退回来。终于，他的作品被一位编辑欣赏，刊登了出来，并回信夸奖了他。

这个赞扬使狄更斯的一生发生了改变，从此，世界上多了一个伟大的文学家，少了一个平庸的人。可见，一句简单的赞扬的话所起到的作用是无法估量的。

一句简单的赞美他人的话，不仅使他人的心理需求得到满足，同时还让自己得到了对方的喜爱和赞叹。

说句简单的赞美话，的确不是一件困难的事情，只要你乐于并且留心观察，到处都会有值得赞美的地方。

你可以将一位并不十分漂亮的女士称赞为"很有智慧""心地善良""善解人意"。同样，你也可以将一位并不十分强壮的男士称赞为"很有能力""很有见地""很有个性"。你可以对男同事说："哦，你今天的这个领带真别致。"也可以由衷地赞美穿了新衣服来上班的女同事："这件衣服穿在你身上很得体。"你还可以对家人说："今晚可口的饭菜让我的肚子撑不下了，可舌头还想吃。"

赞美的话宛如令人赏心悦目的大自然的花朵。正如美国心理学家威廉·詹姆斯所说："人类本性上最深的企图之一是期望获得赞美、钦佩和尊重。"

人人都爱被赞美

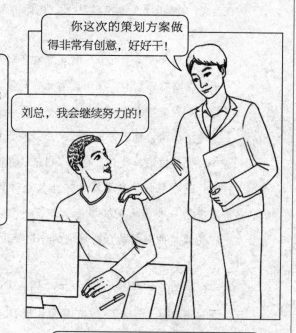

及时赞美对方的优点

人们都希望他人能看到和肯定自己的优点和长处，认可自己的成功。诚恳的赞美，总是能够激励对方的干劲，同时也创造了美好愉悦的氛围。

赞美比批评更有效

对于犯错的人，赞美、鼓励比批评、呵斥要有效得多。相对批评来说，赞美是一种"积极的鼓励法"，更能激起对方正面的反应。

第二章 赞美是口才，也是一门艺术

一语中的，赞美不是"拍马屁"

　　美国著名的柯达公司的创始人伊斯曼捐赠巨款，在罗彻斯特建造三座全新的公共戏院。为了承接这批建筑物内的座椅，许多制造商想尽了办法。但是，商人们无不乘兴而来，败兴而去，一无所获。

　　当时，优美座位公司的经理亚当森也前来会见伊斯曼，希望能够得到这笔价值9万美元的生意。

　　亚当森被引进伊斯曼的办公室后，看见伊斯曼正忙于批示文件，于是，他静静地站在那里观察办公室的环境。

　　过了一会儿，伊斯曼抬起头来，发现了亚当森，便问道："先生有何见教？"

　　这时，亚当森搁置交易的事，而是先说："伊斯曼先生，我在等您的时候，仔细地观察了您的这间办公室。我本人长期从事室内的木工装修，但这间办公室精致的装修让我惊艳。"

伊斯曼回答说:"哎呀!您提醒了我过去的事。这间办公室是我亲自设计的,当初刚建好的时候,我喜欢极了。但是后来一忙,就没时间仔细欣赏这个房间了。"

亚当森走到墙边,摸了一下木板,说:"我想这是英国橡木,是不是?意大利橡木的质地不是这样的。"

"是的。"伊斯曼喜形于色地说,"那是从英国进口的橡木,是我的一位专门研究室内装饰的朋友专程去英国为我订的货"。

伊斯曼心情极好,便带着亚当森仔细地参观起办公室来,十分详细地向亚当森作介绍,谈到了木质、颜色比例、手艺等,然后又详细介绍了他的设计经过。这个时候,亚当森非常专注地在听。

一直到最后,俩人都未谈及生意。你想,这笔生意会落到谁的手里?除了亚当森还会是谁?

亚当森不但得到了这批的订单,而且和伊斯曼成为至交。为什么伊斯曼把这笔大生意给了亚当森?这与亚当森适度的赞美密不可分。如果他一进办公室就谈生意,十有八九会被赶出来。

亚当森成功的诀窍是什么? 很简单,就是他了解谈话的对象。 他从对方的成果开始,赞扬他取得的成就,使伊斯曼的自尊心得到极大的满足,把他视为知己,自然会先考虑与他的生意。

在这里,值得指出的是:赞美与拍马屁完全不同。 赞美是发自内心地对对方某种长处的肯定，而拍马屁则是不怀好意的虚伪吹捧。是诚恳的称赞还是虚伪的拍马屁，对方一听就清楚。

在用称赞的方式谈话时，还应注意：

称赞要发自内心，要诚恳；要具体而不要抽象笼统；要实际不浮夸。间接的称赞比直接的称赞来得更有力。因此称赞要选好时机说对话；称赞要适可而止，不可无限拔高；称赞贵在自然，不可做作。

赞美应该给人美的感受

有人说，赞美是最美的语言，赞美应该给人一种美的感受，但很多人语言乏味，一成不变。

通常，以下三种俗套话应该避免。

1.学别人说过的话

一些人在公共场合赞美别人时，没有自己的想法，只能学别人说话，附和别人的赞美。常言道：别人嚼过的肉不香。附和的话不仅达不到效果，还可能引起对方反感。

五代时期的梁太祖朱温手下就有一群乐于拍马屁却词穷的宾客。一次，他与众宾客在大柳树下小憩，随口说了一句："柳树好大啊！"这群人忙附和他，也纷纷起来赞叹道："柳树真大啊！"朱温看了觉得好笑，又道：

"柳树好大，能做车头。"尽管大家知道这话不对，但还是有五六个人赞叹："能做车头。"朱温对他们非常反感，厉声说："柳树怎能做车头！我见人说秦时指鹿为马，有甚难事！"于是处决了他们。

中国人有个传统，就是别人赞美自己时，自己往往要谦虚一下。在公共场所，若大家众口一词地赞美某个人的同一方面，就会让他尴尬，而且越是最后几个赞美的，越让他感到厌烦，对于这一点，大家要特别注意。

2. 形式上的俗套话

年轻人刚踏入社会很容易犯这种忌讳：由于缺乏社交经验，见面就是"久仰大名、如雷贯耳、百闻不如一见、生意兴隆、财源茂盛"等俗不可耐、味同嚼蜡的恭维。这些俗套话会给人留下不冷不热的印象，使人感觉你缺乏诚意、玩世不恭，因此不会给对方留下好印象。

公式化的套词俗语，甚至会让对方生气。一位年轻小伙子到同学家去玩，见到同学的哥哥之后马上说："大哥你好，见到你真高兴！久闻你的大名，如雷贯耳，百闻不如一见！"没想到对方非常不高兴。原来，他同学的哥哥因打架斗殴被拘留了几天刚出来。这个年轻小伙子不明情况就"久闻大名"地恭维了一番，却犯了对方忌讳。

3. 尽说赞美别人专长的单调话

大家都很容易发现别人的特长，因此也多着眼于其专长来赞美。殊不知，时间长了，被赞美的人听腻了，便不愿再听这类赞美。比如，一个画家，人们肯定都关注他的画技，而对作家，人们可能仅赞美其写作水平。常言道："好话听三遍，听多了鬼也烦。"

可见，陈词滥调不仅是社交的忌讳，也是赞美别人的忌讳。那么，怎样推陈出新呢？

1. 要抓住对方的心理去赞美

陈词滥调往往是在不深入了解对方心理的情况下说出的疲于应付的话，毫无针对性。只有了解对方近况和心理，才能知道他此时的心情和需要，从而给予别出心裁的赞美。

2. 赞美别人专长以外的东西

聪明的人善于使用"迂回赞术"，围绕对方希望听到的方面进行赞美。

众所周知，空姐们既漂亮又热情，她们也听到很多的乘客对自己容貌和服务方面的赞美，因此已经没有了感觉。一次，一位黑人先生在下飞机时，很激动地对中国空姐赞美道："我飞外国这么多年，第一次遇到对我们黑人这么友好的服务小姐。"这位黑人先生没有赞美中国空姐漂亮，也没有赞美其服务，而别出心裁地称赞中国空姐没有种族歧视的品格，可谓独具匠心。

3. 赞美的话语不要太夸张

言过其实的"赞美"让人感觉虚伪，会让人反感。

把握好赞美他人的"度"

赞美的话人人都爱听，但"真理向前跨越一步就是谬误"，人们对适度的赞美会感到舒畅；反之，则会感到十分尴尬。

1. 注重过程

这些情况我们可能都体验过。当你夸奖朋友取得的成绩时，他会说："你不知道我付出了多少心血！"言语间流露出你不知其艰辛、看结果不看过程之言。相反，如果你说："真不错，一定花了你许多的心血吧！"就会使他觉得心里舒服，认为你很了解他。可见，夸奖劳动的付出效果更佳。

其实，很多人做事注重过程胜于结果。如果你人云亦云地夸奖他取得的成果，不但有势利之嫌，还会让人这样想："要是我失败了会怎么样？"因而对你心生厌恶也未可知。很多名人讨厌记者的采访，也许就有此感。

2. 及时赞美

见机行事、适可而止是赞美应达到的效果。

老张是某电视台的一名老编辑，他工作总是勤勤恳恳。在他生日时，全室人员为他庆祝，新闻中心主任在祝词中是这样说的："多年来老张工作勤勤恳恳，甘于奉献，却从不争荣誉、邀功劳。在您生日之际，我代表全室人员祝福您！"主任的一番话令老张很感动，他认为这是领导对自己的肯定。

你把下属当成左膀右臂，使他认为自己很重要，这样的赞美怎么会不赢得人心呢？

3. 频率适中

这里的频率是指相对时期内赞扬同一个对象的次数。次数太少，起不到应有的作用；次数太多，应有的效果也会被削弱。而赞扬的频率是否适中，是以受赞扬者优良行为的进展程度为尺度的。如果被赞扬者的优良行为同赞扬的频率成正比，则说明达到了适度的赞扬频率；如果呈现反比，则说明赞扬的频率已经到了"滥施"的程度。

4. 要有前瞻性和预见性

赞美不仅要符合眼前的实际，而且要高瞻远瞩，要有前瞻性和预见性。那样才能提升你赞美的高度，你的赞美才能经得起推敲和时间的考验。

有些东西是相对稳定的，比如，人的容貌、性格、习惯等，这方面比较容易称赞；而有些东西则不稳定，如，人的行为、成绩、思想、态度等，若从长远考虑，要谨慎进行赞美。如，有些人入党之前各方面都有很积极的表现，领导便开始称赞他："该同志一直……"有经验的人就会想，先别夸，慢慢看吧。果然，入党之后，他各方面就开始松懈了。人被某种压力或某种需求压迫时，才可能会有积极的表现。做一件好事很容易，一辈子都做好事却很难。如果赞美人时仅限于就事论事，极易犯目光短浅的错误。

把自己放低，赞美的效果会更好

1. 虚心请教

有时，在一个人的爱好变得众所周知之时，对于你的赞美和恭维，他会没什么感觉，如一阵风吹过耳畔，脑中划不下半点痕迹。这时，只要你进行一番虚心讨教，作毕恭毕敬状，他定会耐心地向你传授其中的"诀窍"。

于飞到一位擅长书法的老师家去拜访，书法便自然成为话题。于飞谦虚地说："林老师，这些年我虽然努力练字，书法水平却没什么提高，恐怕主要是不得要领，请您稍稍泄露点'秘诀'如何？"林老师非常兴奋，绘声绘色地讲起他的书法"经"来："我最大的体会就是练字'无剑胜有剑'，就如令狐冲练剑一样，并非整日坐在那里练字不可……"于飞非常高兴地说："现在得您'真经'，以后用心去练，定会大有长进。"林老师很高兴，临别时还送了于飞几幅字让他临摹。

这说明了"无赞胜有赞，无声胜有声"。

2. 欣赏其优势

有时，你面对的人群有优越心理，你很难同其进行交流，这时，谦卑的赞美将是最好的敲门砖。

这是李运生自述的一个经历：

大千世界，人们素质各不相同，而一旦我们把握听者的脉搏说话，就会使其像小禾吮甘露一样，顿感滋润和妥帖。一次，我在某大医院教歌的时候，开始，人们对我这个"当兵的"并不"感冒"，以致工会干部介绍我时，并未引起人们的注意，下面仍然叽叽喳喳聊个不停，面对这种情景，我拿出喊番号练成的嗓门先喊了一句话："同志们，请大家给我这张陌生的面孔一个礼节性的回报，静一下。"这一软中带硬的祈使句，令场上立马静了下来。我接着说："现在我站在这里，心里很紧张，因为我们这所医院集中了全省医学界学历、水平最高的专家和学者，大家的职责就是拯救生命、延续生命，最讲究争分夺秒，所以，我没有用我多余的话来浪费大家生命的权利，我的义务是把我支配的这段时间都用于教歌，我希望我们的合作不会留下任何遗憾和不愉快。"一席话说到了大家的心里，人们安静地回到自己的座位上，认真地学唱歌曲，再也没有因为维持秩序而耽误时间。

李运生针对对方基本素质的状况说话，对其优势进行了慷慨而准确的赞赏，称"学历、水平最高的专家和学者"，并强调其工作的重要性、崇高性，让人易于接受。

谦卑之心，并没有削弱你的形象，反而令你更为真实可爱。承认别人的优势，尊重并欣赏别人的优势，你会拥有更多的朋友、更多的体验、更多的快乐。

3. 肯定其强项

俗话说："尺有所短，寸有所长。"通过细心的观察，你将发现弱者也有其强项，充分肯定它，你将变得更有人缘。谦逊而诚挚地赞美别人，他就能够扬长避短，更好地发挥其优势；同时，一个谦逊的人因懂得欣赏也会更富人格魅力。

迈克尔·乔丹不仅是家喻户晓的篮球明星，而且是美国青少年崇拜的英雄人物之一。他在篮球场上的高超技艺举世公认，而他在待人处世方面的品格也很值得敬佩。其中最突出的，就是他对发现和赞扬别人的优点和长处很擅长。

为了使芝加哥公牛篮球队连续夺取冠军，乔丹意识到必须把"乔丹偶像"推倒，以证明"公牛队"不等于"乔丹队"，1 个人绝对胜不了 5 个人。人们常忽视这个浅显的道理。在训练中，乔丹执意要将队员们的信心鼓动起来，变"乔丹队"为 5 个人的"公牛队"。

有一次，乔丹向队友皮蓬问道："咱俩谁投 3 分球更好些？"

"你！"皮蓬说。

"不，是你！"乔丹极其肯定。

乔丹投 3 分球的成功率为 28.6%，而皮蓬只有

26.4%。但乔丹对别人解释说:"皮蓬投3分球的动作规范、自然。他对此很有天赋,以后还会更好。而我投3分球还有许多弱点!"

乔丹还告诉皮蓬,自己多用右手扣篮,或习惯地用右手帮一下。而皮蓬双手都行,用左手更好一些。连皮蓬自己都未注意到这一细节。

皮蓬是公牛队最有希望超越乔丹的新秀。小乔丹3岁的皮蓬被乔丹视为亲兄弟。他说:"每回看他打得不错,我就非常高兴,不然则很难受。"

1991年6月,在美国职业篮球联赛的决战上,皮蓬夺得33分,超过乔丹3分,成为公牛队在这个赛季的17场比赛中得分首次超过乔丹的球员。这是皮蓬的胜利,更是乔丹的胜利。

赞美是口才，更是艺术

向人请教等于赞美

放下自己的身段，虚心向身边的人请教，不仅表现出你的谦虚，更满足了别人希望被赞美的需求。时时刻刻把自己当成一个小学生，不仅不会让人瞧不起，反倒会为你赢得更多的好感。

赞美对方过去的成就

对于初次见面的人，最有效的赞美就是称赞对方过去的成就。赞美这种既成的事实与交情深浅无关，对方接受起来也比较容易。

第三章　这样夸，让所有人都喜欢你

夸赞上级就这几招

究竟该如何夸赞上级呢？

以下是下属赞美上级的三大原则，可以供你参考。

1.赞美要理直气壮

无论是否会被认为是巴结奉承、耍小手段，说赞美话切勿小心谨慎、生怕出错，因为那样就会毫无效果。既然想夸赞上级，就要满怀自信，大胆地表达出来。

2.赞美工作外的事情

上级本来就是工作能力居上的，由部属诉说成败是反客为主，是非常不礼貌的行为。倒不如尽力赞美上级的业余生活，往往收效甚大。职场口才的窍门是：平时就仔细观察上级，最好能发现一些别人没有留意到的上级的优点，由衷地夸奖，这样一来，肯定会收到意想不到的效果。最重要的是，要大大方方、理直气壮地赞美。

3.维护上级面子比赞美更重要

在这里，我们需要特别注意一点：尽管有时得冒着被指责为"拍马屁"的危险，但无论怎样都必须注意，一定要维护上级的面子。如果不记住这一点，犯了错误，轻者会受到上级的批评或责骂，重者会暗中受到上级的压制，甚至不被上级重用。

某机械厂的工程师对厂子的贡献很大，但自恃才高，和厂长在一起时，常常言语随便，行为放肆，使厂长十分生气。

有一天，有客户来访，恰巧他正在和厂长一起商量事情。他马上抢到厂长前面，与来人握手、寒暄，还主动倒茶、让座。交谈的时候，他一直抢着说厂长的话，完全把厂长忽略了，好像厂长没在一样。

和客户吃饭的时候，就座时，他根本不考虑位置，一屁股坐在了本该属于厂长的座位上，使得厂长只能当起了配角。厂长为此很恼火。

送走客户以后，厂长狠狠地把他训斥了一顿，说他目无上级，不知道自己是干吗的。从此以后，凡有接待上的事，厂长再也不叫他陪同了。本来厂长是准备给他一个位子，打算重用他的。但从此之后，厂长彻底放弃了他。

其实，大多数上级都是很看重面子的，尤其看重下属对他的态度，并且常常把它看作衡量下属对自己是否尊重的重要标志。维护上级面子，使他的尊严不受伤害，作为下属，尤其要在以下方面多加注意：

（1）当你发觉上级说话失误的时候，别当面立即纠正。否则，上级会觉得丢了面子、威信降低。

（2）上级的位置不能受侵犯。在公众场合，应把他放在重要位置，不能随意颠倒、乱了次序。

（3）尽量不要在其他人面前表现得与上级过分随便和亲密。

（4）当上级理亏或做错事的时候，要注意自己说话的技巧，别使他难堪。

（5）即使在单位之外的非正式场合，也要注意维护他的面子。

（6）要充分尊重上级的爱好或忌讳。

（7）收起锋芒，别让上级觉得自己不如你，因为大多数上级都喜欢在下属面前表现得多才多艺和知识广博。

（8）不能在背后说上级的坏话。对上级有意见，当面不能提的，也不要在背后嘀咕。要知道"纸包不住火"，不知道谁会把你的话说给上级听，这样做的后果是非常严重的。

少说客气话，多点坦诚赞美

你去一个朋友家，如果你们十分客气地相处，他跟你说的都是些客套话，总担心你不高兴。这个时候，你一定会觉得很不舒服，等你回家后，才感觉放下了压力。

这种情况应该不少见，可是换个角度想想，自己有没有也这么对待客人呢?

虽说要客气,但人们忍受不了这种客套。

刚见面的时候互相寒暄客套一下没什么,如果一直这样就不好了。 谈话主要是培养感情,彼此进一步了解,而挡在彼此间的墙恰巧就是客气话,如果这墙一直存在,我们就只能在墙的两侧互相敷衍。

通常,人们在第一次见面的时候都会比较客气,可是之后见面还是这样,还在用"阁下""府上"这种词,必然无法建立真挚的友谊。

说客气话是为了表达你的恭敬和感激而已,因此别说太多,说多了会让人觉得虚伪。 别人帮忙做了一件小事,好比说倒茶,一句"谢谢"就好了。 有些时候,顶多再多说一句"对不起,又要麻烦你了"就够了,可有的人却说许多话:"呵,谢谢你,真对不起,这么件小事情也要你来帮忙,我很是不好意思,太感谢你了……"反而让别人感到不自在。

说客气话时要注意有诚意,态度要端正,要表现得不慌不忙。 此外,也要注意身体的姿态,过分的点头哈腰、搔首弄姿很不雅观。

平时少说客气话,多点坦诚赞美,你会交到更多的朋友。

去朋友家时,你的表现如果自然不做作的话,朋友也会更加随和。 如果你是主人,这种方法同样适用。

如果言语中缺乏诚意且刻板,不会有人爱听。 "久仰大名,如雷贯耳""贵公司必定会生意红火""小弟才疏学浅,还请不吝赐教!"这些话都缺乏真情实意,从交际艺术的层面而言,是一定要改正的。

说话千万不能太虚伪,这也是不可缺少的谈话技巧。 与其说无意义的"久仰大名，如雷贯耳"，倒不如说"你小说的叙述手法巧妙，描写生动，看完还想再看一遍"等话。假如恭喜他人生意红火，可以称赞他的经营手法。让人"不吝赐教"这就太夸张了，应该学其所长，向他提出几个专业问题，这样他反而更高兴。

一定要按照实际情况来说赞美之言。到朋友家，与其随便夸奖，不如称赞房间的布置，或赏析装饰的画册，或是房子的装修风格等。假如朋友养狗，你可以夸一夸他的狗；假如朋友喜欢金鱼，那金鱼也可以是你夸奖的对象。

求人时不妨多说几句恭维话

生活中，如遇见难以克服的困难，常常会求助于亲朋好友。然而，求助的结果往往大不相同：有的人用词得当，说得被求助者心情愉快，使其愿意提供真心实意的帮助；而有的人因为谈吐不当，弄得被求助者心急气恼，不仅得不到帮助，反而有时还会伤了彼此间的和气。由此可见，求人也是有学问的。

柯南·道尔几乎不给别人签名留念。

有一次，他收到一封从巴西寄来的信，信中说：

"我很渴望能够有一张附您亲笔签名的照片，然后，我将它放在我的房间里。这样的话，我不仅天天可以看见您，而且我坚信若有贼进来，一看到您的照片，一定会被吓跑。"

收到信的当天，柯南·道尔就很爽快地给对方寄去了一张有亲笔签名的照片。

"吹喇叭得吹到点上。"求人办事也一定要在小处着眼、虚处做功，挖空心思迎合所求之人。因此，只有说到对方心里去，对方才能心情舒畅，通身舒坦，所求之事也就好办多了。

生活中，要想让自尊心特强的人帮忙做事是非常困难的。要这种人主动地帮忙，必须针对他的自尊心，强调其能力，满足其优越感，这时候，他必会为你好好地努力一番。

在请求他人答应自己的要求时，应强调他在任何方面都比别人强，唯有他才能胜任。最重要的是让他觉得你不是随便找他帮忙的，所以，一开始便要说："我认为只有你才能办到。"或以无限信任的口吻说："只有你才有这个能力。"并做出"除你之外不做第二人选"的结论，那么他肯定会答应你的。

总之，求人办事时不妨多恭维他几句，这个方法既简单又能解决你的问题，何乐而不为！

生活中，朋友的鼎力支持和真诚赞美会让你觉得很舒服。但要记住的是：你的话必须由衷而诚实。如果得不到回报，这就表示朋友认为你的话不够真实，如果让对方觉察你的奉承别有用心，那么你给他的奉承就毫无价值了。

要有效地使用真诚的奉承，就得学会如何不着痕迹地奉承，千万不要在"奉承"中包含埋怨或其他的暗示性字眼。例如，你让你的某个朋友帮你做件事，但他老是忘记。有一天你发现他终于将这件事做好了，于是你说："很高兴，你终于做好了，真不容易啊。"这种做法就如同你给小孩一块糖又把它拿回去一样，还不如开始就不给。因此，真诚的"奉承"必须是单纯的，就事论事，更重要的是要说到对方的心里。如此一来，对方也就会答应你所求之事了。

好孩子是夸出来的

1.赞美或批评可以决定一个人的命运

"你笨得一无是处！"一位妇女对她的小儿子大声呵斥，声音之大，惊动了周围所有素不相识的人。受到训斥的小男孩神情沮丧。也许这只是一瞬间的事，可这样的事累积起来，影响力不可低估。这些伤人的话，说者无意，听的人则可能遭受到巨大的打击。遗憾的是，"你真蠢，什么事都不会做！"已成为不少人的口头禅。

马尔科姆·戴尔科夫强烈地反对家长们打击儿童的自信心。他从事作家职业已经24年，主要是从事广告写作。他认为，自己之所以有今天的成就，完全归功于年幼的时候受到老师的夸赞和鼓舞。

戴尔科夫小时候住在伊利诺伊州的罗克艾兰，因为没有依靠，所以胆小。1965年10月的一天，他的中学英语老师露丝·布罗奇给学生布置作业，要求阅读《捕杀一只模仿鸟》末尾一章之后，自己续写下一章节。

戴尔科夫写完作文交了上去。如今他已想不起故事的内容，也忆不起布罗奇夫人给他打了多少分。但他永远记住了布罗奇夫人在他的页边批下的四个字："写得不错！"

这只言片语，鼓励了他，让他以后发生了巨大变化。

"我从不知道自己能干啥，将来做什么，"他说，"可因为老师的评语，我回家立马写了一篇短篇小说——这是我一直梦想要做但觉得不可能做到的。"

后来在校期间，他写了许多短篇小说，并总是带给布罗奇夫人评阅。她为人严肃而真诚，不断给他打气和鼓励。"她是最好的老师。"戴尔科夫说。

后来他成了这所学校的编辑。他由此越发自信，眼界也变得越来越宽阔，就这样，他开始了卓有成就的一生。戴尔科夫确信，如果不是因为老师对他的鼓励，他不可能取得今天的一切。

在他第30次出席母校举行的联欢会时，他去拜访这位曾经鼓励他的老师。他谈及当年她那四个字的巨大力量，并说也正是因为她给了他当作家的信心，他才得以把这份信心传递给另外一个女人，这个女人就是即将成为他妻子的另一个作家。

布罗奇夫人听了特别感动。"那一刻，我想我和老师都认识到了当年那几个字令人难以置信的分量！"戴尔科夫说。

2. 孩子们最需要的是赞美和鼓励

珍妮丝·爱德生·康诺利从教开始，课程进展得相当顺利。她下定决心坚持当老师就要有严厉的态度。然后，她上了这天的最后一堂课——第七堂课。

珍妮丝走向教室时，就听到奇怪的动静。在转角处，她看到两个男孩在打斗。

珍妮丝决心要插手这件事，忽然间，有14双眼睛盯着她瞧。珍妮丝知道自己看起来不太自信。这两个男孩互看一下，又看看珍妮丝，不情愿地回到自己的位子去。这时，对面班级的老师把头倚在门边，咆哮着要学生安静，叫他们照珍妮丝的话做。这让珍妮丝感到自己懦弱无力。

珍妮丝想要把准备的课程教给他们，却感受到了大家的敌意。课程结束后，珍妮丝叫其中一个斗殴的男生过来谈话，他叫马克。

"女士，别浪费你的时间了。"他告诉珍妮丝，"我们都是白痴！"说罢，留下珍妮丝，自己回家了。

珍妮丝深受打击，跌坐在椅子里，并怀疑她能否胜任这个岗位。像这样的问题可以解决吗？珍妮丝告诉自己："我只吃一年苦头，在明年夏天我结婚以后就换工作。"

"他们让你头痛，对吗？"曾带过这些学生的一个老师问珍妮丝。

珍妮丝点点头。

"别担心，"他说，"我曾经接触过这些学生。他们只有14岁，大部分都没法毕业。别跟那些学生较真。"

"你是什么意思?"

"他们都住在荒郊野外的贫民窟里，是穷苦人的孩子。他们高兴时才来上学。今天被打的男孩骚扰了马克的姐姐——在他们一起摘豆荚的时候。今天吃午餐时我曾叫他们闭嘴。你只需管住他们别闹事就够了。如果他们再惹麻烦，就把他们送到我这儿。"

珍妮丝收拾好东西回家，还是忘不掉马克离开时的表情。

白痴?! 那个词一直在珍妮丝脑海盘旋——她知道需要用些特别的方法。

第二天，珍妮丝要求其他老师不要干涉。她决定用自己的方式处理。

珍妮丝到了课堂上，扫视全班后在黑板上写下"ECINAJ"这个单词。

"这是我的名字，"珍妮丝说，"谁能说出它的含义?"

他们告诉珍妮丝，这是个怪名字，他们从没见过。珍妮丝又在黑板上写字，这次写的是"JANICE"，几个学生念出了这个字，送给她一个微笑。

"这是我的名字。"珍妮丝说，"我有学习上的障碍，医学上叫'难语症'。我开始上学时，没法正确拼出我的名字。我不会拼字，更不用提数学。我被贴上'白痴'的标签。没错——我是个'白痴'。我还能想起别人的嘲笑，感觉那种难堪。"

"那你怎么做了老师?"有人问。

"因为我恨人家这么叫我，我并不笨，而且我喜欢学习。这是我这次要说的。如果你喜欢'白痴'这个称谓，那么趁现在到别的班级去吧!这间教室里可没有白痴。"

"我也不会让你轻松如意，"珍妮丝继续说，"我们必须一起努力进步。你们会毕业，我希望你们有人会上大学。我们一定要做到!我再也不要听到'白痴'这个词了。你们了解了吗?"

学生们开始有些变化。

珍妮丝和学生们确实很努力，他们终于赶上了进度。马克的表现尤其出色。她听到他在学校里告诉另一个男孩:"这本书真好。我不再看幼稚的书了。"他手上拿的是《杀死嘲笑鸟》。

过了几个月，他们进步神速。有一天马克说:"可是还是有人笑话我们，因为我们说的话不对劲。"珍妮丝终于等到这一刻了。现在珍妮丝开始了一连串的文法研习课程，因为他们需要。

6月到了，他们的求知欲依然强烈，但他们也知道老师即将离开去结婚。当她在课上提到这件事时，他们很明显地骚动难安。珍妮丝很高兴他们变得喜欢自己，也感觉到他们是不想让自己走。

最后一天来学校时，校长在学校入口大厅迎接珍妮丝。

"可以跟我来吗?"他坚定地说，"你那个班有点问题。"他领着珍妮丝往班上走。

珍妮丝担心出什么事了。

她太惊讶了！整个教室到处都是花，讲台上更有一个巨大的花篮。他们是怎么弄的？珍妮丝怀疑。他们大多家境贫寒，温饱都不能保证。

珍妮丝哭了，孩子们也不舍地哭了。

后来，珍妮丝终于弄明白。马克周末在花店打工，看见珍妮丝教的其他几个班级下了订单。他提醒了他的同学，自尊心很强的孩子们不想落后，于是马克请求花商把店里所有"不新鲜"的花给他。他又打电话给殡仪馆，请求帮忙把花送给一位离职的老师，于是他们答应把花给他。

那并不是故事的结束。两年后，14个学生都毕业了，有6个还得到了大学奖学金。

有些人之所以不讨人喜欢，是因为我们决定不喜欢他们。如果我们站在他们的立场，信任他们，鼓励他们，赞美他们，那么就会与他们越来越亲近，他们也一定不会让你失望。

3. 满足孩子喜欢被承认的愿望

有一天，一位父亲带着一个自卑的孩子到心理医生那里去。那个孩子已经被严重灌输了"自己没有用"的观念。刚开始，心理医生无论用什么方法他都一言不发。因而心理学家一时之间也真是无从着手。后来，这位心理学家从他父亲的谈话中找到了医治的线索。

他的父亲坚持着说："这个孩子一无是处，我看他是没指望，无可救药了！"

心理学家想到了治疗方法，找出他的长处——甚至可以说他在这方面具有聪颖的天赋，还颇有高手的意味。他家里的家具被他刻伤，到处是刀痕，家长因而惩罚他。心理学家买了一套雕刻工具送给他，还送他一块上等的木料，然后让他学习系统的雕刻技术，不断地鼓励他："孩子，你是我所认识的人当中，最会雕刻的一位。"

从此以后，他们接触得频繁起来。在接触中，心理学家慢慢强化他的承认心理。有一天，这个孩子竟然主动去打扫房间，使所有人都吓了一跳。心理学家问他："你为什么这样做？"孩子回答说："我想让老师您高兴。"

人们都渴望着他人的承认，而夸奖别人一句并非难事。

4.多给孩子鼓励和赞美

所有的母亲都坚信自己的孩子聪明过人，伍德太太也不例外。每次学校召开家长会，她都热心地去参加，想听到自己的两个孩子——特德和詹妮弗被表扬。凡是有特德参加的曲棍球比赛，伍德太太每场必到，她相信特德肯定表现优异。詹妮弗上完钢琴课或溜冰课后，伍德太太总是盼望能有老师的称赞，虽然结果往往令她失望。

当她的孩子还年幼时，伍德太太坚信他们都很优秀。特德两岁就能识 26 个字母。然而他上小学一年级时，却被分在"慢"组。伍德太太想和老师商量这事。

老师说："别发愁，特德会越来越好的。"

特德上五年级时，学习跟了上来，却仍十分平庸，并未超过其他同学。

当时，他决定参加学校的乐队，在购买器材时，售货员提醒他："双簧管很难学，你觉得单簧管可以吗？"

特德摇摇头："我要与众不同。"

伍德太太为他感到骄傲，这是他独特的财富。

特德开始学习乐器时情绪高涨，可后来愈练愈少。伍德太太不断地督促他，但最后他还是半途而废。伍德太太也就放弃了让他成为音乐家的念头。

伍德太太的第二个孩子詹妮弗是个文雅的女孩。她曾相信终有一天她会在体育界崭露头角。

有一天她从幼儿园回到家里大哭，伍德太太问她："怎么了，孩子？"

她抽噎着说："老师批评我短跑的方式。"

于是，在下一个星期，伍德太太带詹妮弗学习正确的短跑要领，可伍德太太却再也不期待她成为体育冠军。

一直以来，伍德太太常常鼓励孩子们什么都要试一试——体操、游泳、滑冰、音乐。虽然他们尚未显示出特殊的才能，但她相信他们不同凡响，她一向鼓励他们尽力发挥所长。

伍德太太主张：母亲都应该给孩子信心。让孩子知道你相信他们会出人头地，孩子需要这种支持，因为他们缺乏自信心，人们的掌声能鼓舞他们，而母亲的赞美和鼓励将鞭策他们前进。

赞美要因人而异

小张是设计高手，很有创意；阿华执行力强，让他做什么我都放心；子涵是计算机专家……

赞美员工

有的领导善于给自己的下属在突出的方面做排名，使每个人按不同的标准排列都能名列前茅，人人的长处都得到了肯定，可以说是一种皆大欢喜的激励方法。同时，也更能增强团队的凝聚力。

你家的装修看似简单，但非常有品位，属于现在欧洲非常流行的极简风格，简约而不简单。

赞美朋友

去朋友家时，如果你的表现自然而不做作，赞美也符合实际情况，就更能拉近你与朋友的距离。

你的字写得真漂亮，平时一定没少下功夫，不像我的字，根本拿不出手。

赞美女人

相对于男人来说，女人更关注细节。你赞美她的字写得漂亮、做事认真细致、围巾搭配得合适等这些小细节，要远远比夸她有魅力、长得漂亮等更有效。

中篇

会幽默

扫码点目录听本书

第一章 用幽默提升形象，到哪里都受欢迎

扫码点目录听本书

在幽默中提升魅力

具有怎样特点的人才更吸引他人呢？一般人会说友善、热情、开朗、宽容、富有、乐于助人、幽默、有责任感、工作能力强等许多特征，但相关专家提出：在这些所有特征中最重要的莫过于幽默了。这并不是说其他的特征不可贵，只是在人与人的交往过程中没有太多的机会展示那些特质。

假若把各种优良特质比作钻石的各个侧面，幽默感则是钻石直接面向我们的那一面，可以直接折射出智慧的光辉。

在古代，"桃李不言，下自成蹊"是为人称道的交往观念，意思是说：桃树、李树虽不说话，却因为它们的鲜花和果实而把人们都吸引过来，以至于树下都被踩出了小道。

在当今社会中，人与人的交往强调以吸引力为基础，即使你再优秀、再能干，如果你不会"自我展示"，也不太容易引起他人的注意。

在有限的时间和空间之内，哪怕是初次见面和一次晚餐，幽默都能让你一展才华，从而给人留下深刻印象。

幽默的特征之一是温和亲切，富有平等意识和人情味。学会运用幽默的方式，能够提升你的个人品位和绅士风度。

巴顿将军由于职业和性格的关系，他对自己家庭的内部管理，也采取了准军事的模式，凸显巴顿的风格。

儿子的卧室——写的是"男兵宿舍"。

女儿的卧室——写的是"女兵宿舍"。

客厅——写着"会议室"。

厨房——写着"食堂"。

那么，他们夫妻的卧室应该挂上一块"司令部"的牌子吧？

可是没有。那上面写的是——"新兵培训中心"。

能够在施展幽默时保持平稳的情绪，有绅士风度，能够控制好各种情绪波动，将幽默的语言平淡地说出来，这是高手。因为越是这样，越能和一般的幽默所产生的效果形成强烈反差。因此，温和亲切不仅能提升自己的品位和风度，更能增强语言的幽默效果。

幽默能带给你意想不到的吸引力。你总是可以在幽默中发现睿智的光芒。思路清晰、反应敏捷、妙语惊人是具有幽默感的人的共同特征，他们总是可以从容地面对各种纷繁的场合。下面就以几个竞选的故事，来展现一下具有幽默感的人是怎样用其独特的魅力来保护自己、赢得胜利的。

加拿大的一位外交官斯切特·朗宁，生于中国湖北襄阳，是喝中国奶妈的乳汁长大的。他回国后，在30岁时竞选省议员，当时反对派多次诽谤、诋毁他说："你是喝中国人的奶长大的，你身上一定有中国人血统。"

朗宁沉着地回击道："据权威人士透露，你们是喝牛奶长大的，你们身上一定有奶牛的血统。"这真是绝妙的反击，同时又展示了他的机智，朗宁最终赢得了竞选。

约翰·亚当斯参加美国总统竞选时，共和党人指控亚当斯曾派竞选伙伴平克尼将军到英国去挑选四个美女做情妇。其中两个给平克尼，两个留给他自己。约翰·亚当斯听了哈哈大笑，说道："假如这是真的，那平克尼将军肯定是瞒过了我，全部独吞了！"

如果当时亚当斯怒不可遏指责对方的不义，不但不能解释清楚，反而会"越描越黑"。以幽默的语言作答，这种反击不是更加有效吗？最终亚当斯凭借着他的机智、才干和令人羡慕的幽默感当选了总统，并且成为美国历史上著名的总统。

运用幽默，可以让你口吐莲花，舌绽春蕾。

几个朋友交谈，急性子的甲总是打断乙的话，使乙无法完整地表达出意思。这时乙站起来说："对不起，说话要排队，请不要中间插队好吗？"

这句话把大家的注意力都吸引到乙身上来了，甲发现乙抢了他的风头，急中生智，也来了一句："请不要扳道岔！我现在重播一遍自己的观点。"

甲运用幽默的力量表现了自己，扳回了一局。

可是乙又接着说："那好，我也把自己加了着重点符号的意见再说一下。"

在这样的层层幽默的推进下，不仅在场的每一个人都受到了感染，甲乙二人也在幽默的互动中展现了自我的非凡魅力。

在当代家庭中，丈夫的事业常需要妻子出面帮衬，以求事半功倍之效。

有一位丈夫，常在晚上把客商带到家里来，让妻子准备饭菜，边吃边谈生意，不到夜深人静不收场。时间一久，妻子吃不消了。尤其有了小孩之后，又操持家务又带孩子，女主人被疲劳压得透不过气来。

后来，她想出了一个好办法，就近找了家小饭馆，丈夫把客人带来时，妻子也出面接待，入席坐定后，她还为每个客人夹菜，一边笑着说："希望筷子的双轨，能给各位铺出一条财路！"

然后说明自己要回家照顾孩子，转身告退。

这位贤内助美好得体的举止，赢得了客人的欢迎，也博得了丈夫的满意，因为她很好地表现了自己。

要想运用幽默手段表现自我，重要的是要懂得临场发挥，抓住每一个机会为自己所用。像上面的例子就是如此。只要你有足够的智慧，懂得如何随着情境的变化而表现幽默，那么，生活中的每一个瞬间都是你表现自我的舞台。

在美国一个大饭店里，侍女在为一位顾客端上来一份芥末土豆糊时，顺便问道："您是干什么的？"

"我是葡萄牙国王。"

"噢。这个工作倒不错！"

这位侍女幽默地将当国王看作是一项工作，把自己上升到了和国王平起平坐的地位，很好地表现了自己。

幽默是展现自我魅力的极佳方式，只有具有幽默感的人，才能在社交场合中赢得他人的青睐和喜爱。

幽默的人总受人欢迎

我们毫不怀疑幽默的力量，可以说，幽默可以让你像明星一样受欢迎。在生活中，虽然我们没有看见过明星出场的真实场景，但在电视上却见过不少，那些粉丝的欢呼声、喝彩声一片接着一片。在现实生活中，幽默的人虽然不会受到这样热烈的欢迎，但是，受人喜欢倒是常事。现代社会，人际关系越来越复杂，许多人整天不是扑克脸，就是苦瓜脸，长此以往，就连身边的朋友也不会上门，更别说财神爷了。我们经常强调"人生无处不销售"的概念，不仅仅销售商品，还要把自己推销出去，而且要销售出一个"好价钱"，让大家欣赏你，肯定你，欢迎你，想要认识你，希望跟你做朋友。当然，如果你正好是一个富于幽默的人，那你就可以在人际关系中享受明星般的待遇了。

有一次，英国首相、陆军总司令丘吉尔去视察一个部队。由于刚下过雨，路很滑，他在临时搭起的台上演讲完毕下台阶的时候，不小心摔了一个跟头。士兵们从未见过自己的总司令摔过跟头，都哈哈大笑起来，陪同的军官惊慌失措，不知怎么办才好。

没想到，丘吉尔微微一笑说："这比刚才的一番演说更能鼓舞士兵的斗志。"最后的确如丘吉尔所言，士兵们对总司令的亲切感、认同感油然而生，更坚定地听从总司令的命令，英勇战斗。

不管你是善用幽默化解尴尬，还是善用幽默制造气氛，只要你是一个具备幽默感的人，那就会是一个受欢迎的人。因为幽默的人是快乐的，并能带给我们快乐，而谁也无法拒绝快乐。

幽默，可以使人与人之间积极交往，可以降低紧张，制造轻松的气氛；可以帮助人找到冲突和情绪困扰的原因；可以用安全不带威胁的方式表达内心的冲突。在生活中，那些具有幽默感的人，往往可以挖掘出事情有趣的一面，可以欣赏到生活中轻松的一面，从而形成自己独特的风格和幽默的生活态度。而且富于幽默的人，容易让人产生亲近的念头，并使那些接近他的人感受到轻松愉快。因此，幽默的人总是那么受欢迎。

幽默使你万众瞩目

幽默的语言通常能给听众带来快乐。在日常交际中，我们可以融入自己的幽默，这样一方面可以调节听者的情绪，另一方面还可以展现自己的语言魅力。不仅如此，幽默还可以使我们万众瞩目。或许只是短短的几句话，就可以令人对你刮目相看，印象深刻。试想，在一个大的舞台上，你说几句风趣的话，惹得台下观众笑声连连，掌声、欢呼声不断，这岂不是万众瞩目？在日常交际中，我们都希望自己一出声就可以引得人们的关注，一现身就可以受大家的喜欢，其实，我们是可以做到的，所需具备的条件之一就是幽默。假如你能恰当地表现出自己的幽默风趣，那你绝对可以成为受欢迎的人。

在 2000 年 8 月举行的南部非洲发展共同体首脑会议上，曼德拉妙语连珠，一连串的幽默话语征服了上千名与会者。曼德拉作为南非前总统出席开幕式，主要是为了接受南共体授予他的"卡马勋章"。他走到讲台前说："这个讲台是为总统们设立的。我这位退休老人今天上台讲话，抢了总统的镜头。我们的总统姆贝基一定很不高兴。"话音刚落，笑声四起。这时，主持人为他搬来一把椅子，请他坐下演讲。他在谢过主持人后说："我今年82岁，站着讲话不会双手颤抖得无法捧读讲稿，等到我百岁讲话时你再给我把椅子搬来。"会场上又是一阵笑声。曼德拉在笑声过后开始正式发言。

讲到一半，他把讲稿的页次弄乱了，不得不来回翻看。他脱口而出："我把讲稿页次弄乱了，你们要原谅一位老人。不过，我知道在座的一位总统，在一次发言时也把讲稿页次弄乱了，而他自己却不知道，照样往下念。"这时，整个会场哄堂大笑。"其实，讲稿不是我弄乱的，秘书是不应该犯这样一个错误的。"结束讲话前，他说，"感谢你们把用一位博茨瓦纳老人名字命名的勋章授予我这位老人。我现在退休在家，如果哪一天没钱花了，我就把这个勋章拿到大街上去卖。我肯定在座的一个人会出高价收购的，他就是我们的总统姆贝基。"这时，姆贝基情不自禁地笑出声来，连连鼓掌，会场里掌声雷动。

曼德拉幽默的语言调动了人们的情绪，在那种场合，每个人都是极为严肃的，所以在场的人们也不会过多地关注某个人。但是幽默的语言可以给大家带来欢乐，也可以调动他们倾听的积极性。在这个故事中，曼德拉就是舞台上那个受万众瞩目的人，自然，他也是最受欢迎的人。

有个人才三十多岁，可是却一根头发也没有了。

一天，他来到一家生发水专卖店，让营业员给他推荐一款生发水。

营业员拿出一瓶生发水，对他说："这是我们刚到的新货，一天卖好几瓶呢！"

　　他拿过来，边看边问道："效果怎么样？"

　　营业员说："这样跟你说吧！前几天，有个妇女来买生发水，我给她推荐了这款。她没法打开瓶盖，就用嘴咬，液体不小心沾到了嘴上。三天过后，你猜怎么着？她居然长出了胡子。"

　　营业员显然夸大了事实，但是却收到了宣传产品的效果，可见她的聪明和幽默。夸张是为了强调事物的某种特征而故意言过其实，或者夸大事实，或缩小事实，让听者对所表达的内容有一个更深刻的认识和理解。

　　在现代社会，社交已经具有越来越重要的作用，人与人之间成功的交往，就是让彼此喜欢，彼此信任，愿意相互帮助、相互支持。虽然，赢得社交成功的方法有很多，不过，幽默的作用却是其他任何方法都无法取代的。幽默，可以让你成为当之无愧的万人迷。

幽默有一种绝妙的影响力

　　有人曾在网络上发表了一篇名为《做爱的经济学分析》的长帖，从经济学的角度分析了男女之间这个感性的问题，虽谈男女之事，但干净得很，行文幽默诙谐，一举成为网络上著名的热帖，影响力甚大。虽然作者的出名与网络有着莫大的关系，但就目前铺天盖地的网络文学而言，一个文学作品若是没有什么看头，会凭空出名吗？在这篇帖子中，幽默诙谐是最大的看点，当人们忙了一天休息的时候，若是看看诙谐幽默而不用动脑筋的故事，该是何等快乐。笑容会驱散一天的疲惫和辛苦。在生活中，一个具有幽默感的人，其幽默的语言和行为会一传十、十传百。比如王朔的冷幽默和他出了名的京腔，那在文学界就是一块招牌。假如幽默的语言行为中有其思想、观点，那就会有许多人来传播他的思想、观点，那么他所想表达的信息也就被别人了解了。不管别人接不接受，但影响力确实达到了。

　　富翁的一个贴身厨子，手艺实在好得没话讲，他为主人烹饪了十几年，却从未得到主人半句诚心的赞美。

　　这一天，他实在忍不住了，午餐就做了一道"单脚烤鸭"，味道美极了，主人吃得津津有味，但忍不住问厨子："奇怪，这只烤鸭怎么只有一只脚呢？"厨子回答道："我们家养的鸭子都是一只脚的呀，不信的话，您到后院去瞧瞧！"富翁心想哪有这回事？决定到后院一探究竟。

　　后院养了许多鸭子，中午时分都在休息呢！鸭子休息时，原本都是一只脚站着的，富翁看了呵呵笑着，就拍着手大声吆喝作势驱赶，只见一只只鸭子"呱呱呱"地放下脚来，摇头摆臀地跑开，富翁回头对厨子说："哪来的单脚鸭？你看看，下面都是两只脚嘛！"厨子说："原来是一只脚的，不过您给它掌声，它就变成两只脚了！"

构成一个人影响力的因素有很多，不过，幽默却是一个不可忽视的因素。在现实生活中，人们的生活形式是固定不变的，或者说在一段时间里是固定不变的，不管你是有一定影响力的人，还是想成为一个有影响力的人，我们都不能否认幽默的作用。我们的生活总是周而复始，我们难免会产生厌倦，而对生活形态进行改造的一种行之有效的办法就是培养和发掘自己的幽默感。因为幽默会使枯燥乏味的生活发生变化，会使按部就班的工作变得有趣，从而让人感觉不到沉闷。

第二次世界大战前，美国国会议员因为军方提出的B-12轰炸机研制计划而争论不休，支持该项计划的罗斯福总统为了说服议员费了很多口舌，还是没有显著效果。

眼看这项议案就要流产了，情急之中的罗斯福不再用严密理性的说辞来做工作，他说："说实在的，对于B-12轰炸机我们都不是特别了解，但我想，B-12是人体不可缺少的维生素，既然现在军方需要B-12轰炸机，我想对于他们来说一定是不可缺少的。"

结果，这项议案居然通过，而B-12轰炸机在后来的第二次世界大战中可谓战功赫赫。在许多人看来，国会会议上肯定只会说一些严肃的理论，所讲究的是理性、逻辑，与会者所列举的绝对是精确的数字，因为这样才能为自己的论点提供有力的依据。不过，当我们总是靠事实和道理说话却还是不起作用的时候，该怎么办呢？像案例中的罗斯福总统一样，幽默一下，很轻易就改变了许多人的态度。我们不用去追究那些议员最后是如何被说服的，但我们应该明白一点：罗斯福那有趣的比喻在某种程度上缓和了双方阵营的矛盾，这样有助于双方平和理性地去理解对方的意见和观点，而不至于在盲目的对立中做出错误的决定。

曾经有一位病人因牙疼去看牙医，牙医看了看后说："这颗牙已经被严重蛀坏了，无法做根治，需要整颗拔掉！"病人问："请问拔一颗牙要多少钱？"牙医回答说："600元。"病人一听大吃一惊，说："什么？拔一颗牙只需短短几分钟就要收600元！"牙医冷笑道："如果你要慢慢地拔也可以，我可以慢慢地帮你拔，拔到你满意为止。"

交际的目的在于可以成功地赢得他人的好感与信任，这本身就是一种人际影响力。当我们学会了幽默，就会变得受人欢迎，甚至赢得无数的掌声。因为幽默可以消除人与人之间的敌意，它可以营造出一种亲近的人际氛围，而且有助于自己和他人变得轻松，从而消除工作中的疲惫感和劳累，于是，无形之中我们就扩大了自己的影响力，渐渐地，我们在别人的眼中，就会变得可爱，更容易让人亲近。

会幽默，全世界都欢迎你

如果你希望引人注目，希望社交成功，你就应该学会给别人来点幽默，来点共同的笑。

我要先找一个能装得下你的箱子，把你一起带走。因为结婚时我发过誓，要永远和你在一起。

你马上离开这个家！

夫妻间的是是非非、恩恩怨怨不是用某种道理能讲得清的，也不能简单地以"是非对错"来判断，如果善用幽默，就可以轻松化解矛盾。

幽默是快乐的催化剂，它可以帮我们摆脱许多烦恼。在生活中，多一点幽默感，少一点气急败坏，多一点乐观豁达，少一点你死我活，以幽默的力量来引导自己的生活与事业，你就会获得幸福。

第二章　职场幽默，让工作成为快乐的事

怎样与幽默型领导相处

传统观念中，领导给下属的感觉往往是不苟言笑、不怒而威。事实上，很多现代企业的主管却正好相反，他们在年轻化、时尚化的环境中自诩为"新人类"，热衷于跟下属打成一片，不但很少摆架子，还经常谈笑风生，"工余饭后"妙语迭出，有时甚至还来点冷笑话，让大家笑得直捧肚子。这种领导被员工们亲切地称为"幽默型领导"。

领导幽默本来不是什么坏事情，但很多时候，下属会因为不知道如何与"幽默型领导"相处而苦恼。

人力资源主管老孙跟几位员工一起吃饭，几杯老酒下肚，员工小王就开始向老孙诉苦："昨天晚上我们加班，总经理一进门就给我们讲了个互联网上的陈年段子，这东西大家都看了 N 回了，当时怎么也笑不出来，可还得装出忍俊不禁的样子，在他抖包袱时还得看准机会哈哈狂笑一阵。"旁边的员工也叹道："我们

陪老总加班已经够累了，还得赔笑，做个好员工可真难啊！"

老孙是过来人，深知"百姓疾苦"，借着微微醉意，他也实话实说："我跟一把手在一起时，万一他要兴致来了，我也是如临深渊啊！不过话又说回来，既然领导自以为有幽默感，我们就'曲意逢迎'好了，只要技巧运用得当，还是能哄得领导开心不已！这对大家都好。"

"你是怎么做到的?"大家一副愿闻其详的样子。于是老孙就开始兴致勃勃地为大家讲了起来。

1.面试时遇到幽默考官

考官面试的时候，如果经过踏破铁鞋的辛苦寻觅，"终于相中了一匹好马"，很容易会兴奋得不由自主地讲些题外的笑话。

识时务者为讨老板欢心，自然也识相地把幽默效果夸张，明明是嘻嘻一笑却"倍增"成捧腹大笑。不只是要掩着嘴巴咯咯笑个不停，还要表现得自己被逗得不能自持，最后还不忘恭维一句："经理，您可真是一个平易近人又有幽默感的好领导啊！"

平日感慨"弦断有谁听"的领导，如今受到"知音"如此追捧，霎时间就觉得自己是卓别林再世、周星驰的兄弟，必定马上拍板说："明天来上班吧。"

2.试用期的顶头上司

能否讨好顶头上司，对一个新人来说可谓是至关重要，是去是留，别人说了不算，唯有顶头上司的评语最有"杀伤力"。

这段时期，如果你的顶头上司偶尔主动离开自己的办公室，走到你所在的办公区来讲幽默故事，不管"笑"果如何，你一定要不失时机哈哈大笑，仿佛上司是"可口可乐"，张嘴就能逗乐人。顶头上司看到你们被逗得前仰后合，会以为大家都听懂了他的笑话，自己不禁会洋洋得意，脑门还可能会比喝了酒还热。新人中脸皮最厚者甚至还会当着"老大"的面，把笑话再给旁边没听到的同事复述一遍，让后者接力演下去，直至笑声蔓延到每个办公桌。

等试用期一过，最有幽默细胞的新员工很有可能得到"沟通能力强、团队精神强"等好评语，乃至利索地成为顶头上司的"心腹"、公司重点培养的对象。

3. 稳步上升时期的幽默员工

处于稳步上升时期的员工，一般是在公司打拼了一段时间的"老人"，都已经深谙与幽默型领导相处之道。这时候你的身份，就相当于相声表演中的"捧哏"。

要扮演好"某乙"的角色，跟"某甲"一唱一和的诀窍，绝非插科打诨、奉承附会、拍手大笑那么业余。这个为上司"系包袱"的光荣任务相当艰巨："某乙"应在"某甲"讲故事的过程中一再打岔、反复追问，而"某甲"却偏偏答非所问，把听众带到与真相迥然不同的境地中去。如此反复，当疑云重重、误会迭起、听众的胃口被推至顶点，也就是包袱扣子系牢时，"某甲"才一语道破，干净利索地抖响包袱。

注意：当众人爆发出大笑以前，"某乙"是绝对不能先笑的，甚至在包袱抖完以后，还得装着仿佛"不太明白"，不断重复那个引起一系列误会的关键词，继续为大家"挠痒"。

4. 进入瓶颈时期之后

在公司待了四五年，下属跟领导的关系好比中年夫妻了，虽然没有情感裂痕，但激情燃烧的岁月却早已逝去。 如果偏偏遇到公司效益欠佳，薪水几年不见涨且各种奖金福利相继被砍，员工不但升迁无望同时还要担心被"精简"，这时候领导手里再也没有什么可以"激励"下属的甜头，下属则更有理由得过且过、敷衍了事。 此时领导讲笑话，下属可能连嘴角都懒得翘，有些人还会"残忍"地实话实说："这个笑话根本不好笑。"领导可能会以为下属们的幽默细胞死光了，其实是下属们从来都没有什么幽默细胞，昔日的大笑完全是出于奉承！

5. 准备辞职时期

某次宴席酒酣耳热之际，领导兴致一到又开讲了，结果一位优秀员工打断说："这个笑话是老段子了，一年前我就听过。今天让我来讲个新段子。"众人心领神会，听罢新段子齐声"嘎嘎"开怀狂笑，"失宠"的领导被冷落在一边尴尬地干笑。 此时尝到坐冷板凳滋味的"老大"也许能猜到：在座诸位也许早就做好跳槽的准备了，只差正式递交辞呈而已。

获得赏识的幽默术

勤奋工作是赢得业绩的基础，而工作业绩是否获得认可主要由上级领导决定。因此，能不能赢得上级领导的赏识、肯定和支持决定着能不能获得荣誉。对于许多职员来说，最大的苦恼莫过于努力工作，却得不到领导的赏识。美国人力资源管理学家科尔曼说过："职员能否得到提升，很大程度不在于是否努力，而在于老板对你的赏识程度。"那么，怎么才能脱颖而出呢？对这个问题很苦恼的人或是想要有一番作为的人，可以在与领导交流时试试化严肃为幽默的交流方法，或许有收获。

某公司开始实施销售业绩倍增计划时，主管召集下属严厉地训话："各位，现在是我们加油的时候了。从明天开始，早上七点半大家就要到这里集合。八点钟一响时，大家就要立刻到外面去推销！"大家都不满地抱怨时间太早。这时有位凡事讲求效率和正确性的员工，不慌不忙地反问道："请问，是时钟开始敲八下时，还是敲完八下才往外跑？"

主管过于严格的要求可能会招致他人的不满，这时上面这位聪明的员工就使用幽默的语言把众人的注意力转移到自己的身上，使尴尬紧张的气氛轻松下来。员工的这个幽默既帮了主管的忙，又使主管看到他较强的时间观念，从而获得主管的赏识。

领导不论身居什么样的要职，也都是人不是神，他一样会有普通人的喜怒好恶，也可能在个人喜怒好恶的支配下说出一些令人尴尬的话，做出一些招致误解的举动。此时，下属应抓住人们对领导言行错愕不解的心理，采取适当的举动顺水推舟，把领导无意说出的过于直白、犀利的话朝幽默的方向引导，使人们紧张的情绪得到放松。这就让领导觉得你是和他站在一边的，你自然也就获得了领导赏识和信任。

要想获得领导的赏识，幽默可以起到一定的作用，不过要想从根本上解决问题，还需要你对自己的客观情况进行深入思考。如果你工作得很辛苦，但却没有效率，得不到领导的赏识，也是可以理解的。如果你的工作有成绩，同伴中谁都比不上你，同时考虑你的工作是否属于那种经常加班、特别辛苦忙碌的工种，如文秘人员、勤杂人员等，而如果以上情况都不是，那你就必须另想办法以引起领导的注意，改变其错误的做法。假如仍然不起作用，你就要考虑离开该企业，去寻找能实现你个人价值的工作单位。

用幽默的力量让老板笑口常开

老板与员工的关系，首先是一种领导与被领导的关系，但是除此之外，双方还应该建立平等、和谐、友爱合作的关系。

作为一个下属，在恰当的时间、场合，和老板开一个富有幽默情趣的玩笑，对搞好与老板的关系，有着非常好的效果。

在个人关系上还需要主动与老板保持合适的距离，距离太远了不好，距离太近了也可能会很糟。

工作太累的时候，难免会偷懒，这时候如果被老板看见了，你该怎么办呢？

有一个建筑工人在工地上搬运东西，每次只搬一点。

工头以严厉的口吻对他说："你想你是在做什么？你看看别人搬那样重的东西！"

"嗯哼，"工人说，"如果他们要懒到不像我搬这么多回，我也拿他们没办法。"

工头被他逗笑了。

工人以幽默的口气为自己的偷懒行为辩解，老板即使会批评他，也会比较随和，责罚也会比较轻。假如你对于装疯卖傻颇为在行，无妨也在对您颇有微词的老板面前，以若无其事的态度告诉他下面的小笑话，且看他的反应又如何呢。

"幸好我已经娶老婆了。"

当然，你的老板无法了解你这一句话的意思，必定会一副茫茫然的样子，莫名其妙地看着你！

就在这时候，你可以像自言自语地对自己说："所以我现在习惯别人对我的唠叨了……"

如果你能够微笑着说的话，你的老板也必会露出会心的一笑！而就在你表现出沉着的大家风范，且老板又似乎对你放松敌意时，就正好抓住机会改变他以往对你的错误观念。

让你的老板笑口常开，你的工作就能进行得更加顺利。

幽默地处理好同事关系

同事间有什么心事，如感情、事业、家庭等问题，都喜欢找你倾诉，认为你很能体谅人，是个最好的听众。你不仅确实会很耐心地倾听别人的心里话，而且，如果你有能力帮助同事排除烦恼的话，你会热心尽力。即使事情不是力所能及的，也会给予适当的安慰。如果这样，有谁会不愿意和你做朋友呢？除了这些，如果你有自己的特点，能发展一个独特的幽默方式就再好不过了。专属自己的独特的幽默方式，任何人都学不来，所以会更有威力。

如果能以幽默的方式打开心扉面对人和事，你便会发现：欢笑可以使你们坐下来把事情解决。

阿花和小丽是多年的同事，两人隔桌而坐，情同姐妹，彼此也有着良好的默契。但有时也难免发生冲突。有一次，为了处理上司交代的事情，两人有不同的意见，在相持不下的情况下，她们居然发生严重的口角，后来相互冷战，形同陌路。到了第五天，阿花实在忍受不了这样的工作气氛，为了打破僵局，于是趁小丽也坐在座位时，就翻箱倒柜，把办公桌的抽屉全部打开来翻找一番，这时，小丽终于开口说话："喂，你把所有抽屉打开来，到底在找什么？"阿花看看小丽，幽默地说："我在找你的嘴巴和声音啦！你一直不跟我说话，我怎么跟你讲话！"两人扑哧一笑，重归于好。

具有幽默感能使我们对同事的行为着眼在其发光点上，而不是着眼在其错误和缺点上。不论怎样，我们应去了解并接受人性的小错，培养更好的工作关系。

有一次发薪水的时候，小李的工资卡里面竟然分文没有。但他没有气得暴跳如雷，也没有破口大骂。他只是去问财务部门的人说："怎么回事？难道说我的薪水扣除，竟然达到了一整个月了吗？"当然，小李得到了补发的薪水。

小李对同事偶犯错误持一种宽容的态度，而不把它看成一件了不得的事情，批评谩骂同事的愚蠢。他以幽默的方式与同事沟通，并得到了愉快的结果。这也正是泰然处之的幽默的效果。

我们要巧用幽默口才来与他人沟通！对工作上出现的问题，以建议来代替批评，和你的同事沟通，那么你和你的同事都会感觉更轻松。如果我们以尖刻的批评去对待一位工作没有处理好的同事，就会造成失败的局面。那位同事会失去他的自信心，而我们会失去他的信任，得不到成功的合作。如果能"以对方为中心"，了解他人，才能打开沟通的途径。

也许我们以幽默力量能为他人做的最重要的，就是帮助他人消除因工作带来的紧张、挫折感，并且顺利地解决问题。

我们如果不能领略到别人的幽默对自己的裨益，也就不太可能以自己的幽默来激励他人。为了表现我们重视别人所带来的好处，我们应该时时刻刻保持乐观的态度，同别人一起欢乐。

你对同事说："唔！我看得出你知道怎样把事情办好的秘诀。而且你也知道如何守秘不宣。"

或同事对你说："谢谢你把你的一点想法告诉我。我很感激——尤其是当你的业绩如此低落之时。"

有时候我们在工作上、在与同事之间的关系上，都需要更肯定一些来表达自己。在遇到阻挠、遭受到不公平待遇、工作不顺、有所不满、情绪低落时，不妨大笑两声。

一位男士对即将结婚的女同事打趣地说："你真是舍近求远。公司有我这么优秀的人才，你竟然都没有发现!"女同事开心地笑了。

对于上面这位男士的幽默，女同事不但没有反感，反而感激他的友谊和欣赏。欢乐的气氛荡漾在同事之间，这是多么弥足珍贵的友谊。

报刊、出版社的编辑与撰稿者之间是一种合作关系，如果合作期间能适时幽默，那么双方的工作都会进展得更顺利。

美国作家杰克·伦敦许诺给纽约的一家出版社写一本小说，但却迟迟没有交稿。

出版社编辑一再催促均无结果后，便往杰克·伦敦住的旅馆打了个最后通牒式的电话：

"亲爱的杰克·伦敦：如果24小时内我还拿不到小说的话，我会跑到你屋里来，一拳揍到你鼻梁上，然后一脚把你踢到楼下去。我可从来是履行诺言的。"

杰克·伦敦回答说："亲爱的迪克：如果我写书也能手脚并用的话，我也一定能履行自己的诺言，按时将书交到你的手里。"

编辑与作家之间的玩笑说明了他们亲密无间的合作关系。而作家为自己不能交稿所做的辩解更是巧妙。

因为合作关系不是领导与被领导的关系，处理事情应该平等协商，相互提意见，表示不同看法也应客气委婉些，不能伤了和气。以幽默语言来表达是比较高明的办法。

歌唱家狄诺·帕蒂拉举行独唱音乐会，那位钢琴伴奏自顾自弹得很起劲，以至琴声经常盖住歌声。帕蒂拉虽然几次向他暗示，可他全然不加理会。

演唱会结束以后，帕蒂拉与自己的合作伙伴——钢琴家亲切握手，并谦虚地说："先生，今天我很荣幸，能参加您的钢琴独奏会。"

歌唱家用幽默语言表达出了对合作伙伴的不满，又照顾了对方的面子，是一种巧妙而得体的化解冲突的方法。

幽默力量使得给予和获得的双方都能认识到共同的问题，让彼此站在对方立场来看问题。

职场幽默，工作可以很快乐

幽默的领导比古板严肃的领导更易于与下属打成一片。有经验的领导都知道，要使下属能够和自己齐心协力，就有必要通过幽默使自己的形象人性化。

对工作上出现的问题，以幽默的语言代替指责，以建议代替批评，和你的同事沟通，可以让你和同事感觉更轻松。幽默能消除因工作失误带来的紧张和挫折感，有利于顺利地解决问题。

不好意思，我把你的一位重要客户的文件给归错档了，现在才找到。

下次小心些，可别把我也归错了档。

第三章　社交幽默,让沟通更顺畅

让紧张的气氛在幽默中缓和

　　人都生活在社会之中,任何时候都面临着与人"交际"。人是不能"离群索居"的。为了顺利进行交际,适当使用幽默就显得非常必要。

　　任何人的交际都不可能是一帆风顺的。在紧张的气氛中进行交际时,就需要用幽默的方法进行调节,使气氛变得轻松和谐。这时我们不仅要制造出笑声,更需要与别人一起笑,正确地对待别人的笑。

　　　　有个瞎子和众人坐在一起。众人看见了可笑的事,就一起大笑起来。那个瞎子也跟着大家一起笑。众人就奇怪地问他:"你看见了什么而发笑?"
　　　　瞎子说:"你们所笑的,一定不会错。"

　　众人笑的一定不会错,所以不要吝惜你的笑声,跟着大家一起笑吧!在人际交往中,如果不能正确地对待别人的笑,就会给自己带来烦恼。 正确的态度应该是当遇到别人发笑时，我们要像舞台上的小丑一样，对自己有充分的信心，不要怕别人嘲笑、讪笑、大笑……有了这种心境，才能保持内心的安定，避免不必要的烦恼。

在交际气氛沉闷的时候，不妨说上一段荒谬的故事。 荒谬的故事也能因其趣味性而使交际气氛变得活跃。 比如，你可以讲这样一个故事：

有一个瞎子，两只眼睛虽看不见东西，但能用鼻子闻出文章的气味。有个秀才听说了，就拿了一本《三国志》让瞎子闻。瞎子说："这是《三国志》。"秀才问："你是怎么知道的？"瞎子回答："我闻着有些刀兵气。"秀才又拿出一本《西厢记》让瞎子闻，瞎子说："这是一本《西厢记》。"秀才又问："你是怎么知道的？"瞎子回答："我闻着有些脂粉气。"秀才觉得很奇怪，就拿自己的文章让瞎子闻。瞎子说："这是你的大作。"秀才佩服地说："你是怎么知道的？"瞎子说："我闻着有些臭气。"

在交际中，任何人都难免在无意中犯下错误，这就需要我们用幽默的态度去宽容别人。 如在公共汽车上被人踩到脚是很常见的事情。 遇到这种情况时，如果你"火冒三丈"，就有可能爆发一场无休止的战争；但是如果你能幽默地说上一句："对不起，是我让你没能'脚踏实地'。"这样，对方就只有自我检讨的份了。 而对于自己偶犯的错误，也应该采取积极的态度，不要把事情搞得更糟，就像下面这位先生：

> 他赴宴迟到，匆忙入座后，发现烤乳猪就在他座位面前，于是高兴地说："还算好，我坐在乳猪的旁边。"话刚出口，却发现身旁坐着一位胖女士，正对他怒目而视，他便急忙赔着笑脸说："对不起，我是说那只烧好了的。"

他的失误有两点：一是说话不注意语言所指与交际环境的协调性；二是语言表达缺乏明晰性。他的两句话都有歧义，如果说前一句可以做两可解释的话，那后一句就是明确说对方是"没有烧好的乳猪"了。这两句话都会使现场气氛非常紧张，还可能引发更激烈的争吵。其实那位先生绝对不是有意攻击对方，所以，如果那位"胖女士"对前一句话不是"怒目而视"，而能够幽默地加以对待，甚至回敬他一句"难道你不怕也被烤熟了吗"，就可以缓和当时的紧张气氛，也会使某人及时认识自己说错了话，而不会再犯第二个错误。

在多人交际的场合中，像这位先生这样由于粗心大意而出现类似顾此失彼的现象是屡见不鲜的。要避免出现紧张气氛的方法之一，就是在发表"高论"之前，先审视一下交际环境，因为这类错误大都是不看交际环境和沟通对象而造成的。

> 有一个无赖，经常三餐不继。一天，他偶然路过一户人家，见人家正在办丧事，而门口有人在议论某老先生的为人长短。于是他走进门对着灵柩就放声大哭。大

家都不认识他，他说："这位老人生前和我是好朋友，几个月不见，没想到竟有这么大的变化。刚才路过才知道，所以未来得及准备祭品，先进来哭哭，以表达我的怀念之意啊！"这家人感激他的情意，就留他吃饭喝酒。在回家的路上，他遇见了一个穷人，就把自己混饭吃的经过告诉了对方。第二天，那个穷人也到一户办丧事的人家去大哭。人家问他是怎么回事，他回答说："这死去的人生前和我相好。"话刚说完，大家都往他脸上打。原来，这家死的人是位少妇。

不分场合、不分对象讲话经常是使交际气氛紧张的原因之一。

因为幽默，在社交场中游刃有余

从社交礼仪来看，幽默能给人温馨之感，并留下较为深刻的印象。

斯库特去拜访一位女性朋友，女佣告诉他："十分抱歉！小姐要我告诉你，说她不在家。"

斯库特说道："没关系，你就告诉她，我并没有来过！"

上例中，斯库特以幽默善意的话语表达了自己的心情，并对女主人避而不见的做法进行了讽刺。

在社交场中，我们经常会去参加一些宴会活动，而宴会中又常常是生面孔多于熟面孔，往往会使人感觉窘迫，但这也是我们练习幽默交际的最佳场所。你是否了解那些善于交际的人和自己有哪些方面的差异呢？与社交水平一般的人相比，他们不仅是更加不怕与陌生人交流，也不是他们脸皮够厚，他们之所以能在社交场中显得轻松自如，更重要的是他们大都掌握了多种社交技巧，幽默就是其中很重要的技巧之一。

像下面的这个幽默故事中的人物行为，相信你也有办法在社交场中演练一番！

　　某个盛大的自助餐式酒会上。因为主人事先预备了各式各样的美酒，客人们全都赞不绝口。

　　某位被公认为酒仙的仁兄，在宴会一开始就在朋友之间来回地寒暄道："哦！对不起，在下先行告退了！"

　　当他一路来到女主人面前时，女主人知道此仁兄是酒道高手，不禁诧异地问道："怎么，您要回家了呀！是不是有什么地方招待不周呢？""哦！不，不，您的招待真是太周到了，我是怕我如果一开始喝的话，一定会分不出来东南西北的，所以我想先行告退……"

如果你也喜欢喝酒的话，你就会很容易看到这位仁兄的聪明幽默之处了。面对那么多的美酒，他当然是不愿意错过的，可是他又怕自己喝醉了以后会出丑，所以他就在喝酒之前为喝酒之后可能出现的情况做好铺垫，然后他就可以尽兴地享受美酒了，因为他明白主人当然不会因为他有可能喝醉而答应让他先回去。

幽默有助于社交活动，但社交中或许有不少的大牌人物在，这时候的幽默就要注意避免过于出格。

以幽默的语言化解人际的冰霜

有时候，我们需要表达对他人的爱护、同情和安慰，但是这种表达如果使用的方法不当，反而会使我们安慰的对象感觉我们是在可怜他们，因而使我们友善的表达收到相反的效果。这种时候，我们不妨运用幽默的方法，看看效果如何。

> 一个酷爱打保龄球的人说："我的医生说，我不宜打保龄球。"他的朋友听了说："哦，他一定跟你较量过。"

对朋友的仁爱之情、安慰之意通过幽默的手法委婉曲折地表达出来，既不会对朋友的自信心造成伤害，又很好地达到了自己的目的。在个性迥异或一时闹了别扭的亲情手足之间，貌似嘲笑的幽默关怀总是更有效，能快捷地弥补差异与裂痕，缩短双方的距离。

> 有一对夫妇吵得很凶，吵到后来，丈夫觉得后悔，

就把妻子带到窗前，去看一幅不常见的景象——两匹马正拖着一车干草往山上爬。

"为什么我们不能像那马一样，共同拉上人生的山顶？"

"我们不能像两匹马一起拉。"妻子回答说，"因为我们两个之中有一个是驴子。"

丈夫调整后的情绪改变着妻子尖刻妙语的原意，使它成为温情的表达："是的，我赞成。让咱们一起笑，别吵了。"

幽默语言能化解人际关系的冰霜，增进人际关系的和谐，避免可能发生的冲突。幽默能帮助我们认识到：与社会和人生的重大问题相比，我们的某些矛盾显得微不足道，人与人之间的矛盾大多可以调解。如果我们能够轻松地看待那些日常小事，就可以免除许多不必要的争论和烦恼，使自己心情舒畅，还能以此开导他人，调解争端。

某大公司的董事长和财税局长有矛盾，双方很难心平气和地坐在一起，可是一个重要的会议又必须把他们都请来。他们不得不来参加会议，但双方像陌生人一样视而不见。

这时会议主持人为了缓和他们之间的矛盾，决定对他们进行劝导。他向人们介绍这位董事长时，说："下一位演讲的先生不用我介绍，大家都认识他，他就是我市上至市长、下至最普通的老百姓都认识的×××董事长，但也有一个例外，就是我市鼎鼎有名的税务师、财税局长×××，他们两人谁也不认识谁，看起来董事长真需要一个好的税务师为你把关，财税局长也要和董事长亲近亲近，多了解企业情况，为企业当好参谋。"

听众爆发出一阵大笑，董事长和财税局长也都笑了。

我们身处的是紧张运转的现代社会，繁忙的劳作再加上各种利益的纠葛，使得人们彼此间的矛盾冲突增多，日常生活的摩擦更是不断。如何松弛紧张情绪，避免无谓的争吵，让自己摆脱处世的烦恼；如何使我们的生活质量更高；如何使我们在和谐、欢乐、轻松愉快的环境中更好地学习、工作、生活。确实需要我们认真思考。

幽默寒暄让交际更顺畅

寒暄是人们日常交流中的一项重要内容。因为经常见面的熟人，不可能总有很多话要说，也没有多余的时间一见面就站在路边没完没了地聊。但遇见了熟人，如果因为嫌麻烦而不打招呼会显得有些不近人情，更无法缓冲熟人相遇时产生的下意识的紧张情绪。

但是过于一般的寒暄常常使人觉得乏味。为了增添乐趣，维护良好的人际关系，我们可以试着在寒暄的时候打破常规，注入幽默元素。下面是一个典型的幽默寒暄故事。

连续下了好几天的雨，某公司的几个同事见了面，一个人说："这几天怎么老是下雨啊？"一位老实的同事按常规作答："是呀，已经6天了。"一位喜欢加班的同事说："嘿，龙王爷也想多捞点奖金，竟然连日加班。"另一位关注市政的同事说："地产所忘了修房，所以老是漏水。"还有一位喜爱文学的同事更加幽默："嘘！小声点，千万别打扰了玉皇大帝读长篇悲剧。"

加入了幽默成分的寒暄的确与众不同，既活泼又风趣，一下子就拉近了人与人之间的距离。

许多有幽默感的老年人喜欢晚辈和他们开一些善意的玩笑。所以，当你刚出门遇见老年邻居时，你可以幽默地和他们寒暄一番，这样很容易就能和他们搞好关系，一般情况下，他们还会逢人就夸你会说话呢。

一个大热天，小王赶早趁天气凉爽去公司上班。她刚出家门，就看见邻居刘大妈在树荫下练腰腿。她走过去神秘地对刘大妈说："大妈，这么早练功，不穿毛衣小心着凉啊。"一下子逗得刘大妈哈哈大笑。刘大妈笑着骂道："你这个鬼丫头！再不走你上班可要迟到了，现在都9点多了。"小王一听赶紧看表，才8点。看到刘大妈在那里得意地笑才知道自己上当了。以后，每次刘大妈见到小王都非常主动地和小王打招呼，逢人就夸小王聪明伶俐，还张罗着给小王介绍对象呢。

很多时候，新近发生的大事件也会成为人们寒暄的话题。因为，大事件是大家都关注的，人们可以从中找到共同语言，可以避免在寒暄中因话不投机而导致尴尬。下面就是一个利用大事件在寒暄中制造幽默的例子。

前些年由于厄尔尼诺现象的影响，气候反常，快到夏天的时候，人们都还穿着厚衣服。很多熟人见面后的第一句话就是："气候太反常了，都过了农历四月了，天气还这么冷。"可是，有一个幽默的汽车司机就不那么说，他见到同事李师傅的时候说："李师傅，这不又快立秋了，毛衣又穿上了。"他见到邻居张大爷的时候也会故意幽默地问："张大爷，您老也没有经历过这么长的冬天吧，到这时候了还这么冷？"恰好张大爷也是一个幽默人，他笑着说："是啊，大概老天爷最近心情不太好，老是板着一副冷面孔。"

现在人们的生活水平提高了，人们都喜欢以"夸别人富有"作为寒暄的话题，尤其在农村，这种看似俗气的寒暄更是常常发生。其实，在寒暄中逗乐似的夸别人富有，也会收到很好的幽默效果。

李大娘午饭后恰好遇到大刘，大刘寒暄道："大娘，您吃过午饭了吗？"李大娘既然被称作大娘，自然年纪不小了，可是她整天乐呵呵的，好像比大刘还年轻。她回答说："嗬，还没吃呢。你中午吃什么好东西了，也不请大娘我去吃，瞧，现在还满嘴都是油呢！"

李大娘幽默地夸赞大刘的生活过得好，她对大刘的假责怪显得很亲热、愉快，很自然地就拉近了她与大刘的距离，也成功地塑造了自己平易近人、和蔼可亲的长辈形象。

不要小看寒暄幽默，它能使你在不知不觉中将欢笑和快乐带给别人，拉近自己与他人的距离。

社交幽默，广交朋友

很多人都有广交朋友的心，但是总苦于没有行之有效的方法。如果我们都能像张大千一样，语言机智幽默，真诚待人，那么，总有一天会四海之内皆兄弟。

第四章　家庭幽默，在幽默中享受幸福

防止婚姻老化，幽默交流必不可少

台湾著名作家戴志晨先生说："婚姻是人世间'老化'最快的一种关系。"这话说得很有道理，从夫妻对彼此的称呼就看得出：结婚时明明还叫新郎、新娘，可一夕之间就变成了老公、老婆。

不过，名称怎么"老"都无所谓，怕就怕老化的不仅仅是名称，而是爱情本身。

中国传统观念提倡夫妻相敬如宾、客客气气。互相敬重当然是好的，但如果两个人关系太过规矩、死板，生活得久了，婚姻生活就会味同嚼蜡，爱情恐怕也会老化得更快。对此，戴志晨先生开出的处方就是"幽默"。他说："懂得夫妻幽默之道的人，可以防止婚姻老化，使双方永远做英俊的新郎和漂亮的新娘。"

幽默在婚姻中的作用不可低估，它常常能激起感情上的浪花，让婚姻生活更加和谐美满，每一天都像是蜜月一般甜蜜幸福。

胡适和老婆江冬秀是包办婚姻，老婆一个大字不识，是人人皆知的"悍妇"，但夫妻二人关系还算和谐。

一次，有人问胡适是如何与太太相处的，胡适想了想说："我知道有个'惧内俱乐部'，提倡男人对太太要奉行'三从''四得（德）'的原则。所谓'三从'，是太太出门要跟从，太太命令要服从，太太错了要盲从。所谓'四得（德）'，是太太化妆要等得，太太生日要记得，太太打骂要忍得，太太花钱要舍得。"

问者听了哈哈大笑，对胡适的幽默钦佩不已。

胡适是个婚恋专家，对于调试夫妻关系十分拿手，常常说些幽默讨巧的话，把老婆哄得高高兴兴，虽然是包办婚姻，但几十年的婚姻也是一团和气。要知道，家庭的温情主要是在语言交流中获得的，如果夫妻双方都惜字如金，交流不当，即便开口，也都是一些唠唠叨叨的废话，这样的婚姻生活一定让人大失所望。只要平时多说些讨喜的话，对另一半多些赞赏，多些耐心，婚姻生活就能越来越甜蜜。

由于男女个性不同，要想尝试婚姻小幽默，还需要从不同角度入手。

生活中，缺乏幽默感的妻子，往往喜欢唠叨，说话有口无心，沉醉于自我宣泄之中，全然不顾自己说了些什么、说得是否巧妙，也不顾老公会有什么反应。如果你就是这样的妻子，首先要注意改变自己的说话习惯，增加文化修养，平时多翻翻幽默的书报杂志，多学习、多模仿，久而久之就能学会一些幽默技巧。

比如，老公下班回家后一直坐在电脑前赶一个方案总结，竟然连饭都不肯吃，自称是要减肥。这时，你可别生拉硬拽，不如笑呵呵地对他说："结婚几年来，我所有的投资几乎都贬值了，你是我唯一增值的东西，你若减肥了，我就没有一点儿成就感了。所以老公，你还是快来吃饭吧！"

　　听了这话，再急的工作他也会先放在一边，乖乖地陪着你吃饭了。日常一餐饭，不仅能让老公紧张的情绪暂时得以缓解，还能趁机沟通夫妻感情，让他知道你有多么爱他。

　　和女人相比，男人缺乏幽默感的原因很多，少数是因为个性孤僻，大多数都是因为工作压力大，久而久之就丧失了生活情趣。其实，夫妻间多进行幽默互动，不仅可以调适婚姻生活，还能有助于减轻工作压力。

　　打个比方，公司老板要求你加班，晚上你又得挑灯夜战。你得打个电话通知老婆，告诉她晚上不能回家吃饭了。你是垂头丧气、连声咒骂着告知老婆这一消息，还是幽默逗趣地趁机甜言蜜语一下？当然是后者更佳，你可以嬉笑着对老婆说："喂，请问是女超人吗？无敌铁金刚向您请假，他今天不能回花果山吃斋桃啦！"

　　这样一个小小的幽默，妻子听了却会感觉温馨甜蜜，也给挑灯夜战的你增添了几许奋斗的动力。

　　朋友们，请记住吧，幽默是快乐的催化剂。使朋友、同事、顾客、亲人们发出笑声的人，就是在弹奏无比美妙的音乐。学会了运用幽默的力量，你就会拥有幸福美好的人生。

生活少动力，幽默来添加

性是建立夫妻关系的一个前提条件。无论是做妻子的，还是当丈夫的，都不会忘掉新婚之夜那愉快的一刻。而随着工作压力的增加，有些人可能对性生活表现得力不从心。对夫妻来说，谈性是公开的，彼此之间不需要拐弯抹角，这是现代人普遍认同的观点，而"素"中带"荤"的幽默术，能为你的夫妻生活增添活力。

一位公车司机工作十分勤奋，每天都早出晚归。一日，当他满身疲惫地回家时，发现妻子留下了一张纸条：

每天那么晚才回来，真受不了！食品和啤酒放在冰箱里，我的身体和爱情在被窝里。

——你的妻子

此故事中，妻子把食品、啤酒、身体和爱情并列在一起，幽默地暗示丈夫吃食品和啤酒，不要忘记了妻子需要丈夫的爱。此时，那位丈夫会感受不到家的温馨吗？会感受不到妻子那深深的爱吗？当你觉得爱情生活变得日益平静的时候，你可以用幽默来打破这种死气沉沉的平静。

  丈夫："你出去时，可别带那只怪模怪样的花狗去。"
  妻子："我觉得那条花狗很可爱。"
  丈夫："你一定要带它，是想以它做对比，显示出你的美貌吧？"
  妻子："你真糊涂，如果想那样，我还不如带你出去更好！"

  有的夫妻很懂得怎样保护自己的幸福，保持爱情的活力。他们以幽默来代替粗鲁无礼的语言，解决日常生活中的分歧。虽然他们也相互挑剔，也会产生纷争，但是经过由幽默产生的情感的冲击后，一切纷争都显得微不足道了，经历了冲击后的爱情生活反而显得更加活跃。

  有对夫妻是大学里的同学，结婚后经常吵架。两个人都感到忍无可忍了，在一次争吵的高潮中，女的说："天哪，这哪像个家！我再也不能在这样的家里待下去了！"说完，她就拎起自己放衣服的皮箱，夺门冲了出去。
  她刚出门，男的也叫起来："等等我，咱们一起走！天哪，这样的家有谁能待下去呢！"男的也拎上自己的皮箱，赶上妻子，并把她手中的皮箱接过来。

  应当试着运用幽默去保护自己的家庭。如果没有根本性的、重大的分歧，幽默将使家庭生活始终处于最佳状态。家庭生活中极需要这种幽默，应相信这一点，无论什么情况下，一对善于以幽默来润滑生活轮子的夫妇，获得的幸福比任何家庭都多。幽默就是这么高超的艺术。请看这位妻子是如何运用幽默让丈夫去做家务的：

妻子："亲爱的，你能把昨天晚上换下来的衣服洗一下吗？"

丈夫："不，我还没睡醒呢！"

妻子："我只不过是考验你一下，其实衣服都已经洗好了。"

丈夫："我也只是和你开玩笑，其实我很愿意帮你洗衣服的。"

妻子："我也是在和你开玩笑，既然你愿意，那就请你快去干吧！"

丈夫此时不得不佩服和欣赏妻子的幽默和情趣，高兴地去干不愿干的家务。在家庭中，不仅需要有温柔的感触，也需要有不断激荡的热情和活力。这种热情和活力可以表现出爱情的灵巧、有趣，它能使爱情富有朝气。

罗钦斯基夫人在她写的《生命的乐章》一书中，提到这一段故事：

罗钦斯基夫人第一个孩子刚出生不久，一天她坐在楼上卧室里。忽然一阵阵饱满而雄浑的音乐声自楼下升起。这很平常，因为她的丈夫是纽约爱乐交响乐团的指挥。

她问他："你从哪儿找来这样好听的新唱片？"

罗钦斯基先生哄她下楼，她看到一屋子神采飞扬的音乐家正演奏《齐格飞的牧歌》——理查德·瓦格纳为庆祝他的长子诞生而作的曲子。

幽默可以给平淡的生活增添乐趣和笑声，从而激发和唤醒夫妻双方的爱情。有时候幽默的力量十分温和，我们可能会觉察不到它。但是它的确使爱人的心情愉快，这无疑有助于情感的升华。

改变心态，柴米油盐皆可幽默

一个男人和一个女人，从相识相爱到一起走入婚姻，这一过程，往往是二人一生中最为甜蜜和充满激情的时期。一对情人走进婚姻以后，由于不同的成长环境和生活背景，由于社会日渐风行的自我思维方式，由于锅碗瓢盆、柴米油盐等家庭琐事，往往会使婚后生活日渐平淡乏味，和恋爱时的浪漫激情形成反差。

其实，那些都只是表面的现象，其内在的根源在于夫妻双方的心态都发生了变化。双方因为过于熟悉而使得生活没有了新鲜的味道。如果夫妻双方能改变心态，用心观察生活，则生活中的柴米油盐皆可成为幽默的素材，给夫妻生活增添新鲜的味道。

家庭生活离不开厨房，而厨房里的许多事物都可以引发幽默。下面就是与厨房有关的三则幽默故事。

去厨房

丈夫："结婚纪念日我们去哪儿呢？"

妻子："去我没去过的地方。"

丈夫："那就去厨房吧。"

鸡汤

丈夫想杀鸡吃，可是不直接说，便对妻子说："玛丽，小白母鸡有些忧愁，是不是因为没有用它来熬汤。"

面板

有一个男人懒得出奇。有一天，妻子要切面条，叫他到邻居家借个面板，他说："不用借了。就在我脊背上切吧。"

妻子在他背上切完面条，问道："痛不痛？"

他回答说："痛我也懒得吱声。"

家庭里一些不经常发生的特殊事情也能引发幽默。比如，在家庭里，男人往往喜欢看体育节目，下面就是一位先生利用足球来制造幽默的例子。

有一对年轻夫妇，家里只有一台彩电，但男的爱看球赛，女的爱看电视连续剧，这样就有些不好办了。最后当然是丈夫让步。

不过这位丈夫还算有心计，平日一有机会，他就向妻子灌输体育知识，谈谈球赛趣闻，久而久之，妻子的兴趣果然被他挑动了，有时也跟他一道收看体育比赛的节目，那真是夫唱妇随了。到了四年一届的世界杯足球赛时，妻子的眼睛已经被精彩的比赛吸引了，这时，他才煞有介事地对妻子说：

"看你这个高兴劲儿，我想起了一句老话。"

"什么话？"

"知足常乐！"

"怎么会想起这句话呢？"

"知足常乐嘛，就是知道足球以后，就会常常乐了呗！"

多么富有情趣的调侃！这样的生活才是风情万种、阳光无限啊！当然，夫妻间的幽默还可借助生活中的其他事物。

总之，不要为生活中的琐事而烦恼，也不要说家庭生活因为有了"柴米油盐"之类的事情而不再浪漫鲜活。运用你的幽默感，发挥你的创造力和想象力，你可以把"柴米油盐"作为幽默素材，为你的家人带来快乐，为你的家庭增添无限生机。

用幽默来化解矛盾，关系更密切

幽默是打破夫妻间僵局的最佳方式。如果你说："你看世界上的冷战都结束了，我们家的冷战是不是也可以松动一下？""瞧你的脸拉那么长干什么！天有阴晴，月有圆缺，半月过去了，月儿也该圆了吧！女人不是月亮吗？"对方听了大多都会"多云转晴"的。

幽默是讲究环境和条件的，如果在具有幽默诱发作用的环境中，具备了成熟的条件，即使文化修养较低的人，也会自然而然地幽默起来。家庭是一个很好的诱发幽默的环境，因为家庭中充满了善意和爱，当然，有时候家庭成员之间，尤其是夫妻之间，也会发生矛盾。当夫妻之间发生矛盾时，我们也可以用幽默来消除紧张，缓和矛盾。

两口子吵架，妻子闹着要同丈夫离婚。他们去县法院的路上，要经过一条不深但很宽的小河。

到了河边，丈夫很快脱掉鞋子走入水中。妻子站在岸边，瞧着冰冷的河水，正愁着怎么过去。丈夫回过头温和地说："我背你过去吧。"

丈夫背着妻子过了河。他们没走多远，妻子说："算了，咱们回去吧！"

丈夫诧异地问:"为什么?"

妻子不好意思地低着头说:"离婚回来的时候,谁背我过河呢?"

　　幽默和温和的言语一样,在夫妻之间发生矛盾的时候,所表达的是一种委婉的妥协:既不损及自己的颜面,又能同爱人友好地和解。夫妻之间,貌似嘲笑的幽默关怀,总是能够迅速地弥补双方的个性差异与感情裂痕,拉近双方的心理距离。下面就是一个这样的故事:

丈夫看见失业的妻子一点儿也不着急找新工作,于是对她说:"你怎么一点儿都不懂得废物利用?"

妻子回答说:"因为很懂得,所以才嫁给了你。"

　　丈夫本想教训妻子一顿,却被妻子幽默地驳回,丈夫自然会反思自己没有能耐,还要妻子跑出去赚钱的不对。记住,在婚姻和家庭生活的某些特殊时刻,折损人的话语可能会造成不可磨灭的伤痕,在这种时候,我们要像上面故事中的妻子一样,尽量运用幽默去做妥当的化解。

夫妻俩吵得很凶,老婆气得直说:"我真后悔嫁给你,早知如此,我就嫁给魔鬼了!"

"不行,你不能这样做,你难道不懂近亲结婚是法律所不允许的吗?"

面对盛怒的妻子,丈夫幽默地把她比作了魔鬼,从而让妻子在笑声中冷静了下来。

妻子往往喜欢故意刁难丈夫一下，这时丈夫也需要灵机一动的幽默，不然就会陷入窘境。看看下面这个例子：

妻子问丈夫："如果我和你妈同时落水，你该先救谁？"

这真是一个让人不知如何回答的问题，而聪明的丈夫灵机一动："当然要先救未来的妈妈！"

丈夫一箭双雕，八面玲珑。如果你真的有这么一位机灵又好出难题的妻子，那你就得练成临事能机敏应对的丈夫了。

恩格斯说过，幽默是具有智慧、教养和道德上的优越感的表现。家庭成员在交流中寓庄于谐地表达一个严肃的内容，甚至用来进行善意的批评，往往可以使另一方在轻松的氛围中备受启迪。

用幽默来表达，和气又讲理

角色的对调可以激发我们以新的方式来发挥幽默的力量。生活中，我们对亲人会有各种各样的看法，有时候可能是不好的看法。当我们对亲人有不好的看法时，如果直言不讳，言辞激烈，难免会伤害到对方。如果能将话语制成"糖衣炮弹"，对有缺点的一方进行善意的揶揄和有节制的讽劝，并将揶揄和讽劝以幽默的方式送给对方，那么就既能达到批评对方的目的，又增加了趣味的成分，既使对方心甘情愿地改正错误，也不会伤害对方的感情。可以想象，这样做，收效肯定要比直言不讳强。请看下面这位丈夫是怎样巧妙地借机批评他的妻子对母亲不孝顺的。

妻子对丈夫说："我生了女孩，你妈妈说什么了吗？"

丈夫回答："没有，她还夸你呢。"

妻子认真地问："真的，夸我什么？"

丈夫一字一句地说："夸你有福气，将来用不着担心看儿媳妇的脸色行事了。"

这位丈夫没有直接表达对妻子不孝顺母亲的不满，而是以幽默的方式道出，通过这种温和的批评方式，让妻子从一个母亲的角度来看这件事情，使她在回味之余，更容易接受批评并加以改正。

日常生活中，一些生活琐事往往会引发大的干戈，其原因之一是双方的话语都缺少幽默的成分。如果在批评亲人的时候能采用幽默的方式，那么你的批评就已经成功一半了。

妻子已经有两个礼拜没有打扫房间的卫生了。丈夫对妻子的懒惰和邋遢十分不满，就对妻子说："亲爱的，上星期你工作很忙，没有时间做家务，如果这个星期你仍然忙的话，我还可以替你再做一周家务。"

这样比严厉地指责妻子的懒惰与疏忽大意来得轻松一些，也更容易被接受。男人也许不愿意扮演这样的父亲：

> 怀里抱着啼哭的婴孩在客厅里走来走去，而母亲正在卧室里休息。
> 这位父亲对着卧室喊道："从来没有人问我，如何使婚姻与事业兼顾。"

当然，懒惰的不仅仅是妻子。结婚后，家务事变得多了，有的丈夫很懒惰，即使工作不太忙，也不肯帮妻子动动手。对此，妻子可运用幽默讽刺丈夫。

> 妻子在厨房忙完以后，对久坐不动专等着吃饭的丈夫说："今晚的菜，你可以选择。"
> "是吗？都有些什么菜？"
> "炒土豆。"
> "还有呢！"
> "没有了。"
> "那你让我选择什么啊？"
> "吃还是不吃？"

即使丈夫再懒，做妻子的最终还是会原谅他，不过妻子可以用幽默的方法来提醒他。

有一对年轻的夫妇，玛丽和约翰，他们订购了一批郁金香球茎，要在秋天种植。玛丽好几次提醒约翰去种球茎，但是他老是拖延着。最后玛丽自己种了。

春天，郁金香长出来了，开满了各色的花，拼出"懒惰的约翰"的字样。

如果妻子把丈夫管得太严，丈夫往往会感到很不自由。

有一位已婚的朋友，计划来一次单身旅行到"千岛"。他太太的反应令他不太高兴。

他当着妻子的面对来家里做客的朋友说："她没说不准我去。只是她要我在每个岛上待一个星期。"

小气的妻子往往把家里的财物管得很严，丈夫会觉得很不方便，这时候要表达不满可以向下面这位先生学习。

儿子问父亲："爸爸，阿尔卑斯山在哪里?"

父亲漫不经心地回答说："去问你妈! 她把什么东西都藏起来了。"

当你以幽默的言语与亲人交流时，你可以制造机会并获得你想要的东西。 幽默的语言有助于增进家人的感情。

有一位先生回家时，装作气喘如牛的样子，却又得意扬扬地对妻子说："我一路跟在公共汽车后面跑回来，"他喘着气说，"这一来我省了一元钱。"

他妻子笑着说："你何不跟在计程车后面跑，可以省下 20 元钱！"

上面这个幽默故事中，丈夫所说的明显是假的，他要表达的是妻子对他的钱管得太紧了，他不得不省钱跑回家。妻子理解丈夫的意思，在莞尔一笑的同时，以幽默的话回避了丈夫的话题。

幽默是一种灵活的表达方式，它可以明确而又温和地表达出我们对亲人的看法，让亲人平和地了解到我们的想法，重新审视自身，改正错误，弥补不足。

夫妻幽默，和谐温馨

妻子把饭菜和自己并列在一起，幽默地暗示丈夫在吃饭的同时，不要忘记了妻子需要丈夫的爱。当你觉得爱情生活变得日益沉闷的时候，可以用幽默来打破这种死气沉沉的平静。

幽默是一种灵活的表达方式，它可以明确而又温和地表达出我们对亲人的看法，让亲人了解到我们的想法，重新审视自身，改正错误，弥补不足。

幽默是家庭矛盾的"净化剂"，是家庭生活的"润滑剂"，是感情寒冷期的一件棉袄，是治疗爱人讥讽的一味良药。夫妻之间用幽默来互相讥讽，讥讽里也会有爱的芳香。

下篇

会拒绝

扫码点目录听本书

第一章　敢于拒绝,别为了面子强出头

扫码点目录听本书

因人情违心做事，等于作茧自缚

求人办事欠"人情"，请客吃饭还"人情"，平时联络储蓄"人情"……毕竟人是一种社会性的动物，人与人之间难免会有互帮互助的时候，所以"人情"也便应运而生。人情利用得好，不仅能够为他人解除燃眉之急，还能借此交到不少知心朋友。这本是一件好事，但有些人却太过于看重人情，使得人情成了不折不扣的包袱，明明不能答应的事情，却因为人情说了违心话，结果却是费力不讨好，既在朋友那里落了埋怨，自己也是打落牙齿往肚子里吞，最后不得不被"人情"牵着鼻子走。

在现实生活中，每个人的社会关系都是错综复杂的，如果太过于看重人情，那么四通八达的人际关系就会演变成一张束缚自我的网，自己被束缚其中不能动弹，更不用说能有什么大作为了。

小丁是一名刚刚毕业的大学生，由于初入社会，工作经验不足，所以工资除了满足温饱外很难有剩余。月末刚发完工资，小丁十分开心，为了节省生活开支，她可是好久都没打过牙祭了，所以她决定去馆子里大吃一顿。就在这时，她接到了一个好朋友的电话。原来，好朋友马上就要结婚了，婚期就定在下个月月初，她十分热情地邀请小丁一定要到场。由于两个人的友情一直很深，所以尽管小丁心中有所顾忌，还是在电话中答应了对方的要求。

挂完电话，小丁就犯了难，她所在的公司管理制度十分严格，而好朋友的婚期又正好不是周末，要想参加好朋友的婚礼，就必须要请假。小丁是个责任感很强的人，公司的工作也十分繁忙，难道真的要请假吗？作为一个新员工，她十分清楚请假会在无形当中影响自己在领导心目中的形象，但既然已经答应了好朋友，那硬着头皮也得去请假了。

除此以外，还有一个问题是小丁十分头疼的，那就是拿多少礼金合适。小丁刚刚工作，并没有什么闲钱，但要结婚的好朋友可是自己的闺蜜，有一次自己孤身在外患了阑尾炎，做手术的时候她可没少帮忙，三天两头照顾自己，帮自己炖汤补身体，如今她要结婚了，作为她最好的朋友，出手可不能太寒酸了！

为了让礼金能看得过去，小丁专门给几个同样接到婚礼邀请的朋友打电话询问，令她吃惊的是，同学们一出手就是1666，说是图个吉利。既然大家都这样，那小丁自然也不能太少，于是她便忍痛把工资的一半装进了礼金红包。在喜庆的氛围中，婚礼很快落幕，小丁在人情上是好看了，但她接下来的3周的生活却陷入了困境。

在这个繁华的大都市，吃穿住行的消费不用多说，而小丁剩下的那部分工资实在是捉襟见肘。很快又到交房租的时候了，这可该怎么办呢？陷入经济困境的她不得不向父母求助。

在接下来的这几个月里，几乎每月都有人情世故上的事，同事过生日啦，表嫂生小孩啦，同学结婚了，老人生病啦……小丁对"人情"看得很重，甚至把人情摆到了第一位，所以不论事情大小，她都不敢轻易错过，而且买的东西少了也不好看。可怜她的钱包，就是为了这些乱七八糟的人情，她已经连续几个月入不敷出了，如果没有父母的支援，只怕要睡大街了。

故事中，小丁烦恼的根源并非需要送礼金的朋友太多，也不是收入低，而是因为她已经被"人情"绑架了。为了人情，哪怕再不愿意也要违心地送上礼金，这无异于作茧自缚，又怎能不苦恼呢？人情往来本是无可厚非的，但一定要量力而行，如果动不动就把人情摆到第一位，那么势必会被人情所累，甚至陷入一个无法自我救赎的怪圈。

人情是人们面子观的集中体现，仔细看看自己的周围，如今已经有多少人被人情绑架？为了人情，为了面子，哪怕只是孩子升学也要大摆筵席，甚至不惜大摆排场，因为在这些人看来，只有场面够大才能脸上有光。为了人情，哪怕心中不愿意，但还是不得不参加，哪怕多么不情愿拿高额的礼金，但为了人情，也只能花钱买个面子，这又是何苦呢？这不是作茧自缚又是什么呢?

当人情已经演变成一种负担、一种束缚我们的牢笼时,不妨试着打破它。人生在世,需要背负的东西太多,能轻装前进是最好不过的,所以能丢掉的人情就丢掉吧,不做性情中人也没有什么不对。与其为了人情说违心话,不如丢掉人情做一个诚实人,唯有冲破人情的束缚,才能"破茧成蝶",舞出属于自己的精彩人生。

无法办成的事,不要轻易答应

吹牛皮说大话是人际交往中的大忌,在社会交往中,人们往往更喜欢和诚实的人打交道,所以夸夸其谈的人往往并不受欢迎。面子是群体生活的产物。一个人,作为独立的个体,无所谓面子不面子,但一旦站到了群体中间,面对亲戚朋友或者陌生人,面子就悄无声息地出现了。也正是因为这样,一个人在自言自语时,往往不会说什么大话,只有在人前,才有凸显面子的想法和欲望。

俗话说,没有金刚钻就别揽瓷器活,当朋友们的请求超出自己的能力范围时,一定要实话实说,千万不可因为贪图一时的面子而满口答应,否则很有可能会失信于人。一边是一时的面子,另一边是做人的最基本信誉,想必每个人的心中都有一杆秤,知道孰重孰轻。但在现实生活中,仍然有一些人改不掉说大话的毛病,为了显示自己的神通广大,不管能否解决问题，先赚足面子再说，殊不知这种做法无异于杀鸡取卵，是不可能长久的。

诚实守信是中华民族的优良传统，古人常常告诫我们：一言既出，驷马难追。说出去的话、做出的承诺就好比是泼出去的水，无论怎样都是不可收回的，这就要求人们在许诺的时候一定要谨慎，否则便会丢掉自己的信誉，从而严重影响正常的社交活动。毕竟，没有人愿意和一个言而无信的人交朋友。

直到今天，中国古代季布一诺千金的故事仍然广为流传，尽管朝代经过了无数次更迭，时代也早已变迁，但言而有信的美德从来都没有改变。做人要言出必行，做事要说到做到。现代社会，做生意赚钱要说话算数，交朋友更要有一说一、有二说二。随口说大话注定是会被众人唾弃的，言过其实的许诺损伤的不仅是信誉，还有朋友的信任和真挚的情感。

在一年一度的同学聚会上，大家敞开心扉热情地交谈着。事业有成、家庭生活幸福的小于十分自然地成为大伙关注的焦点。在众多同学中，小于是唯一一个开公司的。经过几年的辛苦打拼，如今他的公司经营状况已经趋于稳定，盈利水平也是稳步上升。

相对于仍是普通上班族的同学来说，小于自然要富裕得多，他在公司所在地的富人区买了独栋别墅，为了让妻子和儿子生活得更加惬意，还专门请了做饭阿姨。"小于，小于，赶紧说说你的致富经，我们可是还挣扎在温饱线上呢！"饭桌上不知是谁先开了口，紧接着大家一片附和声，小于瞬间就成了饭桌上的焦点人物。

对于众人艳羡的眼光，小于可谓十分受用，在觥筹交错中，他颇有一种衣锦还乡的风光之感，于是便神采奕奕地讲起了自己的发家之道以及投资技巧等。转眼，聚会便接近了尾声，当小于准备掐掉手中的半支烟时，曾经的好哥们大胖瞅准机会凑了过来。

"兄弟，我这有一个很不错的项目，肯定能赚钱，但就是缺投资，你财大气粗，能不能帮我一把？只需要投资二十万，对于你来说不过是九牛一毛，怎么样，有兴趣吗？"大胖一脸诚恳地望着小于，等待着他的回答。

在同学聚会上，小于被同学们当成最成功最富有的人，如今的他自然不愿意自己打自己的脸，所以随口回答道："投资才二十万啊，这还不容易，就算不赚钱，凭咱们的交情，我也肯定会帮忙。"大胖一听，脸都笑开了花，他随口接道："实在是太好了，我回去就写一份投资计划书，只要你的投资到位，事情就成功了一半。"小于回应道："好说，好说。"

一周后，大胖带着自己的投资计划书来到了小于的公司，并讲述了详细的计划方案，然而此时的小于却犯了难。他在同学聚会上不过是说说而已，根本没有投资的打算，尽管公司已经步入正轨，但所需要的流动资金也不是一个小数目，二十万不多，但如果真抽调出二十万给大胖投资，那么，公司的运营肯定会出现问题。但由于顾及面子，小于并不愿意承认自己资金紧张，所以便撒谎说自己喝醉了并不记得这回事。

结果可想而知，虽然大胖嘴上没说什么，但心里却已经有了看法：既然做不到，当初就不要说，说了，事到临头反倒不承认了，这实在不是君子所为。在大胖看来，小于只会开空头支票，根本不是一个言而有信的人，从此两人的关系也越来越疏远，越来越冷漠。

一个人的能力再强，也有做不到的事情，所以千万不要轻易许诺。刘墉曾经说过，不要在必输的时候逞英雄，也不必在无理的环境下讲道理。否则，你就永远没有讲道理的机会了。其实信义也是如此，一旦我们失信于人，那么要想再得到对方的信任就十分困难了，所以，无论如何都不要因为贪图一时的风光而开出空头支票，否则只能伤了别人，害了自己。

在与人交往的过程中，如果真能为对方雪中送炭，解燃眉之急，这固然是好事，但办事说话一定要量力而行，切不可说大话。尤其是在许诺的时候，一定要注意掌握好分寸，不要把话说得太满。有时候，并不是全力以赴就能事事顺利，因为很多客观因素是无法改变的，在正常情况下能做到的事情，放到特定环境中，很有可能会变成一项无法完成的任务，所以，许诺不可过于草率。

若逞一时之勇，怎得万世英名？然而，在现实生活中却有不少人对如此深刻的道理置若罔闻。有些事明知做不到，但为了一时的面子，为了脸上有光，丝毫不顾及是否会因此失信，反倒是大包大揽，以至于最后不仅丢了面子，还丢了朋友与做人的尊严。倘若做不到，就不要逞强许诺，只要向朋友说清，肯定能够赢得对方的理解，毕竟绝大多数人都是通情达理的。

那么，社会交往中的面子难道就不要了吗？面子要不要，关键是要看事情的"面子价值"和长远利益。逞一时的口舌之快，许诺的那一刻虽然面子十足，但这样的面子就像肥皂泡，阳光下五光十色，十分漂亮，但迟早都会破碎，到时候岂不是更没面子？有里子的面子才是真面子，所以先做一个言而有信的人吧，只有在这个基础上追求面子，才不会徒劳无功，毫无意义。

不想吃亏，就果断拒绝对方

"吃亏"一词在词典中的解释为"遭受不公正待遇"。在人际关系的范畴中，吃亏是指被动接受本身不愿接受的事物。其实，日常生活中偶尔吃些小亏，也是正常之事，只是当我们"吃亏过多"时，就应该考虑是不是因为自己太想做好人，才会习惯性地接受"吃亏"。

如果确实是因为自己扮演了"老好人"的角色而使自己吃亏，那么，我们就要想办法最大限度地避免吃亏，以使自己心理平衡。那么，能够尽量避免吃亏、使我们自主掌控人生的方法究竟是什么呢？没错，就是拒绝。若想在自己的人生舞台上出演主人翁的角色，我们就不能再坐以待毙，不能再对"吃亏"一事逆来顺受，应该要学会拒绝！

能力出众的程序员闵竹在公司中一向被大家称为"多面手"。每每公司推出新的项目，虽然所有人都在忙碌，但每个人的工作进度都不见有什么明显进展。然而，一旦临近任务交付期，大家便都会对闵竹的工作进展倍加关心，如果闵竹适时地完成了自己的工作任务，大家就会纷纷请求她的帮助，最后闵竹简直成了"超人"，她几乎要承担起所有的事情。

当项目结束以后，部门同事会不约而同地用"了不起""真棒"等词对闵竹大加称赞；但是，一旦结果或者程序中出现了错误，人们又都会用抱怨的目光看待她。面对过分繁重的附加工作以及同事们不谢反怨的态度，闵竹虽然一直非常恼火，但在不知不觉中，接受他人请求已经成了她的一种习惯。

一次，闵竹在同时帮助众多同事处理工作的过程中，犯下了一个致命错误。其实，以闵竹的工作状态而言，出现这类问题绝非偶然。这次错误使闵竹背负了写检讨、扣奖金等一系列处罚，她为此付出了惨痛的代价。

问题出现以后，那些曾经受到过闵竹帮助的同事适时为她送去了安慰，同时也对她一直以来的工作表现给予了高度评价。但令人始料不及的是，闵竹所在的公司却突然陷入了经营危机，而紧随其后的就是所有人都不愿面对的减员问题。在这场减员风波中，闵竹因为该项目中的错误以及自己的临时工身份，最终失去了来之不易的工作。

此后，闵竹更换了许多工作，但由于她并不具备令人信服的工作经验，而且年龄也在不断增长，她始终未能跻身于公司正式职员之列。其实，与他人相比，闵竹在能力方面、在工作态度方面，都具有很大的优势，但她失去的反而更多。她失去的不仅仅是自信、青春、值得炫耀的工作经验、朝夕相处的同事，还有人生之中最为重要的、能够带给自己快乐情趣的公司生活。

当然，走到这一步，最主要的责任在闵竹。当回顾往日经历时，她才猛然发现，自己所走的每一步似乎都与"吃亏"二字形影不离，这不禁令她感到非常懊恼。可是，为什么闵竹总是会选择"吃亏"呢？

事实上，一直影响闵竹人生境况的"吃亏"，与某日突然遭受某人伤害的吃亏在性质上大有不同。也就是说，闵竹陷入这种窘迫境地根本就怨不得别人，完全是自食其果。为什么要接受同事不合理的请求？就算能力允许，可以为他们提供帮助，但最起码也要通过正常程序进行交接吧，如果是这样，闵竹又怎么会平白无故地吃了"哑巴亏"呢？在面对同事们的附加要求时，她为什么不拒绝呢？

每日为工作奔波的闵竹，只不过是个普通人而已，她"放任"自己一味吃亏，最后落得一无所得。其实在我们的生活中，扮演着吃亏角色的人，远比我们想象的要多，而且他们也确实生活在吃亏之中。

那么，很多人为什么"放任"自己一味吃亏呢？究其原因，主要是"不好意思"心理在作怪。有些时候，我们本想拒绝，但碍于一时的情面，却点了头，结果给自己留下长久的不快。所以，如果并非心甘情愿，就一定要坚决拒绝。拒绝虽然会使对方感到不高兴，但是为了能够成为自己人生中的主角，应该拒绝的事情，我们就要果断地予以拒绝。

当然，我们也不可不分状况地一味回绝对方。我们应以熟练的拒绝技巧为基础，准确判断当前状况是否适合做出拒绝，要在对方能够接受的情况下，合理维护自身利益。

因为，只有当我们感觉自己完全可以自主选择时，人生才会变得更为轻松，才能够挖掘出自己的潜力。人际关系同样如此，如果我们不善于拒绝他人的请求，就会感到自己的人生正被他人牵制，丝毫不受自身控制。因此，我们要培养自己无论在任何情况下都能合理做出拒绝的自信心。

拒绝别人的时候，首先要注意拒绝的原则。拒绝的原则可以分为三类：第一，要拒绝请求的具体内容。第二，拒绝不针对人，而是针对请求。第三，不能由他人代替，必须由"我"亲自拒绝。我们只要时刻铭记这三项拒绝原则，在处理人际关系时，就绝对不会因为拒绝而产生不必要的误会或矛盾。

其次，拒绝别人后不要心怀愧疚，因为如果拒绝得当，对方即使被拒绝，也不会感到不高兴。正因如此，有些人在受到拒绝的情况下，依然会心情自然；反之，有些人尽管得到了应允，但心情却会显得黯然低落。

当然，是理应拒绝的事项，自然要果断拒绝，但与此同时，对于对方的心情、价值及重要性，我们必须加以肯定。这样，即便是遭到拒绝，对方也不会感到生气或是忧郁。

我们只要能够做到上面几点，在以后的人际关系之中，就会充满"只要我愿意，就可以随时拒绝"的自信。也就是无论在任何情况下都敢坦然拒绝别人的自信。

相信只要我们能够掌握有效的拒绝技巧，困扰已久的生活压力便一定会随之得到缓解，而我们的人生也会变得更加愉悦、更加幸福。事实上，要做到这一点并不困难，只要我们有恒心、肯付出、愿学习，就一定会拥有健康的人际关系。

再熟悉的人，也要学会说"不"

人活在世上，总会遇到一些为难的事情。每个人都会有同窗好友、同事朋友，与之相处的日子久了，自然会出现有求于彼此的事情。如果我们能办到的话应尽最大的努力去办，假若朋友提出的某些要求过分，不是我们个人力所能及的，就面临拒绝他人的问题。特别是亲戚朋友的一些要求确实是不近人情，因此处理这类问题时，我们往往感到很棘手，不知道该如何开口拒绝，明知道一些事情办不成，可又怕伤害了朋友之间的友谊。

所以当需要做"不"的决定时，我们往往就会变得犹豫不决；当需要大声地说"不"时，却沉默不语。对家人、朋友更是难以开口说"不"。因此，为了使他们满意而满足他们的每一个请求，最终使自己琐事缠身，很少有属于自己的时间，学习、工作、生活一团糟。

很多人都抱怨生活中有太多的尴尬和无奈，造成这种尴尬和无奈的原因，很大程度是因为我们不太会拒绝别人，不习惯说"不"。

秦桑并不是心理咨询师，可是在她身边，总有各种各样的朋友喜欢把自己的"隐私"说给她听。秦桑总是耐心地听对方诉说，时不时还会因为对方的不幸遭遇而落下几滴眼泪。长期处于各种负面情绪困扰的秦桑终于承受不住这份压力了。

朋友之间聊天，不外乎是最近都有些什么活动和见闻之类的话题。而秦桑却成了公认的被倾诉者。一旦哪位好姐妹在感情上遭遇了挫折，都会把秦桑约出来，整整一个下午都哭诉自己的不幸。其实，她们都知道，秦桑并不能帮她们解决所有的问题，只是她们需要倾诉，需要把负面情绪释放出来。

如果说聊天的内容正常一点也就罢了，可是每每随着话题的深入，秦桑就会发现一些自己没有办法控制的事情。就在前几天，小李还在向她说怀疑自己的老公在外面有外遇，而红红整天都向她抱怨公司的待遇不好，董晴则是哭哭啼啼地告诉她，她又和男朋友分手了。秦桑从早晨一睁眼，就开始被别人这些杂七杂八的事情困扰着，以至于自己在工作的时候都无法把心思用在处理正常事务之上。

每次聊天结束之后，秦桑的朋友们全都像是获得了新生一般，她们的痛苦和委屈确实得到了发泄，而对于秦桑来说，本来好好的一个周末下午，却被无缘无故地笼罩上一层阴云。

有时候秦桑也不得不感叹，"知心姐姐"可真不容易当啊！而她还没有意识到自己其实已经处于一种危机状态之中了。

随着时间的流逝，姐妹们曾经对秦桑说过的话对她产生了潜移默化的影响。每次见到上司时，她总会想起红红说的那些话；见到董晴的前男友，秦桑的心中则会事先树起一条警戒线。最近，秦桑不但在工作上频繁失误，而且连家庭关系都开始变得紧张。直到有一天秦桑才恍然大悟，原来自己的正常生活已经完全被打乱了。

秦桑并没有觉察到，自己在倾听别人的诉说时，诸多的负面、消极情绪逐渐渗透到了自己的生活之中。到头来，不但无法帮朋友们解决实际问题，还让自身陷进了悲观情绪的影响之中。此时的秦桑，已经成了他人无节制倾诉的对象。

如何避免我们自己也变成"秦桑"呢？那就要学会对那些既浪费时间又没有实际作用的事情说"不"。学会说"不"、懂得说"不"，是一门重要的艺术，是作为"社会人"应具有的一项重要能力。我们需要学会用"不"的智慧保护自己，用"不"的力量说服别人，用"不"的方法正确决策，用"不"的秘诀改变人生。

有人或许说，朋友之间，有人遇到困难，我们理应伸出援手给予帮助。帮朋友的忙本无可厚非，但是要分清帮什么忙，不是所有的忙我们都能帮，也不是所有的忙我们都应该去帮。要让朋友明白，你有自己的事情，有自己的主意，有自己的坚持。不要因为朋友恳求的眼神、鼓动的语气，就放弃自己的初衷，改变了自己的意见。勉强地答应别人，可能会让你琐事缠身，焦头烂额，甚至是筋疲力尽，烦恼懊悔。

所以不要在需要说"不"的时候，犹豫不决，沉默不语，甚至觉得理亏脸红。一定要说得理直气壮，坦坦荡荡，自信飞扬。坦诚交友，进退有度，有自己的原则和底线，明确自己的思想和立场。

其实，当你的能力有限，无法帮助别人时，千万不要勉强，你应该毫不犹豫地学会说"不"，学会拒绝。说"不"不是不近人情，不是自私冷酷。只要你真诚地道出你的苦衷、你的原则，必能获得朋友的谅解，得到对方的尊重。因此，从现在起，请学着对别人说"不"吧！大声地说出来："我不喜欢，我不想，我不！"

别让不好意思害了你

第二章　善于拒绝，在不伤和气的同时巧妙拒绝

拒绝要懂技巧，不要伤害对方的面子

　　在我们的生活当中，总要面对各种各样的人和事：有积极的，也有消极的；有符合自己意愿的，也有不符合自己意愿的；有我们乐意接受的，也有我们需要拒绝的。比如，有人需要我们帮忙，但我们却由于某方面原因而不能帮他时，就需要拒绝他。而直截了当拒绝的话，很难说出口，但我们又必须拒绝对方，这时，就必须要掌握拒绝的技巧。掌握了一定的技巧，我们才能轻松愉快地说出"不"字，才能使对方高高兴兴地接受"不"字。

　　比方说，在拒绝他人时，我们可以暂时做出错答，这是一种不错的拒绝技巧。这样可以转移其他听众的注意力，也可以使请求者领悟到其中拒绝的意思，避免因说破而造成尴尬局面和其他不良后果。

　　易连昆和小樱是毕业不到一年的大学生，他们已经在同一个公司工作了三个月的时间。在一起工作久了，

易连昆对小樱产生了爱慕之情，想要表白自己的心意。

小樱虽然心领神会，知道易连昆的心意，但是，小樱对他并没有男女之情。她很珍惜这份友情，不想将这份友情向爱情方面发展，但她感觉同事之间还是不要说破，保持一种纯真的朋友情为好。

这一天刚下班，同事们都在边收拾自己的东西边讨论去哪儿吃饭。易连昆走向小樱。小樱正和同伴菲儿商讨周末去哪儿玩，看到易连昆向自己走来，便知道他要说什么。于是，小樱下定决心，想到了拒绝他的方法，就和同伴一起笑着等易连昆走过来。

易连昆走到小樱的面前，有些犹豫地说："我有一个问题想问问你，你是不是喜欢……"

同事们都停下来看向这边，菲儿也很好奇地看着他们俩，小樱明白他的意思，就打断他说："哦！我喜欢你借我的那本书，我都看了两遍了，还没看烦，尤其是里面讲到的奇幻世界，真的很奇妙。"

易连昆以为小樱会错意了，想要说得更清楚一些，就急忙接着说："你难道看不出来我喜欢……"

同事们更好奇了，都起哄似的看着他们，小樱不慌不忙地又打断他，笑着说："我知道你也喜欢这类书，以后咱们可以交换一下学习心得，这样可以互相促进对方进步。"

易连昆有些心急，他干脆直截了当地问："你有没有……"

小樱看他要说出口，也有点着急，灵机一动，马上截住他的话，不让他有喘息的机会，又笑着说："这么巧呀，我确实早就有这个想法，我们也可以向其他人介绍这本书，互相交流切磋，共同学习。"

同事们听到这里都一哄而散，各干各的去了。易连昆听到这儿，又看了看小樱坦然的样子，霎时明白了她的意思，同时也非常感谢她的委婉，没让自己在同事们面前尴尬。

小樱三次截断易连昆的问话，使得他明白了她的想法，不再追问了。这比让易连昆直率问出来，而小樱当面予以拒绝，效果自然要好得多，同时他们以后见面也不会因此觉得尴尬，丢失纯真的友谊。

学会拒绝他人的技巧，既可减少自己心理上的紧张和压力，又可以表现出自己人格的独特性，也不致使自己在人际交往中陷于被动，生活就会变得轻松、潇洒些。在拒绝别人的时候，我们可以运用以下几种回答方法：

（1）婉拒法。例如，"哦，是这样，可是我还没有想好，考虑一下再说吧。"

（2）不卑不亢法。例如，"哦，我明白了，我认为你找对这件事感兴趣的人效果会更好，好吗？"

（3）幽默法。例如，"啊！对不起，今天我只好当逃兵了。"

（4）缓冲法。例如，"哦，我再和其他人商量一下，你也再仔细考虑一下，过几天再决定，好吗？"

（5）回避法。例如，"今天咱们先不谈这个，我想有一件事你更关心……"

（6）补偿法。 例如，"真对不起，这件事我实在爱莫能助了，不过，我可帮你做另一件事！"

有时候拒绝需要很长一段时间，对方会不定时提出同样的要求。 若能由被动变成主动而关心对方，并让对方明白自己的苦衷与立场，也可以避免拒绝他人时的尴尬与影响。 当双方的情况都有所变化时，就有可能满足对方的要求。

懂得了拒绝的技巧，将会使我们受益无穷。 有技巧地拒绝，不但不会给我们带来负面影响，反而能得到他人的敬佩与尊重。

当然，拒绝的过程中，除了技巧，更需要有发自内心的耐心与关怀。 是发自内心还是随随便便地敷衍了事，对方其实都看得到。 这样的话，有时更让人觉得你是一个不诚恳的人，对你的人际关系伤害更大。

有一大部分人会产生这样的想法，难道我们在现实生活中非要拒绝别人不可吗？ 我们在拒绝他人时都需要采用这些委婉的方法吗？ 其实在现实生活中，关于拒绝他人，我们还要注意以下问题：

第一，在日常生活，我们应该真诚地对待朋友和同学，积极地帮助他们。 每个人都应该明白一个简单的道理"平时帮人，拒人才不难"。

第二，如果是由于自己能力或客观的原因，我们应该坦诚相对，说明自己的实际情况，同时，要积极帮对方想办法。

第三，对于某些情况，直接说"不"的效果更好，特别是对于那些违法乱纪的事情，更应持坚决的态度来拒绝。 对于那些可能引起误解的事情，应该明确自己的态度，否则会"当断不断，反受其乱"。

拒绝他人是生活中的一种艺术与技巧，学会并灵活运用它，会使我们生活得从容不迫，也会使我们有一个良好的社会关系。要懂得在适当的时候用适当的方法说"不"，拒绝别人不一定是件坏事，如果我们没有时间、没有能力帮助别人，那么拒绝别人的请求是正确的选择。当我们拒绝他人时，要让对方心服口服地接受拒绝，而不要让对方产生被轻视或受到伤害的感觉。

坚持弹性原则，给出模棱两可的答案

模棱两可的回答或者敷衍的回答是一种有弹性的沟通方法，也是一种最常见的处世技巧。敷衍的回答是在不便明言回绝的情况下，模棱两可地答复他人。敷衍是一种艺术，运用好了，不但不会失信于他人，还会取得良好的效果。

所谓"不食言"，就是说到且一定做到。在许多时候，人们对说出的话、做出的决定，过不了多久就会后悔，乃至忘却，不再履行。然而，不论你有多么后悔，也要遵守自己做过的承诺。违背诺言会让自己更加被动，甚至赔上信誉。所以，不能轻易对别人食言。

有人说："信用既是无形的力量，也是无形的财富。"这话一点也不夸张，毕竟谁都不愿食言。所以很多情况下，为了不食言，我们无法拒绝别人，虽然这时候拒绝是对别人的一种尊重，是为事情找到更好的解决方法的最佳途径。可是，为了不失信、不食言，只能用模棱两可这种有弹性的回答来回应对方。

如果对方比较聪明，能够明白我们这种模棱两可的回答背后的信息，可能会自动放弃。事实上，许多人在请求别人帮忙的时候，都是抱着莫大希望而来。这时可以给别人模棱两可的回答，不要决绝地拒绝别人，不要让人认为你是一个失信于别人的人，使自己陷入被动的局面。

人处在一个复杂的社会背景中，互相制约的因素有很多，为什么不选择一个盾牌挡一挡呢？食言本身是一件令人十分难堪的事，我们完全可以选择态度不是那么坚决，甚至有些模糊不清、模棱两可的回答来回复对方，这样，他们能够理解我们的做法，从而不会对我们抱太高的期望。

避开实际性的问题，故意用模棱两可的语言做出具有弹性的回答，既无懈可击，又避免了自己的信誉和诚信度受损。这样做既能让对方明白你的立场，也能充分保留自己的面子。

灵素和敏敏在同一公司上班，两个人在公司是同事，私下里关系也不错，是一对让旁人羡慕的好朋友。

一天，敏敏因为家中有事必须请几天假，而不巧这时她正准备和一位大客户签约，对手公司也在不断争取这位大客户，此时正是关键时刻。自己无法分身，想来想去，敏敏想到了同事兼好友灵素，于是开口请她帮忙去跟这位客户签约。

对方是自己的朋友，且自己也没什么要紧事，灵素就答应了敏敏的要求。可谁知这天，医院打来电话，告知灵素父亲生病住院了，灵素没有其他的亲人，只能自己去照顾。自己一边要忙工作，一边还要照顾生病的父亲，帮朋友去签约实在是分身乏术，可是自己又答应了敏敏，灵素一下子不知道该怎么办。灵素不得不拒绝敏敏，但是又不想让敏敏太伤心，于是便在脑海中反复思考着该怎样拒绝她。最后她对敏敏说："这件事比较困难，这几天我比较忙，过两天再看看吧。"

对于做事一向性急的敏敏来说，见灵素答应后又说了这样一句模棱两可的话，以为她在犹豫，就想：也许灵素需要考虑一下。于是并没有催促。

过了一天，敏敏又问到这个问题，灵素回答说："我也不太确定，你别抱太大希望，可能我去不了。"敏敏听灵素这样说，明白灵素可能真的没有时间，确实有事儿去不了了，就把这件事托给了别人，便急急忙忙赶回家去了。

灵素这边见敏敏找到了别人帮忙，也就放心地处理工作、家庭的双重压力了。几天之后，敏敏高高兴兴地回来上班，发现与那位大客户的合约已经签好了，灵素父亲的病渐渐好转，也已经出院。两位好朋友的关系并没有因为这件事受到任何影响。

如果灵素断然拒绝敏敏，两个人的友情可能会遭受波折。如果灵素沉默不语，会让敏敏觉得灵素已经答应了她的请求，就不会再找别人帮忙，那么事情会变得更加糟糕。

否定或拒绝他人时，可以运用一些模棱两可的语言。 对于对方的要求似乎有肯定的因素却又仿佛有未能肯定的理由的，运用模棱两可的语言，可以让对方感到得到某些方面、某种程度的理解，从而不容易引起对方的反感和愤怒。 同时，让对方意识到他的要求并未得到你的许诺，从而达到含蓄拒绝的目的。

当你面对别人的请求时，如果不能确定自己是否可以把对方请托的事办好，或根本就不想接受请托，可以用下面这些听起来模棱两可的回答：

"嗯，你说的事情我会考虑的。"

"这件事情比较困难。"

"我不确定这事能够办成。"

"我帮你问问看，如果不行我也没有办法。"

"也许可以吧！我不确定。"

"最近我比较忙，过两天再看看。"

"这件事等我回来再说好吗？"

如果你对情况把握不准，就应该把话说得灵活一些，最好用弹性的语气，给自己留下回旋的余地。 多使用"尽力而为""尽最大努力""尽可能"等有较大灵活性的字眼，这种承诺能给自己留下一定的回旋余地。

为了不食言而给对方模棱两可的回答，可使对方明白我们的苦衷，相信我们不是没有信誉的人；如果生硬地否定或拒绝，对方则会产生不满，甚至仇恨、仇视你。 把话说得委婉、模糊一些，这样做既不伤人，又不会使自己失信于对方，彼此还能和和气气，何乐而不为呢？

勇敢说"NO"，但要对事不对人

　　生活中难免会遇到这样的情况，亲人、朋友、同事等有时会要求你做一些事情。而这些要求有的根本就不合理，有的超过了你的能力范围，总而言之，你的内心是不情愿的。但是，你担心别人会因此而不高兴，甚至会影响到日后双方的交往，只好硬着头皮应承。然而，事后你自己却会因此感到沮丧。

　　就这样，你做着自己不愿意做的事，你允许别人不断地利用你，你心中的不满日积月累。有一天，你终于失去了耐心，把积累的怨气一并爆发，可想而知，结果将会非常糟糕。

　　由此可见，我们必须要学会拒绝，我们要能够勇敢地对别人说"NO"，只有这样，才能提高我们的工作效率和生活质量。

　　要知道，想做个有求必应的老好人并不容易，人们的要求永无止境，往往是合理的、悖理的并存，如果你不好意思当面说"NO"，轻易承诺了自己无法履行的诺言，将会带给自己更大的困扰。

　　因此，该拒绝时就一定要拒绝，并且一定要对事不对人，即让对方知道你拒绝的是他的请求，而不是他本身。拒绝之后，最好可以为对方指出处理其请求的其他可行办法。

　　安成和方宇是从小到大的好朋友。两个人的友谊已经有二十几年了。如今两人都已经参加了工作，虽然不在一个单位上班，但平时两个人还是经常带着各自的女友在一起聚聚。

有一天，安成气呼呼地来到方宇的单位，找方宇帮他一件事，为他的未婚妻报仇。方宇以为出了什么大事，急忙请假和安成走出公司。出来后，方宇向安成问清了缘由。

原来安成的未婚妻被公司的车间主任欺负了，安成非常恼怒，发誓要为未婚妻报仇，而且还买了一把锋利的弹簧刀，想要对付那个车间主任，但考虑到那个车间主任人高马大，自己一个人对付不了他，于是就想到请方宇帮忙，两个人一起对付他。

方宇听后，心中很明白，尽管那个车间主任不是好东西，确实应该教训教训他，但如果感情用事，刺伤了他，那是犯罪的。因此，方宇决定拒绝安成，并且也决定阻止安成，不能让他一时冲动，铸成大错。

于是，他问安成："你爱你的未婚妻吗?"

"爱，当然爱，如果不爱我才不管这事呢。"安成回答说。

"这就好，爱一个人不容易，真正爱上一个人，是不管她遇上多么大的不幸，都会永远爱她，相反，在她遇到不幸时还要帮她解脱出来。但是你这样感情用事，并不是爱她，这是在伤害她，使她更伤心。她也不会为此而感谢你，相反会恨你。坏人总是要受到惩处的，这要靠法律……"

安成听到方宇这样说非常生气，他冲方宇喊道："我还是不是你的朋友，你怎么不帮我反而袒护那个主任，他给你什么好处了吗？你对我是不是有意见啊？"

方宇听了安成的话，走到安成的面前，真诚地说："我拒绝和你一起去找那个车间主任不是对你有意见，我只是认为这件事不能像你说的那样做，并不是针对你个人。车间主任的行为是犯法的。这样吧，我的同事有一个做律师的好友，我帮你和你的未婚妻运用法律的手段来惩处车间主任，我相信，法律会给你们一个满意的答复的。"

安成听了方宇的一番话，打消了要报仇的想法，最终运用法律惩处了那位车间主任。而安成非常感谢这次方宇对他的帮助，两个人的友情也更加稳固了。

在上面这个例子中，方宇并没有为了朋友之情而感情用事，而是对事不对人，让安成运用法律手段来解决问题，安成也从中明白了自己的糊涂用事，最后问题也圆满地解决了。方宇拒绝了安成报仇的请求，假设方宇不这样做，为了朋友义气，而是满口答应帮助安成去报仇，结果肯定不堪设想。

对事不对人强调以"事"为中心，的确，需要解决的是问题，应该以"事"为中心。问题要解决到什么程度、什么时候解决、有什么标准、谁来做、大家如何做配合等，这就是"对事"：针对事件，围绕事情本身解决问题。

那么，什么是"不对人"呢？不对人，就是不针对人。虽然事情是人做出来的，但是，人是很复杂的，带有一定的主观性，这种主观性使得我们很难说清谁的想法一定是对的，或谁的想法一定就是错的。更为重要和关键的是，人的本性都是趋利避害的，人都是爱面子的，都是有情绪的，保护自己是人的第一反应，即使是用不恰当的方式。

所以，在拒绝别人的时候，拒绝者要尽可能地创造一个对事不对人的环境，把事情和人情分开：人是人，事是事。在这样的环境下，拒绝者不会因为人情而回避一些难以处理的事情。同时，要让被拒绝者明白，你所拒绝的一切是针对事，而不是人。如果能形成这样对事不对人的环境，被拒绝者会有更大的勇气承担拒绝者的任何决定，因为他知道这是为了更好地解决事情，而不是在难为他。这样，拒绝者也会变得很简单：在回答被拒绝者请求的时候不必过分顾忌感情，不必在意面子，而只需把注意力放在事情上。

要记住：无论你在任何时候、任何场合，对任何人、任何事，你都有权利说"NO"，因为这样你才能顾及自己的情况，而以真实的态度面对对方。

虽然在该说"NO"的时候要勇敢地说"NO"，但是一定要做到对事不对人，这才是真正有效的人际沟通。能和他人做有效的沟通，是你最有价值的资产；致力于有效的沟通，会使你的人际关系大为改观。

直接拒绝"冲力"大，那就绕着弯说

在拒绝他人时，态度要和蔼。不要在他人刚开口要求时，就断然拒绝；不要对他人的请求迅速采取反驳的态度，流露出不高兴的情绪，或者藐视对方，坚持永不会妥协的态度等。这些都是不妥当的方式，应该以和蔼可亲的态度诚恳应对。

如果在社交场合，你需要拒绝人时，不妨用下列方法试一试。

（1）有意推托。如"我转告他一声倒是可以，就是怕他误会了，还是你直接同他说为好了。""这件事由我出面恐怕不太好吧！"

（2）尽量回避。如"哦，是这样呀，我没看清楚。""我没注意，也不是太清楚。"

（3）故意拖延。如"今晚还有事，以后再说吧。"

（4）保持沉默。如"嗯，让我再考虑考虑……"

（5）另有选择。如"好是好，不过我更喜欢……我想会那个更好。"

（6）婉言回绝。如"我很理解你的心情，但是这样做，对你我都没有好处，你仔细想想。"

拒绝时，千万不要伤害对方的自尊心。特别是对你有过帮助的人来拜访你，要你帮他做事。为了情面，的确是非常难以拒绝的。不过，只要你能表现出尊重对方的态度，讲出自己的难处，相信对方也是会理解你、谅解你的。

以诚恳的态度明确地说出自己不得不拒绝别人的理由，直到对方了解你爱莫能助，这是一种最成功的拒绝方法。

迟雪是某教育局的人事科长，经常处于矛盾的包围之中：作为中层干部，上级的话她不得不听，即使是违心的事也要办；下边的事又不敢应，一应就是一大串，可谓苦不堪言。

在她极其苦恼时，她的一位好友提醒她，面对矛盾，何不采取回避锋芒的办法，这能使自己得到解脱。好友的一番话使迟雪茅塞顿开，连叹自己以前太笨。

掌握了这一处理矛盾的秘诀，再面对一些事情，迟雪坦然多了。

有一次，局里的刘副局长让她想办法将其侄子安插到某中学去。这不符合政策，让迟雪很为难，因为一旦出现问题，承担责任的是她，而非刘副局长。这时她想起了回避锋芒、不直接拒绝的退让之法，便小试牛刀。

迟雪对刘副局长说："好，我会尽心为您办这件事的，您让您的侄子把他的毕业证、档案材料给我送过来。"

当天下午，刘副局长的侄子就来了，但送来的只有档案材料，没有毕业证，因为他虽然读完了两年学制，但学业不精，自学考试才通过了七门，根本就没有毕业证，迟雪就让他先回去等候通知。

过了几天，刘副局长又过来问这件事情，迟雪先说了他侄子的情况，随后说道："刘局长，你说话算数，您同那所学校的校长谈谈，只要他们同意接收，我这就把您侄子的人事关系给开过去。"

刘副局长从迟雪的话里听出了弦外之音，只好说："那就先放放再说吧。"

迟雪对刘副局长的要求没有采取直接拒绝的方法，而是回避锋芒，既拒绝了不合理的要求，又达到了保护自身的目的。

迟雪明白，官场上的矛盾、冲突、痛苦，使大部分人都会处于战争状态。对于别人的一些要求，不能当场直接拒绝，一定要回避锋芒，委婉地回绝，这样既能使矛盾在迂回曲折中得到妥善解决，也能让自己的心灵自在、祥和，还会发现事情原本可以很简单。识时务者为俊杰，当你处于矛盾的漩涡中时，不妨暂退让一步，再伺机推脱。

避免直接拒绝别人可以对其先扬后抑，这是一种避免正面表述，间接拒绝他人的方法。先用肯定的口气去赞赏别人的一些想法和要求，然后再来表达拒绝及原因，这样不会直接伤害对方的感情和积极性，而且使对方容易接受，并为自己留下一条退路。

有时对方有急事相求，而你确实又没有时间，无法帮助他时，考虑到对方的实际情况与心情，为了避免对方误会，可以首先表现出自己积极的态度，然后再表示你不能立即办好，会换个时间办理。而对方是急事，要求必须立即办好，此时他就只能另找他人了。

有时候，避免直接拒绝他人也可以用暗示法来达到拒绝他人的目的。有些人喜欢通过说出自己困难的方法来暗示他人以投石问路，这时，你也可以采用同样的方法来表示你的拒绝。因为对于他们来说，表达出"不"最好是通过他们容易接受的办法。当然，与此同时，你可以表示出深深的同情与理解，也可以为他出个主意，表达出你对他的关心和自己的无能为力，同时为其送上自己的良好祝愿。

　　在拒绝别人时应该做到"六不"和"四要"，使对方了解你的苦衷和歉意。

　　不要立刻就拒绝：立刻拒绝会让人觉得你是一个冷漠无情的人，甚至觉得你对他有成见。

　　不要轻易地拒绝：有时候轻易地拒绝别人，会失去许多帮助别人和获得友谊的机会。

　　不要盛怒下拒绝：盛怒之下拒绝别人容易在语言上伤害别人，让人觉得你一点同情心都没有。

　　不要随便地拒绝：太随便地拒绝，别人会觉得你并不重视他，容易造成反感。

　　不要无情地拒绝：无情地拒绝就是表情冷漠，语气严肃，毫无通融的余地，会令人很难堪，甚至反目成仇。

　　不要傲慢地拒绝：一个盛气凌人、态度傲慢不恭的人，任谁也不会喜欢亲近他。何况他有求于你，而你以傲慢的态度拒绝，别人更是不能接受。

　　要婉转地拒绝：真正有不得已的苦衷时，如能委婉地说明和拒绝，别人反而会因你的诚恳而感动。

　　要有笑容地拒绝：拒绝的时候，要面带微笑，态度要庄重，让别人感受到你对他的尊重、礼貌，就算被你拒绝了，也能欣然接受。

要有出路地拒绝：拒绝的同时，如果能提供其他的方法，帮他想出另外一条出路，实际上还是帮了他的忙。

要有帮助地拒绝：也就是说你虽然拒绝了，但却在其他方面给他一些帮助，这是一种慈悲而有智慧的拒绝。

同样是拒绝别人，不同的拒绝方式给人的感受是不同的，委婉的拒绝能让人接受和理解，而直接拒绝则使人恼怒和反感。所以，同样是拒绝，我们应该多注意方式，多讲究艺术。

不伤和气的拒绝术

听说你和一中的李校长是邻居，我家孩子今年差了几分没考上，你帮我跟校长说说情呗。

不行，李校长不爱搞这一套。你再想想别的办法吧。

老同学，我公司年检出了点问题，你和工商局的孙局长是亲家，帮我通融一下吧。

老孙这个人是有名的六亲不认，上次他亲弟弟的事都没管。我找个机会迂回试探一下，但你也别抱太大希望。

✗
不要傲慢地拒绝，一个态度傲慢的人，谁也不喜欢亲近他。

✓
真正有不得已的苦衷时，如能委婉地说明和拒绝，别人反而会因你的诚恳而感动。

亲爱的，小华刚买了一个新包包，你也给我买一个吧。

买什么包呀，上个月不是刚买了一个吗？别买了。

亲爱的，新苹果（手机）上市了，你给我买一个吧。

好呀，现在咱们就去买上几斤尝尝……哈哈。

✗
不要太随便地拒绝，否则别人会觉得你并不重视他，容易造成反感和抵触情绪。

✓
用开玩笑的方式，既可以委婉地表示拒绝，使场面不至于太尴尬，还能缓解对方被拒绝后的郁闷心情。

第三章　纵横职场，你可以说"不"

我不是长舌妇：拒绝流言蜚语

有人的地方，就有矛盾；有矛盾的地方，就避不开流言。

有人说，世上最可怕的不是能杀人的利刃，而是杀人不见血的流言。一代电影明星阮玲玉，于1935年3月8日在上海新闸路沁园村的住宅里服安眠药自尽。如昙花般的阮玲玉就是受不了流言蜚语，对爱情与婚姻彻底绝望，才在舆论的巨大压力下选择了自杀，年仅25岁。

所谓流言，就是指没有事实根据的言论，散布这些东西，除了能让舌头多运动几下过过嘴瘾，对你的人生和事业没有任何帮助，还有可能伤害到别人，损害自己在朋友、同事和上司心目中的形象，损人不利己。

《战国策·秦策二》中记载了这样一个故事：有一个跟曾参同名的人杀了人，有好事之徒跑到曾参家里，对曾参的母亲说："快跑吧，你家儿子杀人了。"曾参的母亲当然不相信，说："我儿子不会杀人的。"仍旧泰然自若地织着布。过了一会儿，又一个人跑进来说："你儿子杀人了。"曾参的母亲还是不信，继续埋头织布。过了一会儿，又有一个人慌慌张张地跑过来，说："快跑快跑，你儿子杀人了！"曾参的母亲害怕了，连大门都不敢走，翻墙头逃跑了。曾参是有名的贤德之人，他的母亲对他也非常了解，知道他根本不可能杀人，可是经不住众人的一再相告，竟然相信了曾参杀人的流言。"谎言重复一千遍，就会变成真相"，这就是生活中流言的心理效应。

的确，在我们周围，总是有人喜欢传播一些谣言，而谣言就像空气中的病菌一样，很容易就扩散开来。在一个复杂而忙碌的工作组织中，难免会有流言蜚语、小道消息。流言的内容主要涉及领导班子调整、人事变动、个人升迁等一些敏感问题。它具有传播速度快、受众范围广的特点，对人们的思想、情绪产生的影响大多是负面的、消极的，对开展工作极为不利。

瑶佳是一个颇具才能、青春靓丽的女孩，让同事们羡慕不已。因为工作认真、态度积极，公司一度考虑将她提升到管理层，但是每一次的提案最后都被搁浅了，令瑶佳十分苦恼。

瑶佳开始十分不解，自己的问题到底出在哪，为什么总是在领导层投票的时候被否定？在最近的一次领导的年终意见中，瑶佳终于明白了原因——其中一位领导人给她的建议是：避免经常与他人议论各种是非，不要传播流言蜚语，才能成为一个好的管理者。

现在，一些单位和部门都有这种现象，有些员工不在工作和学习上下功夫，专爱打听、传播小道消息，今天说张三升迁了，明天说李四有了婚外情……这一部分人，虽然是少数，但严重干扰了我们的视线，影响了我们的正常工作。

在背地里议论别人的是非，绝对不是所谓的"交流"或"分享"，而是个坏习惯。要想自己的事业有所发展，一定要戒掉这个坏习惯，不做流言蜚语的传播者。

李红这段时间不得不让自己每天加班到深夜才回家，加班的原因并不是公司业务忙，而纯粹是两位领导之间的明争暗斗。李红所在部门的经理在今年就要退休了，公司老总为了使该部门的领导可以及时衔接上，便从其他部门调回了一个工程师来做副经理。现在，对于部门的两个领导来说，怎样领导下属成了两人争论的焦点。为了证明自己的实力，两个人分别对自己所领导的下属开始了业务加班的比赛。

两个领导的争斗对他们本身没什么大的影响，因为老经理总要退休，而新经理总是会升上来的。但天天加班使得部门的很多员工都心怀不满，大家都在各种空闲时间对两个领导大肆地加以讨论。李红在这种环境的影响下，怨言也多了起来。她经常会与同事们议论领导的各种私事与公事，而且公然地表达了自己的不满。

几个月后的事情让李红始料未及：她和其他几名

员工被"发配"到了全公司工作最苦、最累的业务部中。他们几个人都是搞技术出身的，怎么可能会应付得了业务部里那些伶牙俐齿的小伙子与小姑娘？李红几个人对此非常不满，他们一起去找新上任的经理理论，但对方的一个理由就将几个人打了回来："你们不是喜欢议论别人的是非吗？嘴巴厉害就到需要'嘴巴'的地方去吧！另外，这个月业绩达不到3万的就自动离职吧！"

李红他们当时就呆住了，就算是老业务员也不可能一个月做到3万的业绩。他们知道，这是新经理对他们当时传播他的小道消息进行的报复。李红明白，这个单位已经没有了自己的容身之所，只好辞职重新找工作。

闲言碎语往往与职场上的人际关系有着很大的关系，一旦自己成了流言传播中的小小的一环，就很可能会陷入一种明争暗斗的危险之中。特别是传播关于上层领导的流言，更容易使自己陷入危险。

所以，做一个聪明的"流言终结者"，既不让流言把你打败，也不让有关别人的流言从你这里流出。这样的你，才是聪明的。

瓜田李下闲话多：拒绝办公室暧昧

歌德曾有一句名言："哪个青年男子不善钟情，哪个妙龄女郎不善怀春?"人值青春年华,总要恋爱、觅偶,这是人之常情。可是,对职场中的人来说,办公室恋情是危险的。在办公室里谈情说爱,往往会遭遇人际危机。这样的恋情不仅不牢固,反而极其脆弱,后患无穷。

俗话说:"兔子不吃窝边草。"可男女间的缘分就是这么防不胜防。如果一不留神被同一个战壕里工作的同事爱上了,你该怎么办?尤其是当他冒着"危险"向你表示"我爱上你了"的时候,你该如何应付呢?

薛丽华已经进入大龄女青年的行列,有一位长辈给她介绍对象,让她去相亲,她虽极不情愿,却也架不住长辈的软磨硬泡,只好去了。

到了茶楼的雅间,那位长辈和男子早已等候在那里。薛丽华走进去,看到那位男子时,一下子便傻了眼,脱口叫道:"王城,怎么是你?"那男子也吃惊地问:"怎么会是你?也太巧了吧?"长辈见此情景,便问他们是不是早已认识。那男子说:"何止是认识,我们是同一个办公室的同事。"长辈听了,大笑起来,说这是缘分,便拉薛丽华到桌前坐下。

可是,薛丽华坐下后,却一脸尴尬,不知说什么好。王城更是结结巴巴,老半天说不出一句完整的话来,看样子,比薛丽华更尴尬。

他们的尴尬,并非仅仅因为遇到的是同事,更是因为王城曾追求过薛丽华,但薛丽华拒绝了他。薛丽华是个自尊心很强的人,此时,她心里想的是:我拒绝了他的热烈追求，却跑来相亲，他一定会认为我假扮清高。

那位长辈不明就里，不停地向王城夸薛丽华的温柔贤淑，向薛丽华夸王城的稳重敦厚。但是，薛丽华心里明白，自己在办公室里的表现并不是什么温柔贤淑，而是争强好胜；而且为了拒绝他，自己还一度刻意装得泼辣刻薄。

就这样尴尬地坐了好一会儿，两人除了客套话之外，几乎没说过其他的话。后来，有位好友打电话找薛丽华，她便趁机找了个借口，溜之大吉了。

回公司之后，薛丽华见到王城，只觉得被他发现了自己的秘密，尴尬极了，所以处处躲着他。可是王城却一改往日的行事风格，隔三岔五邀请薛丽华吃饭、泡酒吧、打保龄球、桌球。有时薛丽华并不想去，但看到他那诚恳的眼神，又想到自己曾经拒绝过他，所以不好意思再次拒绝。而王城每次出差都会为她带回些别致的小礼物。这些当然逃不过外人的眼睛。

时间久了，薛丽华便发现背后有人指指点点了，私下里议论她和王城的关系不简单。

薛丽华一时间不知道该怎么办才好。

爱情虽然是很美好的事，但有的时候被一个自己不中意的人单方面喜欢和追求确实是令人困扰的。而这个时候，我们需要做的就是拒绝。"拒绝"两个字看起来是很冷漠的，人们都不喜欢被拒绝，善良的人也往往不忍心拒绝别人，尤其是拒绝一个爱你的人，可能会让你觉得是一件很残忍的事，可是"拒绝"却常常是必要的。因为它不仅能让你免于烦扰，也能够使对方得到成长，让他从这段不现实的感情羁绊中解脱出来。

1. 面对高傲自大者，直接拒绝最有利

一位道貌岸然的男士正对一位年轻貌美的女孩子进行"猛烈攻势"："喂，小姐，我能请你看电影吗？"

"不，谢谢你的邀请。"女孩子回答道。

"喂，小姐，"那位先生穷追不舍，"你要搞明白，我可不是那种随随便便邀请女孩子看电影的男人呀！"

"你也要搞清楚，我也不是那种随随便便接受任何一位男士邀请的女孩子！"女孩子以牙还牙道，说完飘然而去。

对于这种自我感觉良好的家伙，你无论采取什么办法都是徒劳的。他就像一只挥之不去的苍蝇一样令人讨厌。对付这种人，唯一的办法就是不给他任何机会。

2. 请自己的男（女）朋友当掩护

外贸公司的小王对刚来公司不久的丽娜颇有好感，想方设法献殷勤。一次，小王趁办公室没人，把一套高档内衣放到丽娜桌子上。因与他只是一般关系，直接回绝怕对方难堪，丽娜略作思考便微笑着说："这套内衣真漂亮，不过这种式样的，我男朋友给我买过好几件了，

你留着送你女朋友吧。"

这么说，既暗示了自己已经"名花有主"，又提醒对方注意分寸。小王听了，自我解嘲地一笑："没关系！没关系！"

3. 要给对方留面子，切不能伤人自尊

别人追求你是看重你，是对你有好感才有所暗示。拒绝对方而不留面子，不仅会破坏你们的关系，而且会影响你们今后的交往和工作，所以绝对不能以伤人自尊的方式拒绝对方。

侮辱求爱者，是一种不讲恋爱道德的表现，不论对人对己都没有好处。有的求爱者受到嘲弄、侮辱后，恼羞成怒，进行报复；也有的因求爱者被侮辱，其他人也以此为戒，不敢再向他（她）抛出求爱的彩球，这势必要妨碍他（她）选择佳偶。

拒绝对方时应真诚、友善、婉转，使对方容易接受，任何挖苦、辱骂都是对求爱者的损害和侮辱，都是极不道德的。比较好的方法是，不论自己如何讨厌对方，一旦对方向你求爱，都要很有礼貌地先说声"谢谢"，然后再婉转地拒绝对方。

4. 打到敌人内部去

当你已经非常清楚对方有另一半的时候，面对暧昧的邀请，你可以选择打入"敌人内部"的策略。你可以想方设法和对方的另一半成为好朋友，在他向你发出暧昧的邀请，而你又不得不去的时候，设法叫上对方的另一半。相信此时，对方一定不会再和你胡来了，否则就只有吃不了兜着走的份了。

《杜拉拉升职记》中有这样一个场景：趁着老板娘来公司之际，杜拉拉以性骚扰的方式威胁老板，她扯开衣领，吓得老

板不得不妥协并感叹道："为什么惊喜总是姗姗来迟？"

其实，在我们拒绝了暧昧的邀请以后，也该时常反思一下自己。是不是自己的某些行为让对方产生误解了？是不是自己的穿着太暴露了？是不是自己太口不择言了？在拒绝别人发出的暧昧邀请的同时，我们更应该拒绝自己主动发出暧昧的信号。

巴恩菲尔德说："爱情是魔鬼，是烈火，是天堂，是地狱，那里有欢乐，有痛苦，也有苦涩的忏悔。"所以，我们一定要把握住自己，不允许自己"滥情"，更不允许自己接受别人的"滥情"。

朝九晚五，不是朝五晚九：拒绝无偿加班

"世界上最痛苦的是什么？""加班！""比加班更痛苦的是什么？""天天加班！""比天天加班更痛苦的是什么？""天天无偿加班！"

"不在加班中病态，就在加班中变态。"

"84小时内无法完成自己的工作——无能！公司给了你84小时内根本无法完成的工作——无情！觉得加班可以获得领导更好的印象——无知！也没什么事，反正下班就不想走——无聊！白天不工作，就为蹭加班费——无耻！真的遇到无情的公司只好加班——无奈！也没有加班费，就是想加班，不加班的话，吃大米饭都会过敏——无话可说！"

这些关于加班的戏言或怨言,在调侃之余,也真实地反映了职场人的生活和工作现状,因为加班已经成为他们生活的组成部分。

现如今,城市的生活节奏越来越快,人们的压力也越来越大。在一座座高级写字楼里面工作的白领们,却要为这些负面效应埋单。当"朝九晚五"变成"朝五晚九"时,很多人渐渐感觉麻木不仁、精神涣散、前途渺茫。

林青拖着疲惫的身躯回到住处时,已经是午夜12点了。屋子已经有近一个月没有好好打扫了,到处都是一次性餐盒和作废的设计图。林青找来笤帚胡乱扫了扫,感觉有些头晕,便躺在沙发上。沙发上堆满了衣服,林青抱起一团堆在左边沙发上的衣服,顺势扔到右边的沙发上,顿时右边沙发上的衣服又高出了一大截。沙发上终于有了一个空位,林青艰难地把自己塞进去,手握遥控器,随便选了一个节目。在他看来,躺在软软的沙发上,悠闲地看十几分钟肥皂剧,就是一天中最悠闲的一刻。

电视上花花绿绿的图案在林青脑子里打转,他渐渐地快睡着了。忽然一阵急促的手机铃声响起,刹那间林青心头一紧——又来活了。

果然,是老板打来的电话。今天递交的方案有很多地方不够完善,需要改改,明天早上直接交给客户。林青揉揉眼睛坐到了电脑前,白光蓝光在他脸上晃着,键盘声响个不停,他感觉自己像个特工。

"外企的工资不是好挣的。"林青常常这样心有感触地说。从五年前在这家公司做实习生开始，加班就成了家常便饭。

刚开始，他还经常自我安慰，认为自己多做一点事情，就能有更大的业绩，从而会多一份得到上级赏识的机会。于是，他把加班当成一个员工必须要付出的代价。顺理成章地，林青因为表现优秀而成功通过试用期，成为极少数留下来的实习生之一。

可是，当林青认为自己成了正式员工，终于可以享受朝九晚五的合理待遇时，加班的问题接踵而至。按时下班对林青来说几乎是奢望。因为加班，林青多次推掉了和朋友的小聚，搞得朋友们说他比总理还要忙。

一次，在下班回家的路上，林青在公交车上睡着了，他做了一个梦，梦见自己变成了终日生活在转轮里的仓鼠，拼命蹬车，就为了拿到悬挂在轮子外面的那一块奶酪，但无论轮子蹬得多快，它都无法吃到近在眼前的奶酪。

国外有一项研究显示，超时工作应被列入心脏病的风险因素。研究人员发现，每天比其他同事工作时间更长的办公族，心脏病危险系数明显更高。

越来越多的人觉得，生命中比工作更重要的事情还有很多，特别是一些年轻的白领在工作中累死或猝死的事件频频发生以后，长时间工作的人不再被视为英雄，反而被看作不懂生命的人。那些晓得如何拒绝长时间工作的人，将是未来的领导人物，因为他们看得更长远。

事实上，拒绝加班，并不是和老板公然对抗，而是用更为智慧的方式来争取自身的利益。想要拒绝加班，全权分配自己工作之外的作息时间，就需要学会下面几招：

1. 编造理由法

当你遇到有些工作明明周一来做也来得及，上司非要你周末来加班完成的情况时，你可以这样拒绝："经理，这个周末我亲戚要来看我，真的不能来加班。不过您放心，所有的资料都已经备齐了，下周一下午我就可以把报告做完。客户周三才到，我还有一天半的时间可以复核审查，保证没有问题！"

上司通常不需要知道你的工作过程如何，而只想看到结果。如果你对他做了这样的保证，那么他当然不会再表示反对。不过请注意，你的这份承诺也意味着给了他一个可以接受的最后期限，倘若下周一下班前你没有搞定报告，或即使做完，内容却十分糟糕，那么你将会失去上司的信任，届时恐怕永远都不需要加班了。

2. 提前准备法

利用每天下午下班之前的一两个小时，向老板询问有没有临时的工作安排。你可以这样说："老板，我今天想要正点下班，请问您这里有需要临时处理的文件吗？"如此，不但让老板觉得自己得到了应有的尊重，而且在维护你"正点下班"这一权利的同时，留下了可以协商的余地。

在询问的时候，一定要坚持住自己的立场。千万不能使用商量的语气，如"老板，我今天可以不加班吗"，这样往往会招致否定的回答，还会在老板的心目中留下好吃懒做的印象。

3. 义正词严法

若你在上司眼中并不算优秀员工，而只是个私生活时间较少、可以随时拿来蹂躏的"软柿子"，那就请你直接告诉对方："对不起，我今天恐怕无法加班。毕竟我也有自己的家人和朋友，需要有自己的生活空间。而且加班时数已经远远超过其他同事，因此我今天拒绝加班。"

当然，这一招所带来的风险就是，你很有可能"炒了老板的鱿鱼"。所以，若非身处严格照章办事的大公司，这一招还是少用为妙。

4. 嫁祸于人法

如果上司非常需要找帮手来解他的燃眉之急，而你又有十万火急的事情要处理，你不妨给自己找个替死鬼："不过我知道，阿强这个月一次班都没有加过，而且最近他事情比较少，如果您真的要找人加班，我推荐阿强。"

可口可乐总裁曾说："我们每个人都像小丑，玩着五个球，这五个球是你的工作、健康、家庭、朋友、灵魂。这五个球只有一个是用橡胶做的，掉下去会弹起来，那就是工作。另外四个球都是用玻璃做的，掉了，就碎了。"

现在，请你静下心来想想，你有多久没有和知己一起说话谈心了？你有多久没有陪爱人逛街了？你有多久没有陪年迈的父母吃顿饭了？所以，拒绝那些额外的加班吧，到点下班，放下工作，回去多接近和善待那些真正对你很重要的人，因为他们记得的不是你在工作上的成就，不是你的升职加薪，而是和你相处的欢乐时光。

我不是"老白干"：拒绝分外事

老板的快递到了，但老板不在，签还是不签？同事休假却正好有他不得不去完成的工作，帮不帮他顶一把？要给客户演示的PPT似乎不够好看，需不需要顺手美化一下？或者是在重要会议上，某个同事陷入尴尬，要不要帮他解围？

在职场上，诸如此类的分外事随时都在发生，做还是不做？

一些员工每天都忙忙碌碌，但他并没有做出什么很有效的成绩，这是为什么呢？其中有一个很重要的原因就是他们不懂得拒绝，大事小事统统全包，不分先后，不知道做好协调，只要别人一开口，他就会忙前忙后地忘了更重要的事情，"捡了芝麻，丢了西瓜"。

陈莉去年大学毕业之后，应聘到一家服装外贸公司上班，公司除了老板之外，还有十来个同事，有财务，也有文员，所以陈莉想，作为一个外贸员，做好自己的业务开发工作就行了，工作职责应该是分明的。

可惜办公室的职责并不是那么泾渭分明的，上班不到一个月，陈莉就发现问题接踵而至。

先是有一天，她不小心把水杯打翻了，在擦桌子、拿拖把拖地时，被老板看到了，老板以为她在打扫卫生，先笑眯眯地表扬她："小陈就是勤快！"接着吩咐："待会儿顺便也帮我整理一下办公桌吧。"陈莉愣了一下，考虑到当着那么多同事的面，不好驳老板的面子，就乖乖地应承了。结果，隔三岔五，这差事就落到了她的头上。幸好，频率并不是太高。

接着是有一天，陈莉看同事做报价表时，Excel 操作得不太熟练，于是好心去教了一下；另一个同事收到的客户文件打不开，她又好心帮忙下载了个软件。于是，大家都开始认为她是个电脑高手，有了电脑方面的问题就叫"陈莉——"

后来，单位的电脑坏了，需要重装系统，老板把她叫去："快快快，给我修一下！"陈莉想，这样下去还了得，装着一脸为难地说："这个，我以前也没做过，不知道怎么弄。"结果，老板立刻说："没事的，我相信你一定能行的！你这么聪明，就算不会，看看说明书也就会了。"

以前，单位里接到不明电话找老板，有的同事随口就报出老板的电话，结果老板被一些推销人员弄得烦不胜烦；有的同事则一概回绝说不知道，结果丢掉了一些潜在的客户或资源。陈莉接到此类电话后，会用技巧过滤一下，把有用的信息转告给老板。时间长了，老板索性吩咐其他同事，遇到这种情况就把陈莉的电话报给对方，就说陈莉是他的秘书！于是，陈莉发现，自己的大部分时间花在了跟这些人周旋上，弄得自己的工作做得断断续续的。

凯威是一家保险公司的业务员。有一天，他和客户约好在一家茶楼里谈业务，他用尽浑身解数给这位客户介绍了业务内容，但是这位客户好像诚意不大，心不在焉地喝着可乐，似乎根本就没有听进去。

凯威知道他是搞电脑硬件销售的，而自己在大学学的就是电脑，他就转移话题，大谈当今电脑硬件在市场上遇到的普遍问题，结果把对方的兴趣提了上来，最后两个人约定下个星期再见面，正式签单。

凯威非常兴奋，到了那天，早早地就准备好了相关的材料，然而这时手机响了，他的主管说有个多年没有联系上的大学同学要来，让凯威帮忙去机场接一下。

凯威觉得这是主管交代的事，自己应该帮忙，于是就答应了。

由于堵车，等他从机场回来，客户早就走了，他痛失了一单千辛万苦才谈下来的保单。

当领导一块一块往你身上加砖时，他并不是不知道砖的分量，但又觉得把工作交给一个老实巴交又不懂拒绝的人最省心。不过可别梦想他日后会关照你，恰恰相反，他要把好处留给那些会哭会闹的人。

每个人的能力不同，所以能承受的工作强度也不尽相同。老板给你指派任务时，你一定要先弄清楚这是不是自己的分内事。 不要盲目地接受随时分派下来的指令，否则你只会在一阵手忙脚乱之后，才发现其实你把这份工作做得一团糟。

拒绝上司有多种方式，身在职场的你应该怎样拒绝才能既不伤和气，又能准确地让老板明白你的意思呢？

1. 永远不要当众拒绝

当众拒绝老板的重大弊端有三：一是暴露自己的狂妄自大，不把上司放在眼里；二是容易引起上司的反感；三是会被上司鸡蛋里挑骨头，自己脸上亦无光。

2. 拒绝之前先给上司一顶高帽

可以先赞扬上司是如何通情达理、善解人意，然后才把拒绝说出来。 这样，上司心里舒服，又不会驳回你的拒绝。

3. 把你不这么做的原因说出来

首先表明自己对这项工作的重视，表明自己愿意接受的心情，然后再说明自己的遗憾，说明自己为什么不能接受这项工作。 比如："我有件紧急工作，必须在这两天赶出来。"充足的理由、诚恳的态度一定能赢得上司的理解。 注意，在陈述理由的时候，一定要以公司为主，表现出你的拒绝完全是出于对工作的考虑。

4. 拖延时间

绝对不要在第一时间说 NO，如果这是一件你不愿意做的事，暗中拖延也许是最好的拒绝办法。

5. 一味拒绝并不可取

如果你拒绝的理由冠冕堂皇，而上司又坚持非你不行，这时，你便不能一味地拒绝，否则，上司可能会以为你是在推辞，从而怀疑你的工作干劲和能力，以致失去对你的信任，在以后的工作中，有意无意地使你与机会失之交臂。

运用这些方法，你一定能进一步赢得上司的理解和信任，也会为以后的工作铺一条平坦的大道，因为上司也是和你一样普普通通、有血有肉、有感情的人。你用温和的态度对他，他也会用温和的态度对待你。

纵横职场，你可以说"不"

工作中，互帮互助是应该提倡的，但这种帮助应该建立在自己工作已经完成且不违反公司制度的前提下，不能因为磨不开情面而接受同事不合理的请求。

马上要交方案了，我还没写完，你擅长写方案，把我的一起写了吧。

不行啊，我自己的任务还没完成呢，经理明天就要。不如你今天跟我一起加班吧。

经理，你看我请长假的事……

小李，不是我不通融，根据公司的规定，员工请假最多不能超过7天，所以……

制度是公司每个人都必须遵守的，用制度来拒绝下属的不合理请求，可以减少很多不必要的纠缠和后患。

这次××项目的招标，公司压力很大，你跟咱们竞争对手的设计总监老张很熟，悄悄去把方案给搞过来吧！

汪总，老张是一个很有原则的人，肯定不会把这么重要的设计方案泄露给我。这已经牵涉到侵犯商业秘密了。

设计部

当上司要求你做违法或违背良心的事时，如果你不能坚持自身的价值观，不能坚持一定的原则，那么只会迷失自己，不但会影响工作，还有可能断送自己的前途。

口才情商

为人三会

会说话 会办事 会做人

李牧怡　编著

扫码收听全套图书

成都地图出版社

图书在版编目(CIP)数据

口才情商 / 路天章，李牧怡，张跃峰编著. -- 成都：
成都地图出版社有限公司，2020.5(2023.3 重印)
ISBN 978-7-5557-1478-1

Ⅰ. ①口… Ⅱ. ①路… ②李… ③张… Ⅲ. ①口才学
－通俗读物 Ⅳ. ①H019-49

中国版本图书馆 CIP 数据核字(2020)第 068425 号

口才情商
KOUCAI QINGSHANG

编　　著：路天章　李牧怡　张跃峰
责任编辑：吴朝香
封面设计：松　雪
出版发行：成都地图出版社有限公司
地　　址：成都市龙泉驿区建设路 2 号
邮政编码：610100
电　　话：028-84884648　028-84884826(营销部)
传　　真：028-84884820
印　　刷：三河市宏顺兴印刷有限公司
开　　本：880mm×1270mm　1/32
印　　张：15
字　　数：348 千字
版　　次：2020 年 5 月第 1 版
印　　次：2023 年 3 月第 8 次印刷
定　　价：98.00 元(全三册)
书　　号：ISBN 978-7-5557-1478-1

前　言

　　人的一生中，有三大生存技巧需要掌握，那就是会说话，会办事，会做人。会说话，可以让你在与人沟通的时候和谐顺畅；会办事，可以让你在面对难题时游刃有余；会做人，可以让你在人生旅途中顺遂美满。

　　你身边可能有这样的人：家庭条件、学历、专业能力都不错，但在工作和生活中却屡屡碰壁，才华无法施展，理想难以实现。究其原因，就在于他们没有掌握说话、办事、做人的技巧。因此，他们无法洞明为人处世的道理，谙熟口才交际中的奥妙，掌握谋事立业的诀窍，从而导致自己空有良好的条件，却只能碌碌无为。

　　一、会说话是一种艺术，需要智慧

　　说话人人都会，也无处不在。从恋爱到结婚，从求职到升迁，从交往到办事，都需要说话。但如何把话说得恰到好处、人人爱听，就是一门学问了。会说话，把话说得让人舒服，小则可以融洽人际关系，大则可以帮助你在事业上取得一定的成就。说话是常事，也是能够左右你成败的大事。

　　会说话，可以让你拥有更多的资源；会说话，可以让你扭转不利的局面；会说话，可以让你结交更多的朋友。 说话这件事，看似简单，其实大有门道。 一个会说话的人，他说的每一句话，都会让人感觉温暖、祥和，如沐春风。 如果掌握了说话的艺术，对一个人的成长、社会交往、职场家庭，都会非常有帮助。

二、会办事是一种能力，需要策略

人生在世，离不开办事。 办事方式虽各有千秋，但目的只有一个，不外乎要把事办好。 古语说："为一身谋则愚，而为天下谋则智。"讲的就是下棋讲究一个谋势，要通观全盘。 办事也是一样，必须通盘谋划，讲究策略。

人不会生而知之，也不是天生就会办事的。 办事的策略，是在成功与胜利中总结出来的；办事的能力，是在挫折与失败中磨炼出来的；办事的智慧，是在人际交往中思考出来的；办事的艺术，则是在为人处世中用心感悟出来的。

三、会做人是一种境界，需要磨炼

有一句大家耳熟能详的话：做事先做人。 如何做人，不仅体现了一个人的智慧，也体现了一个人的修养。 一个人不管多聪明，多能干，背景条件有多好，如果不懂得做人，那么，他的事业将会大受影响。 只有先做人，才能成大事。

会做人，就要有一定的格局，心胸宽广，海纳百川，才有登高望远的胸怀与眼界。

会做人，就要与人为善，授人玫瑰，手留余香，不要把善良看成愚蠢，不要把谦虚看成懦弱。

会做人，就要学会忍耐，能忍小事，方能成大事，小不忍则乱大谋，这是欲成大事的人必须明白的道理。

　　诚然，并不是所有的人都能把话说好、把事办好、把人做好。 但是，每个人都可以通过后天学习来获得理念上的正确认识和行动上的灵活方法。 为了帮助读者尽快成为一个会说话、会办事、会做人的人，本书以实用、方便为原则，将日常生活中最有效、使用率最高的口才技巧、处事方略、做人哲学介绍给读者，使读者在短时间内掌握能言善道、精明处事、完美做人的技巧。

目 录

扫码点目录听本书

上篇　会说话

第一章　开口是金，交流技巧很重要
　　说好第一句话／002
　　让别人先说，自己后说／006
　　见什么人说什么话／014
　　说话分寸决定效果／019
第二章　学会拒绝，掌握说"不"的艺术
　　拒要求，留脸面／027
　　拒人情，留自在／030
　　妥善表达，委婉含蓄尊重人／037
　　直话易伤人，何不绕个弯／039
　　说话过于直白会适得其反／042

第三章　谈吐不凡，幽默机智赢得人心

　　在交谈中运用幽默的技巧 / 047

　　幽默常能潜隐人生美妙 / 052

　　幽默是化解敌意的妙药 / 056

中篇　会办事

第一章　未雨绸缪：用心打造一个全方位的关系网

　　用心"存储"人脉关系 / 060

　　利用熟人寻找靠山 / 064

　　不吃独食，人人有份 / 067

　　向成功人士靠拢 / 069

第二章　能屈能伸：处理好做事时的姿态

　　能屈能伸，能忍耐者成大事 / 076

适时示弱，免招人烦／081

察言观色知进退／083

灵活变通之道／087

第三章 礼尚往来：让别人无从拒绝你的请求

"物质"重要，"人情"更重要／094

送礼要恰到好处／096

送礼有诚心，鹅毛值千金／099

送礼懂门道，没事偷着乐／101

下篇 会做人

第一章 方圆有道：不妨来一点厚黑术

适可而止，与人为善／106

与人交往，以"诚"为贵／110

察言观色，灵活处事／116

深藏不露，提防小人的"变脸术"／118

第二章　低调为人：适时隐藏自己的能力

密藏不露，一种高层次的人生谋略／124

潜心修炼，人生当有藏锋之功／127

避招风雨，智者的高明之术／129

巧妙迂回，曲径通幽／131

第三章　忍小成大：做一只聪明的"忍者神龟"

屈忍一时，重整旗鼓谋求更强／138

战胜挫折，首先需要能屈和善忍／139

忍小事，成大事／141

忍要有度，不要一味去忍／144

上篇

会说话

扫码点目录听本书

第一章　开口是金，交流技巧很重要

说好第一句话

生活中免不了与人交往，有时候第一句话就能决定交谈的深度。 一句动听的开场白，很可能会使谈话双方成为无话不谈的知音；一句不中听的话，很可能会破坏交谈气氛，失去结交朋友的机会。

张力的人际关系就非常好。 无论是与陌生人交谈，还是与熟人聊天，他都能制造出非常活跃的谈话气氛，并且在交谈过程中，使双方的感情进一步加深。 这就是他获得好人缘的原因所在。

一次，张力参加一个同事的生日聚会，在会场上遇到了这个同事的老同学王宾。他便走上前去，彬彬有礼地说："您好！听说您和今天的寿星是老同学？"王宾略带惊讶却高兴地点点头说："您是？""我是他的同事，很高兴能与您相识！今天还真是个好日子，不但能给同事祝寿，而且还同时结交到一个好朋友，真是很难得。"

张力面带微笑地说。王宾也高兴地迎合着张力的话题，两人就这样高兴地攀谈起来。生日宴会结束后，两人依依不舍地告别了。

张力与王宾之所以能成为好朋友，第一句开场白的作用最大。试想，如果张力的第一句话没有引起王宾的注意，没有为交谈营造一个良好融洽的气氛，那么二人的结局可能会是另一番景象。

当然，说好第一句话，并不只限于与陌生人的交往中，还可以渗透到朋友、夫妻、亲人的交往之中，这样便可增进友情、巩固爱情、温暖亲情。

丈夫因事外出，不慎将随身携带的 3000 元钱弄丢了。丈夫心里非常着急，本来家里就不富裕，而且这 3000 元是妻子辛辛苦苦、奔波忙碌攒下来的。想到这里，他开始不停地责怪自己，不知道该怎么向妻子交代。无奈之下，他只得拨通了家里的电话，支支吾吾地说："对不起，我……我……不小心……把 3000 块钱给弄丢了。"

妻子听了以后说："人丢了没有？只要人没有丢就好啊，赶快回家吧……"听完妻子的话，他感动得不知所措，愣愣地站在电话亭旁，过了好一会儿才回过神来。其实，妻子平时非常节俭，丢了钱，她心里一定非常难过，可是她通情达理，知道事情既然已经发生了，再怎么埋怨也没有用。

掐指一算，夫妻二人结婚快十年了，丈夫从来没有给妻子做过一顿饭，但是那天他亲自买菜下厨房，忙活了半天，为妻子做了一道菜，虽然做得不是很好，可妻子却吃得格外的香。

　　从此，夫妻双方更加体贴、理解对方了，而且感情比以前更好更深了。

　　生活中，无论是亲戚、朋友之间，还是夫妻之间，都会出现这样或那样的矛盾。 这些矛盾很多时候都是由第一句话引起的。 由此可见，说好第一句话的重要性。

　　那么，如何才能把第一句话说好呢？ 以下几点可供参考：

　　1. 让第一句话拉近彼此距离

　　赤壁之战中，有一次，鲁肃去见诸葛亮，他刚一见面的开场白是："我，子瑜友也。"而子瑜正是诸葛亮的哥哥诸葛瑾，与鲁肃乃是忘年之交。 就这样，鲁肃与诸葛亮马上就搭上了关系，拉近了距离。 任何人都不可能离开人群不与其他人交往，只要彼此都留意，就不难发现双方潜在的那层"亲戚"关系。

　　譬如："你是天津人？ 我以前在天津上大学。 说起来，还真巧呢！ 天津可真是个不错的地方。"

　　"您是清华大学毕业的？ 我也是，咱们还是校友呢！ 您是哪届的呀？ 说不定咱们还是同届的呢！"

　　"您来自皖南，我是在皖北出生的，两地相隔咫尺。 在这里居然还能遇到老乡，真是一件令人开心的事情。"

　　这种初次见面互相攀亲的谈话方式，很容易搭建起陌生人之间谈话的桥梁，使双方在短时间内产生一见如故相见恨晚的感觉，从而给对方留下良好的第一印象。

2. 用第一句话让人感受到尊重

对陌生人表示尊敬、仰慕，是礼貌的第一表现，也更能拉近彼此之间的距离。但是，采用这种方式必须注意：要掌握好分寸，褒奖适度，不能胡乱吹捧，谈话的内容要因时因地而异。

例如："我曾拜读过多部您的作品，从里面学到的东西颇多，可谓受益匪浅！没想到今天竟能在这里见到您，真是荣幸之至啊！"

"今天是教师节，在这美好的日子里，我真诚地祝您节日快乐、身体健康、桃李满天下。"

"您的家乡桂林是个风景秀丽的地方，不是还有句话说'桂林山水甲天下'吗？我今天非常高兴能认识您这位桂林的朋友。"

3. 在第一句话中就把问候送出去

无论是与陌生人的初次见面，还是与熟人相遇，问候都是少不了的。一见面，最好第一句话就将问候送出去。一般情况下，"您好"是最常见的问候语，但是若能根据对象、时间、场合的不同，而使用不同的问候语，效果就会更好。例如：对德高望重的长辈，应说"您老人家好"，以示敬意；对年龄跟自己相仿者，称"先生（女士）您好"，显得更加亲切；如果对方是医生、教师等，可在"您好"前加上职业称谓；若是节日期间，可以说"节日好""新年好"，给人以祝贺节日之感；也可按照时间分别对待，早晨说"早上好"，中午说"您好"，晚上说"晚上好"，就很得体。

4. 第一句话就使人感到体谅、关爱、包容

生活中，朋友、亲戚、家人之间，时不时会出现一些矛盾，这个时候，能否顺利化解矛盾，第一句话将起着决定性作用。一句不得体的话，不但会加深彼此的矛盾，还可能会伤害到彼此的感情。所以，在张口说话前一定要仔细思考才是。我们不妨在语言里多融入些关爱与包容。这样，再深的矛盾也可能会因为爱而化解。

人生无处不相逢。其实与陌生人交谈并不可怕，没有必要过于拘谨、不自在，只要主动、热情地同他们聊天，努力寻找双方的共同点，遇到冷场时，能及时找到话题，制造融洽的谈话气氛就可以了。只要学会了这些技巧，就能赢得对方的好感，拉近彼此之间的距离。

总而言之，初次见面，第一句话是非常关键的，好的开场白是让对方敞开心扉的敲门砖，也是使人一见如故的秘诀。

让别人先说，自己后说

上帝造人的时候，只给人一张嘴，却给人两只耳朵，这是为什么呢？这是要人们少说多听，唯有如此，才能从谈

话中挖掘出更多的信息，才能对加深了解、深入交谈有所裨益。

英国一家大型汽车公司准备采购一批汽车坐垫。为了争取到这个大客户，三家汽车坐垫生产公司都准备好了样品，等待汽车公司高级职员的检查。为了买到最好的汽车坐垫，汽车公司的高级职员准备让这三家坐垫生产厂家进行最后的角逐。于是，汽车公司给三个坐垫生产商同时发了一个通知，让各厂代表准备最后一次较量。

汤姆是三个代表之一，当他代表公司与汽车公司高级职员交谈时，正患着咽喉炎。当汽车公司高级职员让他描述自家产品的优越性时，他在纸上写下了这样一段话："尊敬的先生们，我嗓子哑得几乎不能发出声音。因此，我把说话权交给在座的各位。请原谅我的不礼貌。"

汽车公司总经理看到这段话后，说："我来替你说吧。"他陈列出汤姆带来的坐垫样品，非常仔细地讲述了它的优点，在座的每位领导都发出了称赞的声音。汽车公司的总经理自始至终都在为汤姆说好话，而汤姆则只是象征性地点点头或微微一笑。不料，这样的洽谈居然赢得了汽车公司的青睐，汤姆与汽车公司签订了价值180万的订购合同单。

后来，汤姆回忆说："当时如果我像其他厂家的代

表一样，对自家产品夸夸其谈，说不定我会失去这次合作机会。我之所以能在三个代表中脱颖而出，是因为我把话语权交给了汽车公司的总经理，而我自己却成了一个听众。这次经历让我发现，把话语权交给别人，有时是多么重要啊！"

一个商店的售货员，如果不管三七二十一，总是自顾自地拼命称赞自家产品，不给顾客说话的机会，很可能失去一位准客户。原因是，不给顾客说话机会，就不会了解顾客的需求，即使把自家产品夸得天花乱坠，却不符合顾客的需求，到头来也是徒劳。所以，让自己充当一名听众，其实并没有什么不好的，倾听有时也是一种收获。

把话语权交给别人，有时比自己唠叨更有价值。其实，每个人都不喜欢被别人忽视，而且都想让自己成为交谈中的主角，一旦别人能满足自己的这个想法，就会由衷地愿意与这样的人接触交谈。反之，如果别人一味地把自己当成听众，自己肯定会产生逆反心理，认为对方不够重视自己。

威森是一位对工作兢兢业业的青年，他的工作是向一家专门替服装设计师和纺织品制造商设计花样的画室推销草图。连续三年，威森每个星期都去拜访纽约一位著名的服装设计师。"他从不拒绝接待我，"威森先生说，"不过他也从来不买我的草图。他总是很仔细地看我的草图，然后说，'不行，威森，我想我们今天谈不成了。'"在经历了一百五十次的失败后，威森终于明白自己过于循规蹈矩了，于是他决定，每个星期都抽出一个晚上去研究与人交谈的哲学，来拓展新观念，创造新的工作热情。

不久，他就急于尝试这一新方法。他随手抓起六张还没完成的草图，冲入买主的办公室。"如果你愿意的话，希望你帮我一个小忙，"他说，"这些都是尚未完成的草图。你能不能让我明白，我们应该如何把它们做完才能对你有所帮助？"

这位买主默默地看了看那些草图，然后说："把这些图留在这里，几天后再来见我。"

三天以后，威森又去了，把草图拿回画室，依据买主的意思把它们修改完成。结果那位买主接受了全部的草图。从那以后，买主又向他订购了许多图案，不仅如此，双方还成了好朋友，买主还把威森介绍给了他的其他朋友。

其实，图案都是根据买主的想法画成的，威森却净赚了一千六百多美元的佣金。"我现在明白，为什么这么多年来一直无法和这位买主做成生意，"威森说，"我以前只是说服他买下我认为他应该买的东西，但现在我尽量把话语权交给对方，让对方说出自己的观点看法。让对方觉得这些图案是他自己创造的，而事实也是这样。如今我用不着去向他推销了。"

那么，究竟该怎么做才能把话语权交给别人呢？

首先，控制自己的说话量。

也就是说，不要只顾自己说个没完。生活中许多人都有这样的坏习惯，只要话匣子一打开，就没完没了地控制不住。其实，这并不是聪明的做法，而是费力不讨好者所为。一方面，说的话越多，传递给别人的信息就越多，别人在你身上学到的东西也就越多。另一方面，你耗费了大量的精力给别人传递信息，别人不但不会感激你，反而会认为你是一个爱炫耀自己的人，你所说的每一句话不见得都是别人爱听的，也许一句话说得不好，就可能会得罪人，由此别人也会对你敬而远之。由此来看，那些口若悬河的人确实该开始改变了，否则吃亏会更多。

尤其是从事推销这一行业的人，更应该留意这点。推销员的目的是为了推销产品，使对方能心甘情愿地接受自己的观点，购买自己的产品，所以，在说话这一问题上必须得多多留意，应该做到让对方尽情地表达自己的观点和看法。这样才能从对方的话语中，揣测到对方的性格、心理、购买欲望。

人际交往过程中，如果自顾自地说个没完，不管对方的来意、兴趣爱好，是很容易被误解的，也是对自己不负责的表现。当然，对于对方的提问也不能坐视不理，因为这样是不礼貌的，容易伤害到对方的自尊心。所以，对于别人的提问，要耐心地听下去，抱着一种开阔的胸怀，听别人把话讲完。真诚地鼓励对方把想要说的话说出来，把想法表达清楚。

当然，也不能让自己成为纯粹的听众，偶尔也要跟着说几句，这一点非常重要。比如对方说："我很喜欢月季花。"

这时，你可以附和对方一句："我也很喜欢，尤其是红色的。"这样一来，对方就会顺着你的话题继续说下去了，从而为彼此间的谈话制造愉快的气氛，谈话也就可以顺利地进行下去。可是，如果你说出一句大煞风景的话，不但话题不能继续，还有可能会破坏刚刚建立起来的感情，成为顺利交际的障碍。

与人交谈也有一定的规则可寻，虽然它不像交通规则那样刻板，但是也得遵守着"红灯停、绿灯行"的原则，否则很容易误入雷区。在社交过程中，与人交流并不能像与家人谈话那样随便，想说什么就说什么，想怎么说就怎么说。它需要讲究一定的方式方法，不能纯粹地把自己当成主角，还要适时地充当配角，充当一个听众。在恰当的时间里，扩展谈话的内容，以便继续交谈下去。而且还要不时地与交谈对象互换位置，这样才能使交谈平等地进行下去。

交流是双向的。在听完对方的谈话后，自己要发表一下意见或看法。如果只是默默地听取而不做任何反应，交谈很可能就会陷入一片死寂的气氛中，这对顺利地进行交谈非常不利。再者，别人发表完意见后，无形中就等于把话语权转交到你的手里，此时，你完全可以没有顾虑地发表自己的看法，充分展示自己。

其次，要养成倾听的好习惯。

前面已经提到，上帝创造人的时候，只给人一张嘴，却给了人两只耳朵，目的就是为了告诉人们要养成多听的好习惯。曾经有位科学家做了一项调查研究，研究对象是一批受过专业培训的保险推销员。科学家把业绩最好的 10% 和业绩最差的

10% 作了比较，结果发现两者间存在很大的差异。 受过同等训练的人，为什么会产生如此大的差别呢？ 原因就是他们每次推销产品时，在讲话的时间长短上有差异。 业绩差的那些人，每次推销时说话时间累计为 30 分钟；而业绩最好的那一部分人，每次推销时说话时间累计只有 12 分钟。

人们也许要问，为什么只说 12 分钟的推销员，反倒会取得更加理想的业绩呢？

其实，道理显而易见，因为他们说的少，听的自然也就多了。 在倾听的过程中，他们能获得较多的有用信息，而且，他们可以在倾听的同时，思索、分析顾客各方面的信息，然后，针对顾客的具体情况、疑惑和内心想法，从中找出解决问题的方法，所以业绩自然优秀。

善于倾听不仅对人际交往大有裨益，对企业而言，也能起到举足轻重的作用。

松下幸之助就是一个很好的倾听者，这也是松下电器能够不断发展迅速壮大的原因之一。 松下幸之助说，倘若你对员工所提出的意见、建议不加理睬，那在此以后，他们便不愿再提了，这样容易使下属养成懒惰的恶习。 因为他们认为，提了意见或建议也无济于事，你也不会听，干脆光听你的不就行了。在这种情况下，下属的积极性还能高吗？ 还会开动脑筋吗？智慧还能被激发出来吗？ 这样显然不行，如此下去，公司就会变得死气沉沉，经济效益也不会好到哪儿去。

把话语权交给别人，还能提升自己的人气，使自己有个好人缘。

每个人都喜欢讲，却不喜欢听，要想处理好人际关系，必须意识到多听比多讲的效果要好得多。 让自己尽可能地充当一个好听众的角色，这在人际交往中是很有益处的。

　　一次，卡耐基到一个著名植物学家的家里做客，植物学家滔滔不绝地给他讲述植物学的专业知识。 此时，卡耐基并没有像其他人那样对植物学家的话爱理不理，他似乎对植物学非常感兴趣，听得津津有味、目不转睛，像个喜欢听故事的孩子一样，不时还要向植物学家提出问题。

　　两人像遇到知己一般，越谈越开心，直到半夜，植物学家仍然意犹未尽，他告诉卡耐基说："你是我所遇到的最好的谈话专家。"

　　把话语权交给别人，就是告诉人们，要强迫自己去喜欢别人的话题，以足够的耐心去倾听对方的意见，就像去电影院看一场自己并不喜欢的电影，要耐着性子把它看完。 如果自己觉得电影不好看就一走了之，那么买电影票的钱也就白花了。 在与人相处的过程中，这个道理同样适用。 如果不喜欢对方提出的话题，一走了之，这种行为很容易伤害到对方的自尊心，影响双方的感情。 所以，在人际交往这个大舞台上，千万别总把自己当成主角，要适时地把话语权交到对方手上。 否则，很难得到别人的认同，也很难获得他人的尊敬。

　　社交场合是一个纷繁复杂的地方，每个人的个性、爱好都不尽相同。 如果一味地要求别人去适应你，只听你一个人讲话，那么可以肯定的是，你在社交过程中，不会交到知心好友，更不会办成事。 因此，与人交往最重要的一点，就是要把话语权交给别人，这不但对处理人际关系有好处，还可以让你结交到好友，把事办成。

见什么人说什么话

说话是一种能力、一种本事、一种功夫，但更是一门学问。但凡学问都有基本原理，说话这门学问也不例外。

大家都知道，王熙凤见什么人说什么话的本事是非比寻常的。身为荣国府的总管，王熙凤在与宁国府内外各色人等打交道时，无论对上还是对下，她都能应对自如，分寸拿捏得非常准确，不卑不亢。

红楼梦第五十四回《元宵夜宴》中有这样一段：

贾母说："袭人为什么没有和宝玉一起来？"

王夫人忙起身笑着回答道："她妈妈前几天去世了，袭人要去守孝，出席这种场合有些不合适。"

贾母听了点点头，不太高兴地说道："既然跟了主子，个人的自由就要受到限制，一切行为都要以主子的想法为转移，倘若她还跟着我，就可以不在这里了吗？现在我们这里的人手充足，还有别的人可以支配，就不追究这些了，但决不能因此而坏了规矩。"

王熙凤见状忙笑着说："即使袭人不用守孝，园子里缺了她也不行啊，那灯花爆竹的很是危险。这里一唱戏，园子里的人大都会偷偷地跑过来瞧瞧。袭人心细，让她在外面照看着，咱们也放心。更何况等到这戏场一散，其他下人又不经心，待宝玉兄弟回去后，铺盖是冷的，茶水也不齐备，到处都不便宜，所以我叫她不用来了，只照看屋子，给宝玉兄弟把茶水、铺盖准备齐全就是了。如此一来，我们这里也不必担心，又可以满足她守孝的愿望，岂不一举三得吗？老祖宗如果现在叫她，我马上差人唤她来就是了。"

贾母听了这话，忙说："凤哥儿说得很在理，比我想得要周到，快别叫她了。她妈妈是什么时候没的，我怎么不知道？"

王熙凤笑道："前两天袭人还亲自向老太太您禀报呢！您怎么给忘了。"贾母略想了一下，笑说："想起来了。我的记性不比以前了。"

众人都笑说："老太太怎么能记得这些琐事啊！"

一场风波就这样被王熙凤的一张巧嘴给平息了。

贾母本有责怪的意思，显然有些不高兴。经王熙凤那么一说，则心通气顺了。

王熙凤素有见什么人说什么话的本事，她一举三得的说法，讨得贾母满心欢喜。

下面同样是红楼梦里的经典片段，记载了王熙凤与刘姥姥之间的谈话：

刘姥姥来拜见王熙凤，并给王熙凤跪地请安。

王熙凤说："周姐姐，快把她搀起来吧，别拜了，快请坐。我年纪轻，不太认得，也不知道您的辈分，所以不敢妄加称呼。"

周瑞家的忙回道："她就是我上回提到的那个姥姥。"王熙凤点点头。这时候，刘姥姥已在炕沿上坐下了。

王熙凤笑道："这亲戚们不经常走动，都显得生分了。知道的呢，说你们嫌弃我们，不肯常来坐坐；可那些不知道的，还以为我们位高权重，看不起那些穷亲戚了，当我们眼里没人似的呢。"

刘姥姥忙说道："我们家条件不好，走不起啊，来了这里也没能给姑奶奶带点礼物，就是管家爷们看了也不像个样子。"

王熙凤笑道："这话说得叫人恶心。不过祖父虚名，做了个穷官儿，谁家也没什么了不起的，只不过是个空架子罢了。俗话说得好，朝廷还有三门子穷亲戚呢，更何况是你我。"

刘姥姥说："其实也没什么，只不过是过来看看姑太太，姑奶奶们，也是亲戚们的情分。"

周瑞家的道："没什么想说的就算了，若是有，尽管跟二奶奶说，这和跟太太说是一样的。"一面说，一面递了个眼色给刘姥姥。

刘姥姥会意后，还没说话脸就先红了起来，欲言又止，可是，今天来，确实有事相求，只得硬着头皮说道："论理，今天头一回见姑奶奶，本不应该说，可是我从大老远的地方赶来，也只能实话实说了。"

又说道："今日我带着你侄儿一起来，不为别的，只因为他老子娘在家连吃的都没有了。如今天又冷了起来，越想越没个盼头儿，只好带着你侄儿奔了姑奶奶来了。"

其实，王熙凤早就知道了刘姥姥这次的来意，听她不会说话，笑着道："姥姥不必说了，我知道了。"

王熙凤笑道："您老先请坐下，听我跟您老说。方才的意思，我已知道了。其实，亲戚之间原本应该不等上门来就有所照应才对。但如今家事繁杂，太太渐上了年纪，一时想不到的地方也是有的。况且近来我接管一些事情，压根儿不知道还有这些亲戚们。别看外头看着轰轰烈烈、风风光光的，可殊不知大有大的难处啊！说了别人也未必信。今儿您老大老远地投奔来了，又是第一次向我开口，怎好叫您空手回去呢。也巧了，昨儿太太给我的丫头们几件衣裳和二十两银子，我还没动呢，如果您不嫌少，就先拿去吧。"

刘姥姥见给她二十两银子，浑身发痒起来，说道："嗳，我也知道艰难的。但俗语说，'瘦死的骆驼比马大'，您老拔根汗毛也比我们的腰还粗呢！"

周瑞家的见刘姥姥说的话很粗，便向她使了个眼色让她住口。王熙凤笑而不睬，命平儿把昨儿那包银子拿来，再拿一吊钱，送到刘姥姥的跟前，说："这是二十两银子，暂且拿去，先给这孩子做件冬衣吧。若不收，就是我的不是了。这天还冷着，雇辆车回去吧。赶明儿有时间只管来逛逛，大家本就是亲戚嘛。天也不早了，我就不留你们了，到家里该问好的问个好儿。"说着，就站了起来。

王熙凤与刘姥姥的对话，显然与贾母的不大相同，她对贾母说话可谓是投其所好，以下对上。而她与刘姥姥说话，却是以上对下，即便如此，但也说得非常有水平。她知道自己是晚辈，但自己的身份、地位都比较高，可她仍然谦辞有礼，还颇讲人情地大谈亲戚关系，这些言语，这样的接待，显然是请示过王夫人的，因此，她言语间，既不过分热情，又不过于冷淡，既保全了面子，又不辱没身份、过分炫耀，由此看来，王熙凤做得非常得体。不过王熙凤在与刘姥姥谈话过程中，骨子里的那种高高在上和矜持，还是不经意地流露出来了。

王熙凤对贾母说话的态度、措辞，与对刘姥姥说话时的态度、言语比较，有明显的差别。虽然她说得很委婉，但对下说话时，仍把她高高在上的气势展示出来了。这就是见什么人说什么话的绝佳例子。

人们之所以说话，其目的是在于沟通。讲话之前要掂量听众的文化水平、身份、地位，如果说不好便会闹笑话、惹麻烦；答话之前要考虑一下问话者的人品，否则，也可能会出问题。所以，见人要说人话，见鬼要说鬼话，见妖人要说胡话。见人说鬼话是愚蠢的，见鬼说人话是愚昧的。

见人说人话是一门艺术，讲究一点艺术就不会伤害到别人了；见鬼说鬼话则需要些技术，如果略使用一点技术，就不会被鬼咬伤了；见妖说胡话要模棱两可，稍不注意就会被妖人"忽悠"。

会说话的人，从来不会用高调讲话，他们说话会深入浅出、言简意赅。 聪明的人，说话不直接挑明；可有的人，话说了和没说一个样，而有的人，话没说却比说了还厉害。 有的人，说的话听起来是坏话，可坏话里边却能显示出他的菩萨心肠；而还有的人，说的话听起来是好话，写出来一看全是褒义词，可是，字里行间隐藏的却是叵测心机。 同样的话，从会说话的人与不会说话的人说嘴里说出来，会产生截然不同的效果。

见什么人说什么话，看上去有虚伪之嫌，但实际上，却是与人交往的一种技巧，只有做到见什么人说什么话，才能在交际场上游刃有余。

说话分寸决定效果

同事之间说话，恰到好处的语言同样是非常重要的。 许多矛盾之所以发生在平时关系非常亲密的同事之间，很大的原因就是有一方说话不讲分寸，使对方产生误解，从而产生了隔阂。

究竟该如何把握同事之间说话的分寸呢？

1. 要注意对方的年龄

对年龄比自己大的同事，最好谦虚些、服从些。 当然，尊敬是最根本的，年长的同事往往是高你一辈的，经验比你丰富得多。 与他谈话，千万不要嘲笑其"老生常谈""老掉牙了", 一定要保持尊重的态度。 即使自己认为是不正确的, 也要注意聆听, 而后再提出自己的意见。

对于年长的人, 最好不要随便问他们的年龄, 因为有些人往往很忌讳这一点, 问起他们的年龄时, 常使他们感到难堪。所以, 在与年长的同事谈话时, 不必总是提及他的年龄, 而只去称赞其所做的事情。 这样, 你的话就会温暖他（或她）的心, 使他（或她）觉得自己还年轻, 还很健康。

对于年龄相仿的同事, 态度可以稍微随便些, 但也应该注意分寸, 不可口不择言, 伤人尊严。 在与自己年龄相仿的异性同事说话时, 尤其要注意, 不要乱开玩笑, 以免引起一些不必要的麻烦。

对于年纪比你小的同事, 也要把握一定的分寸。 应该保持谨慎、沉稳的态度。 年纪较小的同事, 有些人可能思想太冒进, 或知识经验不足, 所以与他们交谈时, 注意不要对其随声附和, 降低自己的身份; 但也不要同他们进行争论, 更不要坚持己见。 只需让对方知道, 你希望他（或她）对你无须过度尊敬, 他（或她）就会因此而保持适当的态度和礼仪。 但是, 千万不要夸夸其谈, 卖弄经验, 在自己的知识能力范围之外还信口开河, 否则, 一旦被他们发觉, 就会大大降低他们对你的信任与尊重程度。

2. 要注意对方的地位

和地位比自己高的人谈话, 常会有一种压迫感, 从而木讷口钝, 思维迟缓。 但有人却为了改变这种情形而走了相反的极端, 即对上司高声快语, 显得傲慢无礼。 显然, 这两种态度都是不可取的。

与地位高于你的同事谈话，无论他是你的顶头上司还是其他部门的领导，都应持尊敬的态度：一则他的地位高于你，二则他的能力、知识、经验、智慧也比你高，应该向他表示敬意。需要注意的是，与地位高的人谈话，必须保持自己的独立态度和想法，不要做一个应声虫，让他误以为你唯唯诺诺，没有主见。要以他的谈话内容为主题，听话时不要插嘴，要全神贯注。对方让你讲话时，要尽量讲与话题关系密切的事情，态度应轻松自然、坦白明朗，回答问题要明确。

与地位较低的人谈话，不要趾高气扬，态度应和蔼可亲、庄重有礼，避免用高高在上的语气来同其谈话。对于他工作中的成绩应加以肯定和赞扬，但也不要显得过于亲密，以致他太过放纵；更不要以教训的口吻滔滔不绝地说个没完，使对方感到厌烦。

3. 要注意对方的性别特征

交谈时还要注意，性别不同，说话方式亦大不相同。同性别的同事之间谈话的言语自然要随便些，而对于异性同事，谈话就应特别注意。当然并不是说要处处设防、步步为营，但起码要注意"男女有别"。比如，一位女同事身材肥胖，你千万不能"胖子、胖子"地胡乱叫她，但换了男同事，叫他几声"胖子"他丝毫不会介意。再比如，公司的聚会上，有一位新来的女同事，即便你是关心她，也不能上去问她："××，你看起来很显老，到底多大了？"如果这样说了，恐怕这位女同事要记恨你一辈子了。

女同事与男同事讲话，态度要庄重大方、温和端庄，切不可搔首弄姿、言语轻佻。男同事在女同事面前，往往喜欢夸夸其谈，大谈自己的冒险经历，谈自己的事业及自己的好恶，更喜欢发表自己的看法，让听者感到惊奇与钦佩。所以，男同事需要的是一个倾听者。但是，如果男同事的话语令人难以忍受，这时，女同事则可以巧妙地打断他的话，或干脆直截了当地告诉他："对不起，我还有事。"

4. 要注意对方的语言习惯

我国地域广阔，方言习俗各异。一个大规模的单位，不可能只由本地人组成，肯定会有来自不同地方的人，这点也要注意。不同的地域，语言习惯不同，自己认为恰当的语言，来自其他地区的同事听来，可能很刺耳，甚至还会认为你是在侮辱他。

比如，小仇是西北某地区人，而小汤是北京人。一次两人在空闲时间闲聊，谈得正高兴，小仇看见小汤头发有点长了，就对小汤说："你头上毛长了，该理一理了。"没想到小汤听后勃然大怒："你的毛才长了呢！"结果两人不欢而散。

毫无疑问，问题就出在小仇的一个"毛"字上：小仇的家乡都管头发叫"头毛"。小仇来北京的时间不长，言语之中还夹杂着方言，因此不知不觉就说了出来。而北京人却把"毛"（什么"杂毛""黄毛"等）看作一种侮辱性的话，难怪小汤要发怒了。

还有许多类似的语言差异：如北方称老年男子为老先生，但这话被上海嘉定人听起来，就觉得是侮辱他；安徽人称朋友的母亲为老太婆，是尊称，但是在浙江，管朋友的母亲叫老太婆那简直就是骂人了。

各地的风俗不同，说话上的忌讳也因此各异。在与同事交往的过程中，必须要留心对方忌讳的话。一不留意，脱口而出，很容易伤害同事间的感情。即使对方知道你不懂他的方言、不知他的忌讳，原谅了你，但毕竟你还是冒犯了他，会给双方的交往留下阴影，因此应该特别注意。

5. 要考虑对方与自己的亲疏关系

倘若对方不是与你交情很深的同事，你也畅所欲言、无所顾忌，对方的反应会怎样呢？你说的话是关于你自己的，对方未必愿意听你讲自己的事。彼此关系尚浅、交情不深，你却与之深谈，则显得你没有修养；你说的话是关于对方的，你不是他的诤友，不配与其深谈，即使是忠言逆耳，也显得你冒昧无知；你说的话是关于国家政治方面的，对方主张如何，你并不清楚，却要高谈阔论，容易招惹一些不必要的麻烦。

因此，在一个公司内，要与身边的同事搞好关系，谈话则必须注意对象的亲疏关系。对关系不亲近的同事，大可聊聊闲天，海阔天空吹一吹，而对于自己的隐私还是不谈为妙。但这并不等于对任何同事都要遮遮掩掩，见面绝不超过三句话，并只说些不痛不痒的大面上的话。换作是交情较深的同事，可以就其面临的生活方面的困难替其出谋划策，这样还可以增进彼此间的感情与友谊，更有利于工作。

6. 要注意对方的层次与性格特征

你与同事交谈，首先要清楚他的个性：对方喜欢委婉的话，你说话应该含蓄些；对方喜欢直来直去，你大可不必与之绕圈子、摆迷魂阵；对方喜欢钻研学问，你就应该说比较有文化层次的话；对方文化层次不高，你就应该与之谈些家长里短的小事；对方如果喜欢推心置腹，你就应该多说些诚恳朴实的话语。当然，这并非是"六月天，孩儿脸"，一天三变，而确实是搞好同事关系的好办法。

甲生性耿直，说话直来直去，毫无隐瞒，偏偏碰上了说话爱绕弯的乙。一天清早，乙从厕所出来，正好碰上甲。甲就大声问道："从哪儿来？"乙见有他人在场，还有两位女同事，便随手一指："从那儿来。"甲不明白："那儿是哪儿？"乙只好含混地说："W.C。""W.C"是英文"厕所"一词的简写，甲偏偏不知，又不甘心，继续大声问："W.C是什么东西？"乙见其他人都在看他俩，便偷偷扯甲，小声道："1号。"甲环顾周围，正好1号房间是女同事小王的寝室，于是大为惊讶："大清早你在小王屋里做什么？"乙顿时面红耳赤，真恨不得找个地缝钻进去。

上面这个故事虽为一个笑话，但也可以充分说明，对不同的人讲不同的话着实很重要。如果甲讲究一点说话方式，不再寻根究底地追问下去；或者乙讲话直接一点，告诉甲自己从厕所来，也不会弄得谈话模糊不清、两人都尴尬了。

7. 要注意对方的心境

与同事谈话，应该注意什么时候是相宜的时候。比如对方正在紧张忙碌地工作，你就不要去打搅他；对方正在焦急时，你也不要去同他闲聊；对方如果正处于悲痛之中，你更要选择恰当的话题。 假如你在这些情况下不合时宜地去打断扰乱他，一定会碰一鼻子灰。

对方心境不同，应该有针对性地选择不同的话题。 遇到同事得意时，应该同他谈高兴的事；遇到同事正在失意，应该适时宽慰，跟他说些你自己的失意事。 如果同失意的人大谈得意之事，不但会显得你很不知趣，而且容易让对方觉得你是在挖苦他，他与你的感情不仅不能变好，反而会变坏。 同得意之人谈你的失意，他说不定会怪你扫他的兴，即使表面上对你表示同情，心里也许会怀疑你想请他帮忙。 你刚开口，他就设了防，使你无法与之深谈。 对方心情不同，你也应进行不同的交谈，这样肯定能让同事间的关系变得更加密切友好。

一开口就让人喜欢你

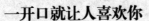

尊重仰慕式

我曾拜读过您的多部作品，从中受益匪浅，今天能在这里见到您，真是荣幸之至呀！

对第一次见面的人表示尊重、仰慕，更能拉近彼此的距离。

互相攀亲式

原来您是桂林人？我是南宁的，离桂林不远，真巧，没想到在这里也能碰到老乡！

初次见面互相攀亲的谈话方式，很容易搭建起陌生人之间谈话的桥梁，使对方产生一见如故的感觉。

类比赞美式

你们公司的软件太好用了，方便高效。上次试用后，我把别的同类软件全卸载了。

用类比的方式进行赞美，使初次见面的寒暄更具体，更能使对方产生好感。

第二章　学会拒绝，掌握说"不"的艺术

拒要求，留脸面

在实际生活、工作中，人们经常会遇到别人向自己提出要求的情况，然而有些提要求的人是你不喜欢的，抑或是有些人提出了让你难以接受的要求，当处于这种尴尬的情境之中时，你将如何处理？ 笔者认为，如果遇到以上的情况时，我们没必要"有求必应"，而必须学会拒绝。

然而，假如板着面孔一口回绝对方，很有可能会伤了相互之间的和气，但是，你又不能违背自己的意愿答应对方，那样的话，你将更加被动。 是否有一种两全其美的办法，既不使对方觉得面子有损，又能巧妙地拒绝呢？ 回答是肯定的。

拒绝是一门学问，因为在拒绝别人的时候，还要体现出个人品德和修养，让别人在你的拒绝中，同样能感觉到你是真诚的、善意的、可信的。 在拒绝的过程中，要想不伤和气，依然与对方保持的良好的人际关系，那么就要设身处地地站在他人的角度进行换位思考，在不能提供帮助的情况下用同情的语调来婉言回绝。

在婉言拒绝的时候，一定要先让对方觉察到你的态度，不要绕了半天，连自己都不清楚要表达的是什么意思，更不要说对方能不能理解了。在单独说话的场合说"不"，对方往往更加容易接受。拒绝对方时，要给对方留条退路。所以，首先你要把对方的话从始至终认真地听一遍，而后再决定如何去拒绝对方——最好能使用"引用对方的话来'不肯定'他的要求"，从而给对方留足面子；如果对方是聪明人，那么你的"不肯定"，他自然心领神会。

美国前总统富兰克林·罗斯福就任总统之前，曾经在海军担任部长助理这一要职。有一次，他的好友向他打听美国海军在加勒比海某岛建潜艇基地的计划。

在当时，这是不能公开的军事秘密。面对好友的提问，罗斯福如何拒绝才比较好呢？罗斯福想了想，故意靠近好友，神秘地朝周围看了看，压低嗓音问道："你能对不宜外传的事情保密吗？"

好友以为罗斯福准备"泄密"了，马上点头保证说："当然能。"

罗斯福正了正身子，笑道："我也一样！"

好友这才发现自己上了罗斯福的当，但他随即也明白了罗斯福的用意，开怀大笑起来，不再打听了。

罗斯福之所以能忠于自己的职责、严守国家机密，是因为他知道，人都有一个共性，喜欢打听隐秘的事情，打听到了之后，又不能守口如瓶，总是想方设法地告诉别人，以展示自己的能耐。 罗斯福深谙其中之奥妙，所以，他对任何人都保密。罗斯福使用的是委婉含蓄的拒绝方法，其语言轻松幽默，表现了罗斯福的高超语言艺术：在朋友面前既坚持了不能泄露秘密的原则，又没有令朋友陷入难堪，取得了非常好的语言交际效果。

下面是一个现实中的例子。

两个打工的老乡，找到在某市工作的李某，倾诉了一番打工的艰辛，一再说住不起客店，想租房又没有找到合适的，言外之意是想要借宿。

李某听后马上暗示说："是啊，城里比不了咱们乡下，住房太紧了。就拿我来说吧，这么两间耳朵眼大的房子，住着三代人。我那上高中的儿子，没办法，晚上只能睡沙发上。你们大老远地来看我，应该留你们在家里好好地住上几天，可惜做不到啊！"

两位老乡听后，应和几句，知趣地离开了。

两个老乡没有直接向李某提出借宿请求，而只是一味地埋怨在城里找房子住如何困难；李某也假装没听出来弦外之音，立刻附和他们的观点，并说自己家住房如何紧张，为不能留他们住宿而表示遗憾。 老乡听了这番话，既明白了李某的难处，又知道他在拒绝自己，只好离开了。

习惯于中庸之道的中国人，在拒绝别人时比较容易产生一些心理障碍，这是受传统观念的影响，同时，也与当今社会某些从众的心理有关。 其实，做到"拒要求，留脸面"并不太难，可以尝试下面这些说法（做法）：

"哦，是这样，可是我还没有想好，考虑一下再说吧。"

"哦，我明白了，可是你最好找对这件事更感兴趣的人吧，好吗？"

"啊！对不起，今天我还有事，只好当逃兵了。"

"哦，我再和朋友商量一下——你也再想想，过几天再决定好吗？"

"今天咱们先不谈这个，还是说说你关心的另一件事吧……"

"真对不起，这件事我实在是爱莫能助了。不过，我可以帮你做另一件事！"

"你问问他，他可以作证，我从来不干这种事！"

"你为我想想，我怎么能去做没把握的事？你想让我出洋相啊。"

使用摆手、摇头、耸肩、皱眉、转身等身体语言和否定的表情来表示自己的拒绝态度。

拒人情，留自在

众所周知，我国是文明古国、礼仪之邦。在人际交往中，向来是很讲人情礼仪的。但是，当前社会上有的"人情"却远远超出了这个范围。

"重人情，讲面子"是中国人维持关系的一条准则，每一个在社会上"行走"的人，几乎必然会受到这一准则的影响——这种影响很可能使人变得说话瞻前顾后，凡事先考虑人情，失去了自我，更有甚者，为人情所奴役，做出违法犯罪的事来。

其实大可不必如此！每一个手中有点权力的人都应该清楚：对于不必要的人情、隐藏在人情背后的"不情之请"，正确的做法是张口拒绝——拒人情，留自在。

《史记·循吏列传》记载：春秋时期，鲁国有一位名叫公仪休的人，因德才兼备而被任命为鲁国相国。公仪休爱吃鱼，有一天有人送鱼给他，他却拒而不受。

送鱼的人就说："相国，你喜欢吃鱼，为什么不接受我送的鱼呢？"

公仪休说："正是因为我喜欢吃鱼，才不能收你的鱼。我现在任相国，有足够的薪俸自己买鱼吃；如果我收了你的鱼，而因此被免了官，断了俸禄，到那时谁还来给我送鱼，那样的话岂不是没鱼吃了吗？"

一席话说得来人哑然失笑，只好乖乖地把鱼提走了。

公仪休拒鱼，找了一个很好的借口——不因小失大。这是一个非常实在的道理：不受贿，可以用自己的薪俸买鱼吃；受贿，很有可能会丢官，丢官以后，人们就不再送"鱼"给你，而自己由于失去俸禄，便什么爱好都不能实现了。

东汉安帝时，杨震被委任为东莱郡太守，赴任途中经过昌邑县，县令王密迎接了他。王密是杨震推荐的，他对杨震感恩戴德，念念不忘，总想报答他，心想这回总算是有机会了。

夜里，王密怀揣十斤黄金，悄悄来到杨震住处，双手奉上。

杨震不看金子，笑问王密道："咱俩也算得上老朋友了，我很了解你，可你却不了解我，这是为什么呢？"

王密急忙声称金子是自家之物，绝非贪贿所得，敬奉老先生也只是略表寸心，并说："现在深更半夜，这事根本无人知道。"

杨震不怒自威，一字一句地说："天知、地知、我知、你知，怎能说是无人知道！"

王密仿佛遭到了迎头棒喝，顿时清醒过来，羞愧难当，无地自容，连声感谢杨震的教诲，收起黄金离开了。

杨震从此便有了"四知太守"的美名。

好一个"四知太守"，面对朋友的"寸心"，置身于深夜中的私人住处，依然能说出"天知、地知、我知、你知"的警示的话——在这样的一身正气的上司面前，下属还能有何非分之想！

国外也不乏"拒人情，留自在"的知名人物。

林肯就任美国总统以后，亲朋好友都想沾他的光。为谋得一官半职，人们接踵而来。跑官客踏破了门槛，林肯因此在为国事操劳之余，还要为这无穷无尽的烦恼大伤脑筋。

有个代表团劝说林肯任命他们推荐的人来担任桑德威奇岛的专员。他们说，这个人有能力，但身体虚弱，那个地方的气候对他的身体有好处。

"先生们，"林肯叹息道，"十分遗憾，另外还有八个人已经申请了这个职位，他们都比你们说的这个人病重。"

一个女人迫切地请求林肯授予她的儿子上校军衔。

"夫人，"林肯说，"我想，你一家已经为国家做够了贡献，现在该给别人一个机会了。"

即使在林肯生病时，前来求职的人依然是络绎不绝。

一天，又有一个人来到林肯的病房。他一坐下就摆出一副要长谈的架势。正好总统的医生进来，林肯便伸出双手对医生说："医生，你看我的这些疙瘩到底是怎么一回事？"

"这是假天花，也可能是轻度天花。"医生认真地回答。

"我全身都长满了——我想，这种病是会传染的吧？"

"传染性确实特别强。"医生肯定地说。

就在林肯和医生的一问一答中，那个跑官客早已经站起身来了，他大声地对林肯说："林肯先生，我该走了，我只是来看望你一下。"

"啊，你可以再坐一会儿，别这么急嘛！"林肯开心地说道。

"谢谢你！林肯先生，我以后会再来拜访你的。"那
个人说着，急忙向门口走去。

一人得道，鸡犬升天，这是一般人得势后对朋友的做法，
也是一般人对得势的朋友的期望甚至是要求。

林肯拒绝跑官客，用得最多的是"耍滑"，用"另外还有
八个人已经申请了这个职位"的说法，巧妙地回绝了某代表团
提出的委任他们推荐的人担任桑德威奇岛专员的请求；以"你
一家已经为国家做够了贡献，现在该给别人一个机会了"的说
法，巧妙拒绝了那位母亲提出的授予她的儿子上校军衔的要
求；以全身长满传染性极强的天花的自我曝光，巧妙地吓走了
去医院找他的跑官客。

以上讲的是古人、外国人拒绝人情的例子，下面再来看一
个发生在现代的真实的故事。

小徐和小杨是四川省仁寿县法院民一庭的两名法官。
一天，二人一同办理一桩变更抚养权的纠纷案。

开庭前，被告的母亲贾老太太把一包启封的香烟放
到了小徐的办公桌上，连声招呼："请抽烟！"

小徐回答："我不会抽烟。"

贾老太太示意性地用手在烟盒上轻轻地拍了拍，说：
"小伙子，不会就学嘛。"

这时，小徐发现贾老太太的表情有点异常，他马上
意识到这包香烟可能有问题。他轻轻地打开烟盒——果

然，烟盒里面装着好几张百元大钞。原来，贾老太太怕自己的儿子吃亏，就想用这种方法来和两名年轻的法官拉关系。由于当时办公室里人多而杂，小徐为了顾及眼前这位上了年纪的老人的面子，没有当众把这盒"香烟"的秘密揭穿。

处理完文书材料后，小徐让小杨把在走廊里等候的贾老太太请到办公室，非常严肃地对她说："老人家，全世界的人都知道吸烟有害健康——为了身体健康，请您把这盒'香烟'收回吧！"说着，小徐用双手把那盒香烟塞回贾老太太的手里，也轻轻地拍了拍，有所示意。贾老太太还想推辞，被小徐果断制止了。

那天下午，经小徐、小杨二位法官做了耐心细致的说服教育工作后，此案件当事人双方达成调解协议。贾老太太对此也十分满意。待儿子签收法律文书以后，贾老太太拉着小徐的手，意味深长地说："年轻人，不吸烟好呀，祝你们永远保持健康的身体！"

贾老太太也绝不是有意拉小徐、小杨两位法官下水的别有用心的人，她给他们"香烟"，很难说是属于"行贿"——她想走走人情，以保护自己的儿子，仅此而已。

然而，事关法律尊严和政府的形象，如何处理这一人情，小徐、小杨两位法官面临着考验。面对一个老人出于爱子之心的糊涂做法和隐含的要求，小徐和小杨的做法无疑是非常正确的：在别人无所察觉中拒绝了对方的"心意"和请求，表面上不动声色，但彼此心照不宣。"拒人情，留自在"，这种做法好就好在留下了双方都需要的"自在"。

人生在世，谁没有儿女之情、朋友之谊，问题就在于这情该因何而发、因何而用。

中华人民共和国成立初期，毛泽东同志不断地接到亲朋故友的来信，有求他安排工作的，有找他为子孙入学说话的，也有托他做入党介绍人的……

毛泽东严格坚持原则，对于至亲好友，也一概不开后门；毛岸英也写信做工作，他在写给表舅的信中说："反动派常骂共产党没有人情，不讲人情，如果他们所指的是这种帮助亲戚朋友、同乡同事做官发财的人情的话，那么我们共产党正是没有这种人情，不讲这种人情。共产党有的是另一种人情，那便是对人民的无限热爱，对劳苦大众的无限热爱，其中也包括自己的父母子女亲戚在内……"

所以，关键是要辨清人情之味，看看究竟是哪种人情，再决定采取哪种态度。

笔者认为，当人情与以下情况相关时，我们则应该"拒人情，留自在"：违法犯罪，违背自己做人的原则，违背自己的价值观念，有损自己的人格，不符合自己的兴趣爱好，助长虚荣心，庸俗的交易，可能陷入关系网。

妥善表达，委婉含蓄尊重人

在语言沟通的过程中，委婉是一种很有奇效的黏合剂。委婉是一种以真诚开放的沟通方式来对待对方，同时，也尊重他人的感受，不随便伤害别人的语言表达方式。所以，委婉含蓄是语言表达的一门艺术。

委婉含蓄的表达比口无遮拦、直截了当地说更能展现人的语言修养。直言不讳、开门见山虽然简单明了，但给人的刺激太大，非常容易伤害对方的自尊心。例如一个服务员在向顾客介绍衣服的时候，不应该说"你的脸比较大，适合穿××的领子。""你的臀部长得不完美，适合穿××的下装。"而应该说"你是不是觉得你穿上这种领型的衬衫会更漂亮？""这种强调颈部和夸张肩部的设计对平衡上下身的围度比例将会起到更好的调节作用，使整体匀称而又不失成熟之美"。虽然前后意思相同，但后者委婉而有礼貌，比较得体，使人听起来轻松自在，心情舒畅，也更容易使人接受。

委婉含蓄的语言，是劝说他人的法宝，同时它更能满足人们心理上的自尊的需要。换句话说，委婉含蓄的语言就是成熟、稳重的表现。

要怎么说话才能更具艺术性呢？

也许有的人会反对，因为他们认为直言不讳地批评你的人才是真心对你好的人。

"真心"有真实、真诚的意思。 对别人说话时我们需要真诚，但不一定非要真实。 比如你看到一个长相欠佳的人，你一见面就如实地对他（她）说："你长得真难看！"你说人家听了之后会喜欢你吗？ 会不攻击你吗？ 你可能会委屈地说你是实事求是。 不错，你确实是实话实说了，可你也伤人了。 人常说恶语如刀。 所以，我们说话时要尽可能地说得含蓄、委婉些。 这样才能使周围的人接近你、亲近你。

　　其实，要让一个人对别人满意那是不可能的事，因为每个人都有自尊，都认为自己不错。 比如，碰到比他个子高的人，他会不屑地说："长得高有什么了不起的！"遇到比他矮的人，他也会嘲笑说："这么矮，难看死了！"遇到和他一样高的人，他会说："还不是和我一个样！"只是很多人从不表露出来而已。 从某种意义来讲，我们不是三岁小孩，口无遮拦。孩子说了真话，人们会说童言无忌，天真可爱，他们的真话可能会博得大家一笑。 可我们也那样讲话的话，肯定会被人鄙夷为愚蠢、骄傲自大。 这也就是蠢者说话口无遮拦、直截了当所造成的后果。

　　因此，不管什么时候，说话都要注意方式，多用委婉的语言来表达。 生活中，有很多问题都能用婉言表达，这更有助于消除怨怒，促进互相尊重，让人与人之间充满友好和谐的气氛。

　　丘吉尔说："要让一个人有某种优点，你就要说得好像他已经具备了这个优点一般。"如果有人碰到困难就畏首畏尾，或者办起事来优柔寡断，那么你不妨适时而委婉地说："这样前怕狼后怕虎的不是你以前的表现呀！""你是个很有决断力的人。"先给他戴上他应该具备的优点的高帽子，给予鼓励。

由于给他一个良好形象的定位，所以他也会为此而努力，从而改变目前的不当做法。而不应直说："你这个人真是笨，什么事情都办不好。"这样一锤子就把他打死了，对方也会因此而丧失勇气和信心。

直话易伤人，何不绕个弯

在为人处世中，直言直语是一把害人伤己的双面利刃。喜欢直言直语的人通常具有正义倾向的性格，语言的爆发力和杀伤力也都非常强，所以有时候这种人会被别人用来当枪使。当与别人说话的时候，少直言指陈他人的处世不利，或纠正他人性格上的缺点。无数个事实证明，这并非爱之深责之切，而是在和他人过不去。每个人的内心都有一座堡垒，人们把自我藏在里面。你的直言直语恰好把堡垒攻破，把别人的自我从里面揪出来。所以，能不讲就不要讲，要讲就绕个弯再讲，点到为止。另外，生活中，经常会听到"对事不对人"这个词。所谓"对事不对人"，其实只是说说而已。事是人计划的、人做的，批评事也就等于批评人了。

在日常生活中，对于直接的辱骂，听者很容易就能听出来，但如果说话人使用的是隐含的侮辱人的话，听话人就更应该注意了。听话人不仅要善于听出对方的恶意，而且必要时还可以"以其人之道还治其人之身"，给对方一个含蓄的回击。据说，有一位商人看到诗人海涅（海涅是犹太人），就对他说："我最近去了塔希提岛，你知道在岛上最能引起我注意的是什么吗？"海涅说："你说吧，是什么？"商人说："在那个岛上呀，既没有犹太人，也没有驴子！"海涅却回答说："那好办，要是我们一起去塔希提岛，就可以弥补这个缺陷。"这里商人把"犹太人"与"驴子"相提并论，很明显是在暗地里骂"犹太人与驴子一样，无法到达那个岛"，而海涅也听出了对方的侮辱和嘲笑，回答时话里有话，暗示这个商人就是头驴子，使商人自讨没趣。

直言直语有两种情况，要么是一针见血，要么是胡言乱语。 一针见血地说出别人的毛病，即使出发点是好的，但因杀伤力极强，很容易使别人下不来台。 如果能用婉转一点的方式提示别人，效果要远远好于直言直语。

胡言乱语会让人恼羞成怒，甚至怀恨在心，这会导致你人缘很差。 这样的人，别人不是敬而远之，就是嗤之以鼻。

说话不加修饰，只会直言直语，也是一种无知的表现。 有些善意的东西，若能够婉转表达，别人会产生感激之情。 如果自己一味地直言不讳，别人会认为你是在与其过不去。

在与人交谈的过程中，总会有一些让人不便、不忍或者是语境不允许直说的话题和内容，这时候就要将"词锋"隐遁，或者是把棱角磨圆一些，使语境软化一些，好让听者容易接受。

从前，英国有个倒卖香烟的商人去法国做生意。一天，他在巴黎的一个集市的台上大谈吸烟的好处。突然，从听众中走出来一位老人，连个招呼也不打，就走到台上非要讲一讲不可。那位商人毫无心理准备，不禁吃了一惊。

老人在台上站定后，就大声说道："女士们，先生们，对于抽烟的好处，除了这位先生讲的以外，还有三大好处哩！不妨让我来讲给大家听听。"

英国商人一听老人说的话，转惊为喜，连忙向老人道谢说："谢谢您了，老先生。我看您的相貌不凡，说话动听，肯定是位学识渊博的老人，请您把抽烟的三大好处当众讲讲吧！"

老人微微一笑，马上讲起来："第一，狗见到抽烟的人就害怕，就逃跑。"台下的人都觉得莫名其妙，商人则暗自高兴。"第二，小偷不敢到抽烟人的家里去偷东西。"台下的人连连称怪，而商人则喜形于色。"第三，抽烟者永远年轻。"台下一片轰动，商人顿时满面春风，得意扬扬。

接着老人把手一握，说："女士们，先生们，请安静，我还没说清楚为啥会有这样三大好处呢！"商人分外高兴地说："老先生，请您快讲呀！""第一，在抽烟的人中驼背的多，狗一看到他们，以为他们要拾石头打它哩，它能不害怕吗？"台下的人发出了笑声，商人却吓了一跳。"第二，抽烟的人夜里总爱咳嗽，小偷以为他没有睡着，所以不敢去偷东西。"台下的人一阵大笑，商人在那里大汗直冒。"第三，抽烟的人很少有长寿的，所以永远都年轻。"台下的人一片哗然。

而此时，倒卖香烟的商人不知什么时候已经偷偷溜走了。

随着这样的步步深入，几个"迂回"，那个商人能不溜走吗？

曾经有这样一个故事，触龙劝说赵太后同意让她的小儿子到齐国做人质，也是运用了这种"迂回"的手法。他在众大臣劝说无果的情况下，上前劝说，先是关心太后的身体健康，然后又向太后请求为自己的小儿子安排工作，在一步一步打消了太后的思想顾虑之后，又用"激将法"说她是爱自己的女儿胜于爱小儿子，接着道出了"为之计深远"的大计，最后终于说服太后让其小儿子去齐国做人质。

可以想象，假如触龙直接劝说，是不可能取得好的效果的。其实，在说话时，在步入正题前先做一个"铺垫"，说话"迂回"一些，然后再一步一步导入重心，这样就会收到良好的效果，就像游览古典园林，"曲径通幽，渐入佳境"。

直话容易伤人，所以，请记住：正话要反说，硬话要软说，让自己的舌头绕个弯。劝你还是将那些直言、不中听的真话暂时搁在一边，以免让对方生厌。在现实生活中，很少有人因直言而让自己获得好处，这是成功处世的经验之谈。

说话过于直白会适得其反

唐文宗年间，一次，著名的诗人、太学博士李涉途经九江，遭到了强盗拦路抢劫。面对强悍的绿林大盗，李涉手中无任何武器，眼看着就要束手受辱。这时候李涉口吟一首

七绝:

> 春雨潇潇江上村，绿林豪客夜知闻。
> 他日不用相回避，世上如今半是君。

　　那些强盗听后大悦，于是对李涉以礼相待，并平安放他过去，求的只是想要把诗留下来。俗话说，"秀才见了兵，有理说不清。"何况李涉面对的是与官家为敌的绿林大盗，一句话说得不好，就会招致杀身之祸。这个时候李涉充分地利用了自己的优势，准确地把握住了对方的心理：第一，作为绿林好汉，讲的是义气，因此李涉首先非常尊敬他们，还称他们为"豪客"，而且还在诗中表示愿意和他们做朋友，不管什么时候见了都可以亲密地交往，不用"回避"，这就让那些绿林强盗不好再与他为敌。第二，作为一个强盗，忌讳的就是一个"贼"字，而李涉用的却是"客""君"这些字眼来称呼他们，并且把他们粗暴的拦劫行为说成是"夜知闻"后的善意相访，以上种种让强盗们不能再与他为敌。第三，作为著名的诗人，他以诗作答，显示了自己的身份，以自己的名声影响了强盗们的心理；并且还在诗中道出了他们在世上所占有的地位，提高了他们的身价，让他们不能不以礼相待。这时，这些一直受歧视的人认为，得到他的这首诗要比得到再多的钱财都还要珍贵。于是强盗不但没有伤害他，反而对他倍加尊重。李涉正是准确地把握了对方的种种心理，因此仅仅用四句话就让自己转危为安。

　　这里我们可以想象一下，假如他不用变通的语言加以应对，可以说是必死无疑的，而他却打破了"老实"的说话技巧，保住了自己一命。

正所谓"祸从口出"。在人际关系日渐复杂的今天，一味"老实"地说话已经不再是可以畅通无阻的通行证了，只有会说话、懂得说话技巧，才能有立足之地。

1963 年 8 月 28 日，美国黑人民权运动领袖马丁·路德·金领导了一场 25 万人的集会和游行示威活动，呼吁反对种族歧视，要求民族平等。当游行队伍到达林肯纪念堂前时，他发表了著名的《在林肯纪念堂前的演讲》。在这次演说中，他先是热情洋溢地赞扬了一百多年前林肯签署的《解放宣言》；然后，话锋一转，指出在一百多年后的今天，黑人仍然处在水深火热之中，号召黑人奋起抗争，并且以诚挚抒情的语调，叙述了黑人梦寐以求的平等、自由的理想："黑人儿童将能够与白人儿童如兄弟姐妹一般携起手来""上帝的灵光大放光彩，芸芸众生共睹光华"这篇演讲可以说是内容充实，感情热烈，气势磅礴，有着极强的感染力。这篇反对种族歧视、争取民族平等的战斗檄文，大大推进了美国黑人民权运动的进步。

语言的魅力是极大的，因此我们要学会巧妙地运用语言技巧。

曾有这样一个故事。

有一只蝙蝠冒失地闯入了黄鼠狼的家里，黄鼠狼看到自己送上门的猎物，恨不得一口就把它吞到肚子里去。

"怎么了！"黄鼠狼说道，"我和你势不两立，你还敢自动跑到我的家里来送死，你不是老鼠吗？你要敢否认，那我也不叫作黄鼠狼了。"

"请原谅，"倒霉的蝙蝠哭诉说，"瞧瞧我们的血统，我会是老鼠吗？坏家伙才会对你这样说。感谢上帝，给了我一双会飞的翅膀，展翅飞翔的神万岁啊！万岁！"

它讲得似乎很有道理，黄鼠狼只有把它放走。

事情也太不凑巧，过了两天，这倒霉蛋又闯入了另一只黄鼠狼的家中，再一次遭遇到了生命危险。

长嘴的黄鼠狼夫人看到了这只小鸟，想把它做成饭来填饱自己的肚子。蝙蝠此时却大声地辩解："你没有搞错吧！鸟是有羽毛的动物，你看看我，浑身上下没有一根毛，我是一只真真正正的老鼠。我要高喊，老鼠万岁！老鼠万岁！但愿神让猫不得好死！"

蝙蝠运用语言技巧巧妙地躲过了两次生命危险。

委婉拒绝，不伤情面

快出来，聚友酒店，晚上不醉不归。

在必要的时候，可以抬出或虚构出一个"领导"，把自己的意思通过"领导"表达出来，比自己直言拒绝的效果更好。

不好意思啊，你弟妹晚上让我跟她回娘家，今天真去不了。改天聚吧。

拒绝后，要提出合理的补救方法

对同事合理的求助，如果确实不能接受，可以在拒绝后提出一个补救的方法，让同事看到你的诚意。

我现在要赶一个老总亲自安排的文件，实在没时间，等忙完手头的活再帮你看。

这笔账我怎么都对不上，你经验丰富，帮我对一下吧。

转移话题巧拒绝

刘总，关于我申请调部门的事，您看……

对下属的要求，在还没想好如何解决的时候，可以及时转移话题，从而为自己争取到更多的思考时间。

今天咱们先不谈这个，关于你的工作问题，有件更重要的事……

第三章　谈吐不凡，幽默机智赢得人心

在交谈中运用幽默的技巧

俄国文豪契诃夫说："不懂得开玩笑的人，是没有希望的人！这样的人即使额头上高七寸聪明绝顶，也不算真正有智慧。"

生活中不乏这样的人，品行端正，为人朴实，却总是一本正经，没个笑脸，让人觉得枯燥乏味，可敬而不可亲。而富有幽默感的人就不一样了，他就是快乐的使者，走到哪儿，就把欢乐散播到哪儿。这样的人当然也有缺点，不过他们的语言妙趣横生，能使人愉快，所以人人都愿与之相处。

池田大作在《青春寄语》中也说："有幽默感的人不会让人厌烦，有幽默感的话题不会给人压力。"适时地运用幽默，将故事、笑话运用在谈话之中，会使语言更生动、有趣。

如果你想借助幽默的力量，与他人建立和谐的关系，以更好地达成你的人生目标，那么请尽快将这一构思付诸行动吧。多学几招幽默的技巧，将幽默融入你的生活和事业当中，你一定会觉得其乐无穷。

1.故意曲解的幽默技巧

曲解的玄机在于对某些话的意思故意加以曲解，将说话者的思维引上岔道，以使人发笑。

有一次，国画大师张大千和京剧艺术大师梅兰芳同赴宴会。张大千走上前去对梅兰芳说："你是君子，我是小人，我敬你一杯酒。"梅兰芳和众人都大感不解。张大千便解释说："你唱戏，动口；我画画，动手——君子动口，小人动手。"众人听了，大笑不止。"君子""小人"的词义被张大千故意作了歪曲的解释，产生了十分幽默的效果。

误解也有可能是因为同音词、多义词、语法的不确定等因素无意中形成的歧义，同样也可以富有喜剧的趣味。本来，幽默中的表达者和反馈者彼此风马牛不相及，然而却被幽默拉在了一起，由此激发出趣味。

一对浪漫的男女刚走进电影院，发现已客满，两个人无法坐到一起。这位年轻貌美的女孩以为解决这个问题很容易，只要请求自己邻座的那位男子和自己的男朋友调换一下座位就行了。

"对不起，"她轻声问邻座，"请问你是一个人吗？"

邻座的男子默不作声，她又重复了一遍。那个人还是目不斜视。她又问了一次，这次声音放大了一些。

"住口！"他对她说，"我妻子和孩子都在这里。"

这位多情的男子曲解了女孩的意思，虽正襟危坐，可是却已春心萌动，令人忍俊不禁。

2. 化解困窘的幽默技巧

一天，几位同学一起去看望高中老师。已经很多年没有见自己的学生了，老师看见他们非常高兴，一一询问每位同学的情况。

"见到你真高兴。"最后，老师问一位女同学，"你丈夫还好吧?"

"对不起，老师，我还没有结婚……"

"噢，明白了，你的丈夫还没有娶你!"

一个很尴尬的场面，经老师这样幽默的一句话，马上就变得轻松愉快了，同时也没让女同学过于尴尬。老师第一句话错在按通常思维发问，没想到却问了一句"蠢话"，这位老师的幽默之处就在于知道错后，急中生智，又说了一句"蠢话"，此时大家都知道他是有意为之，自然心领神会。

3. 戏谑幽默术

幽默的最大功能是可以减轻心理压力，防止产生或消除紧张的人际关系，尤其是在自己占据了精神优势以后，幽默则能起到维护你对手自尊心的效果。

一次，演说家杰生在纽约演出，他决定在演出之前先到一家知名的小吃店吃点东西。

"您是初次来本店吧?"一位男服务员问他。

"是的! 这儿是一个很好的地方。"杰生说。

"您来得真巧,"男服务员接着说,"今天晚上有杰生的演说。很精彩的,我想您一定想去听听吧?"

"是的,我当然要去。"杰生说。

"您弄到票了吗?"

"还没有。"

"票已经卖完了,您只好站着听了。"

"真讨厌,"杰生叹了口气说,"每当那个家伙表演时,我都必须站着。"

杰生吃完就离开了,可出门时却被一位女服务员认出来了。她对那位男服务员说:"刚才那位是杰生先生。"

"啊!"想到刚才的情境,男服务员被杰生的幽默感染了,忍不住哈哈大笑起来。

有一个叫高明的年轻人非常有幽默感,且善于恭维。某日,高明请了几位朋友到家中一聚,准备施展一下自己的特长。他站在门口恭候,等朋友们陆续到来的时候,便挨个问了同样一个问题:"你是怎么来的呀?"

第一位朋友说:"我是坐计程车来的。"

"啊,华贵之至!"

第二位朋友听了,眉头一皱,打趣道:"我是坐飞机来的!"

"啊,高超之至!"

第三位朋友脑筋一转："我是骑脚踏车来的。"

"很好啊，朴素之至！"

第四位朋友害羞地说："我是徒步走来的。"

"太好了，健康之至呀！"

第五位朋友故意出难题："我是爬着来的。"

"哎呀，稳当之至！"

第六位朋友戏谑道："我是滚来的！"

高明不紧不慢地说："啊，真是周到之至！"

众人一起大笑。

高明的戏谑幽默技巧几乎天衣无缝，既恭维了每位朋友，又没有伤害其他人，表现了他借题发挥、即兴诙谐的才能。

1981 年 1 月，里根入主白宫，3 月 30 日遭到枪击。当他在痛苦和昏迷中忽然发现南希就在他身边时，便下意识地想找一句安慰她的话。突然，他想起了拳击运动员爱尔兰人杰克·登普西。他对妻子说："亲爱的，我忘了躲了。"也正是这句幽默的话，使南希顿时破涕为笑。

里根在如此生死攸关的时候还能打趣自己，其乐观的精神着实令人叹服。假如你也想在生活、事业中获得成功，那么请学学这种乐观的精神，使你自己也拥有一个多彩而幽默的人生吧！

幽默常能潜隐人生美妙

有人说，幽默是日常语言中一种很巧妙的艺术，妙就妙在它深入浅出，自然组合，使原本没有意义的话变得高雅含蓄而富有情趣。

不知你是不是碰到过这样的事，当你问某人话时，他的回答与你的提问丝毫不相干，且又充满着幽默，弄得你啼笑皆非。然而，由于事出突然，反而引来一场令人捧腹的哄堂大笑。

这就是答非所问的幽默法。但是，使用这种幽默时要适度得体，任意地把一些毫无意义的词句拿来拼凑笑料则不合适。

比如在交谈中，有意识地答错对方所提出来的问题，并且由于你的回答既风趣又无恶意，所以是可以收到很好的幽默效果。

一个人出差在外，心里惦记着家中的妻子，于是打了个长途回家。接通电话，听见妻子的声音时，他迫不及待地问："老婆，你现在在做什么？"妻子说："我现在在和你通电话。"

妻子这种答非所问的幽默感，给了出门在外的丈夫一个好心情，他办起事来也顺利多了。

其实，答非所问只是幽默的一种，你的表情、手势、声音等，都能作为增强幽默感的工具。

假如我们在日常生活中善于使用这些工具，那么，和别人交流起来就会轻松得多了。

为什么我们在看欧美电影或电视剧时，总觉得他们不仅是在对话，有时候一个眼神、手势或身体动作都充满着幽默感，就是这个原因。

我们应该多学习一些欧美人用来加重说话语意的表达方式，因为这里面有一种无声的幽默感，使说话的语气更加吸引人。值得注意的是，虽然这种表达方式能增加幽默感，但动作不可过多，否则的话，可能会收到适得其反的效果。

此外，千万不要去模仿残疾人的动作，因为那不是幽默，而是一种非常不道德的行为。

还有一种极具幽默感的方式，就是向别人揭自己的伤疤，即向别人述说自己失败的教训。

这并不需要多么高深的技巧，只要你可以不顾及自己面子，恰当地把当时的情景向对方叙述一遍，就可以获得幽默的效果。

下面是日常生活中几种常见的幽默方式。

1. 诙谐机灵

希区柯克是一位著名的电影导演，有一次，他在一部大片中雇用了一个大明星、大美人来担任女主角。

这位明星为了将自己身体最美的部分充分展示出来，就一再暗示希区柯克，希望调整好摄影机的角度，拍到她最美的一面。

　　很明显，她的这个要求不符合希区柯克对这部巨片的拍摄要求。于是，他假装不解地向那位明星说："很抱歉，我做不到！因为你压在椅子上的正是'最美的一面'。"

希区柯克有意把"最美的一面"理解为屁股，用错误理解语意的幽默法逗得全场人哈哈大笑，使得那位大明星也不好意思再胡搅蛮缠地不顾影片需要去拍摄她"最美的一面"了。

　　寓庄于谐的语言的确是妙不可言，它给予人们内含深刻的幽默情趣，又使人们在笑声中感悟到一石二鸟的寓意。

2. 含蓄深刻

　　一般来讲，幽默是一种寓深远于平淡、藏锋芒于微笑的表达方式。

　　尖锐深刻的言辞人们都会避免使用。但是，在某些特殊的情况下，它也可以展现出锋芒，使人们产生会心的大笑。

　　有一天，幽默大师马克·吐温去拜访法国一位名叫波盖的名人。交谈中，波盖以一种非常不屑的口吻取笑起美国短暂的历史来。

　　他说："美国人无事的时候，往往喜欢想念他的祖宗，但是一想到他的祖父那一代，就不得不停止了。"

　　听了这话，马克·吐温心里自然很不是滋味，但是，他并没有想过要用什么尖刻的语言去刺痛或反击波盖，而是以蕴含深刻并且风趣的语句回敬道:"当法国人无事的时候,总是尽力想找出究竟谁是他的父亲。"

由此看来,幽默并不是只能取笑逗乐,而还可以具有穿透力,是对那些卑微可笑的言谈举止予以痛击的武器。当然,痛击绝非破口大骂,否则就不叫幽默了。

3. 温和亲切

一位老师曾经这么说:幽默有三级阶梯,上了第一级阶梯的人是听别人说笑话的时候会发笑,这种人具有最初层次的幽默感;上了第二级阶梯的人是自己能够来一点儿幽默,使别人听了他说的话后感到好笑,这种人就具有很不错的幽默感;上了第三级阶梯的人则是能够自己把自己拿来幽默一番——自嘲,这种人就达到了高品位的幽默。

由此可见,幽默本身并没有贫富贵贱之分,贫富平等和充满人情味的有趣言谈是幽默的一个非常重要的特征。

美国前总统林肯的五官比较对不起观众,但他自己不管在什么场合下,也总是很坦率地承认这一点,并没有因自己长得难看而失去半点自信。

有一次,道格拉斯在与他辩论时指责他是两面派,一般人听到这话肯定就要暴跳如雷了。不过,林肯总统是如何面对的呢?他回答道格拉斯说:"现在,请听众来评评看,如果我还有另一副面孔的话,我还会戴着现在的这副面孔吗?"

结果是引起了全场听众的笑声和掌声，而这不是很自然地就说明了道格拉斯的指责的荒谬无理吗？

有一位厨师看了某位作家的作品后发表了一些不一样的看法，作家心里非常不高兴，就对那位厨师说："你没从事过写作，因此，你无权对我的作品提出批评。"

谁知厨师非但没有因为作家的话而感到自卑，反而以一句让人听后忍俊不禁的幽默来回答说："哦，我这辈子没有下过一个蛋，可我能尝出炒鸡蛋的味道如何，母鸡能么？"

怎么样？ 幽默不分贫富贵贱，总归是有一定道理的。

具有幽默才能的人是值得人们佩服和欣赏的，因为幽默的语言不仅给人们带来欢笑，更重要的是可以使人们在欢笑声中顿悟出其中的含意和哲理。

幽默是化解敌意的妙药

幽默的大忌乃是敌意或者对抗，幽默产生在避免冲突、消除心理重负之时。 但这不是说一旦面临敌意与冲突，幽默就注定自行消亡，这要看幽默的主体是否有足够的力量，帮助你从危险的冲突、怨恨的心理、粗鲁的表情和一触即发的愤怒中解脱出来。

即便你不可能改变你的攻击性，幽默也极可能帮助你钝化攻击锋芒，或者说，因为恰如其分地钝化了攻击的锋芒，你的心灵得到了幽默感的陶冶，你便可以游刃有余地以更加有效的方式来表达你的意向，并避免搞僵人际关系。

这的确是需要更高一筹的智慧和更宽容更博大的胸怀。几乎每一个面对冲突的人都面临着对自己的幽默感的严峻考验，而只有少数人能够经得起考验。

作家冯骥才访问美国时，有一个很友好的华人全家来拜访，双方相谈甚欢。忽然，冯骥才发现客人的孩子穿着鞋子跳到了他洁白的床单上，这是一件令人十分不愉快的事，恰恰孩子的父母却没有发现这一点。冯骥才任何表示不满的言语或者表情，都可能导致双方的尴尬。

幽默感帮了冯骥才的大忙。他非常轻松愉快地向孩子的父母亲说："请把你们的孩子带到地球上来。"主客双方会心一笑，问题就圆满地解决了。

从语言的运用来讲，冯骥才只是玩了个大词小用的花样——把"地板"换作了"地球"，整个意味就大不相同。地板是相对于墙壁、天花板、桌子、床铺而言的，而地球则是相对于太阳、月亮、星星等天体而言的。冯骥才用"地球"这个概念，把双方的心灵空间带到了茫茫宇宙中。此时，孩子的鞋子和洁白的床单之间的矛盾被淡化了，而孩子和地球、宇宙的关系掩盖了一切。

幽默风趣，提升形象

聚会聊天时，适当说些笑话，能起到活跃气氛的效果，还能吸引听众的注意力。

估计再也没有如此巧合的事情了。

我这里有更巧的，我爸爸和我妈妈的婚礼恰好在同一天。

适度夸张

将事情进行适度的夸张，营造出一种夸张的喜剧效果，也是幽默的有效方法之一。

你真是大忙人，我都来一百多趟了，鞋都磨坏了两双，终于见到你了。

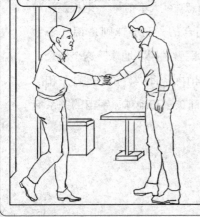

一语双关

一语双关是利用语义相关或语音相似的特点，使语句具有双重意义，造成言在此而意在彼的幽默效果。

叔叔碰壁碰得多了，鼻子就变得又扁又平了。

叔叔，你的鼻子为什么又扁又平呢？

中篇

会办事

扫码点目录听本书

第一章 未雨绸缪：用心打造一个全方位的关系网

扫码点目录听本书

用心"存储"人脉关系

我们不妨把建立人脉关系比喻成往银行里存钱。每一家过日子，谁都有一本或好几本银行存折，如果你每个月定时存五百元，到了年底，你会发现，存折上不是只有六千元，同时会多出一部分利息，这笔钱若提出来，就能派上用场。建立人脉也是一样的道理，平常学会存储，到用时才方便自然。

建立人脉关系可以比喻为存钱，说得直接一点就是：先存后取。

"先存后取"的比喻的确很现实，有"利用、收费"的味道，但换一种角度来看，构建人脉关系本来就有众多的好处，不能只用"现实"的眼光来看；而这些人际关系，将成为你一生中珍贵的财产，尤其是在关键时刻，会对你产生很大的帮助。建立人脉关系网就像银行存款一样，平时少量地存，有急需时便可解燃眉之急。而别人对你的善意回报，有时是附加"利息"的，就好像银行存款会有利息一样。

那么应该如何维系自己的人脉关系呢？不妨参照以下

四点：

1. 不忘给人好处

给人好处要自然，不要过于突然，太突然了别人会以为你别有居心，从而会有防卫的态度。因此给人好处宜从小的好处给起，并且还要给得自然、有诚意。这符合人们爱贪小便宜的心理，相当奏效。

2. 不忘关怀别人

"关怀"没有限制，不管是物质关怀还是精神关怀都可以，特别是在对方不得意或遭遇困难时，这种关怀更加有力量。

3. 不得罪别人

得罪人对人脉关系的建设破坏很大，如果不愿积极主动地去建立关系，至少也不可轻易得罪人。

4. 不在乎被人占便宜

被占便宜看起来是一种损失，其实却是一种投资，因为对方会觉得对你有所亏欠，到了合适的时机便会有所回报。当然，太大的亏是不必要吃的，但如果明知讨不回公道，那也就只能认了。另外，有些人占了便宜还卖乖，也不觉得对你有所亏欠，对这种人不必有所期望，但让他占便宜总比得罪他的好。

维系人脉关系的方法并非只有上面说的这几种，但只要懂得"人际关系的建立和在银行存款一样"的道理，那么即使方法再简单，也会有效果。 成功的关键在于是否拥有良好的人际关系。 现实生活中，有这样一种现象：有的人处处受欢迎，到处都有"死党"；而有的人却没人理睬，缺少朋友。 其中原因可能有很多种，但是，是否善于和他人拉近关系无疑是众多原因中最重要的。

如果具备了好的人缘，就要充分利用它，使它帮助自己在现代社会中立足，同时起到相应的积极作用。

有了好人缘，才能扩大交际圈。 无论是谁，多少都会有几个朋友或同学、同事、亲人。 这些人虽然也是你的人际资源，但是严格讲起来，朋友的范围应更广、基础更深才行。

每个人都有自己特有的交际圈，而且具有自己的特色，不会完全重合。 那么，我们就可以利用朋友的关系，由朋友搭桥，与他的朋友圈建立联系。 这样就扩大了自己的活动半径，也可以在新的圈子里认识更多朋友。

如果希望广结人缘，在我们周围，就有不少人选，等待你去开发利用。 比如你的长辈、同辈兄弟，他们的工作内容可能和你毫无关联，但是他们都有一些朋友。 这样一来，长辈和兄弟也可以作为你广结人缘的对象，也就是说，如果以长辈和兄弟为媒介，就能够结识到更多的朋友。 你的姻缘亲戚，也都是你广结人缘的对象。 这样仅仅借助血缘的关系，就可以使你的交友范围逐渐扩大。

再把目标转移到你的家乡。 一些父老兄弟，由于与你是同乡的关系，能够迅速地结成朋友。 然后在你现在的住所周围，也可能有能成为你朋友的人。

现在再来看同学。 每每想到同学，就会勾起自己从前的美好回忆。 也许你遇到的是曾在同一宿舍里的室友，也许是曾经共同患难的朋友，不管怎样，利用同学关系，常常能找到多年未曾相见的朋友。 同学关系，非常珍贵。

除了同一间办公室的同事，在公司内和你有过接触的其他同事，也是你可以考虑结交的对象，但是问题在于当你离开了这个单位以后，这种交往是否能保持。 值得注意的是，千万不要只交一些酒肉朋友。

只要你有心多结识一些朋友，扩展你的人脉关系，机会多的是，像共同兴趣的社团、各种活动中心，都是你可以利用的场所，但最重要的是要认清人际关系，不要盲目交友。

在生活中，志趣相同的人毕竟不多，如果我们只与这些少数人来往，那么我们结交朋友的范围就会十分有限。 只在一个极小的圈子里，不多向外拓展，这不是聪明人所应持有的交际态度。

其实，与各式各样的朋友交往，对我们自己非常有利。 就像吃东西一样，我们只吃自己爱吃的东西，就可能错过很多其他的好东西，这可能会导致营养不良。 朋友也是一样，只与自己性格相似的人来往，我们的交往范围就会受限，从而会阻碍自己的发展。

每个人都有独特的性格特点，在交往中，如果我们要认识更多的朋友，就要与不同性格的人交往。 "横看成岭侧成峰，远近高低各不同"，对于性格不同的人，我们要从不同的角度去看，这样我们看待他人就比较客观，不会盲目地以主观的意志去衡量人、判断人。

因为与他人相处，不仅仅可以拓展社交圈，还可以从他人身上学到很多自己不具备的东西。 通过与他人交往，我们知识会越来越丰富，信息来源会越来越广泛，看待问题也会越来越深刻。总之，与不同性格的人交朋友，会使我们获益匪浅。

利用熟人寻找靠山

有了人脉才能做成事，有了人脉关系才好说话。不愿意建立人脉关系、不善于建立人脉关系的人，很难把每件事都顺顺当当办成，更不要说是难办的事了。

平时生活中，英雄难过熟人关。有了熟人，才有人情，有了人情，才好说话，有良好的人脉关系，才能把别人办不成的事顺利办成。

一位赵小姐给小李打电话。说起来，她们两个是校友，大学在同一个学校学习，只不过专业不同，大二时两人在一个社团里相识，毕业之后很少联系。

小李接到赵小姐的"叙旧"电话，当然很意外。聊了一会儿，赵小姐便说出了自己的近况——她刚刚开始做公关，手头正好有个项目，这个项目的市场竞争很激烈，而且时间很紧，但是却很重要。她希望小李帮她介绍一个报社的记者。问过大致情况，小李便介绍了一个合适的记者给她。这个记者跟小李的关系不错，而且也比较容易说话。

得到记者的电话时，赵小姐表示万分感谢。一个多月后，她又给小李打来电话，说要请小李吃饭，因为小李介绍的那个记者帮了她的大忙，这次的公关活动她做得很成功。

有一项很有趣的研究表明：任何人和世界上的任意一个人之间的距离只隔着六个人，不管你和对方身处何处，来自哪个国家，是哪个人种，拥有何种肤色。但前提是这六个人之间肯定有着理所当然的关系。不用惊奇，构成这个奇妙六人链中的第二个人，很可能就是你认识的人，也许是你的父母，也许是你的同学，也有可能是公司里的清洁工阿姨。由此可见，人脉其实很好建立。

有了人脉关系，你还要会利用。

有一位刚刚毕业的留学生，想回国发展，找了很多份工作，都没有成功。有一天，他在网上看到一家跨国公司在中国区招聘一个职位，觉得这个职位很适合自己，但是这个岗位应聘的人太多，仅凭自己个人的力量去竞争，成功的概率实在是太小了。于是，他想起在他们学校的校友录上曾看到过一位学长是这个公司的高层，于是他连夜写了一封电子邮件，发给了这位从未认识的学长。在这封信中，他强调自己和他是校友，是某某大学的应届毕业生，非常重视这次应聘并且很希望学长能给他一次机会，他还随邮件附上了一份自己的个人简历。

当时他也没对此抱有多大的希望，心想即使那位学长回信，一般也就是一些场面话而已，根本不可能马上就给他答复。

但是没想到一天之后，那位学长不但给他回复了，而且回复的结果也出乎他的意料，以至于让他有点不敢相信了。信里说让他在第二天直接参加面试，还附赠了一些祝成功的祝福语。最后，他顺利通过了面试并取得了这个职位，显然，他与学长的联系起了关键作用。

历史上也有这样的例子。

至正十二年（1352年）闰三月初一，朱元璋投靠郭子兴，却被守城的将士误以为是元军的奸细，差点没把他给杀死，幸亏被郭子兴及时救下，收为步卒。从那以后，朱元璋采取了"关键关系术"。

朱元璋是个聪明人，他知道郭子兴对自己以后的发展有着巨大的作用，拉近与郭子兴的关系，也就等于拉近了自己与成功的距离。因此他非常努力，凭借出色的成绩，让郭子兴相信自己并未看错人。

成为步卒后，朱元璋每天在队长的带领下，与大家一起勤练武艺。他非常明白，要想出人头地，以当时的条件，唯一的途径就是努力，只有这样才能引起郭子兴的注意。

所以，练习时他总是比别人练得刻苦，练得认真，练得时间长，十几天之后，就已经成为队里出类拔萃的角色。郭子兴非常欣赏他，每次领兵出击，都会把他带在身边，而朱元璋也总是用心地护卫着郭子兴，作战十分勇猛，斩杀俘获不少敌人。

不久，因表现出色，朱元璋就被郭子兴调到元帅府任亲兵九夫长。碰到重要事情，郭子兴也不忘征求一下他的意见，每次他都借机尽力谋划，充分展现自己的才能。这使郭子兴越来越觉得他有胆识、有勇有谋，是个不可多得的将才。

后来，郭子兴开始派朱元璋单独领兵作战。每次打仗，朱元璋总是身先士卒，冲杀在最前线，获取的战利品，他又分毫不取，全部留给部下，所以部下都非常拥护他，每次出战，大家都齐心合力，奋勇杀敌，所向披靡。

郭子兴见朱元璋带领的部队凝聚力大增，战斗力也大为提升，于是比以前更加器重他，把他收为心腹，让他真心真意、死心塌地地跟着自己干。

朱元璋能把事业干大，很重要的一点就在于他把人脉关系放在了首要位置。由此可见，依靠人脉关系打天下，远比自己一个人苦干要强得多。

不吃独食，人人有份

在人际关系中，要注意彼此之间的互助合作。在面对利益的时候不可独吞，因为只有共享、双赢，才能长久，才能和谐，以后的路才会更好走。

晚清名商胡雪岩，虽没读过什么书，但是他却从平常的生活中总结出了一套自己的哲学，总的来说就是："花花轿子人抬人。"

胡雪岩成功的原因是他善于观察人的心理，他把士、农、工、商等各行业的人都聚集到一起，利用自己在钱庄的优势，和这些人共同创业。由于他长袖善舞，所以这些人都愿意和他合作，并且他在与人合作的过程中逐渐地树立了自己的威信。他与漕帮协作，按时完成了粮食上交的任务。与王有龄合作，因为王有龄是知府，所以胡雪岩借此得到了一些非常难得的商机。这些互利互惠的合作，使胡雪岩从一个小学徒工变成了一个掌握大量财富的巨商。

每个人的力量都是有限的，其实这不单是胡雪岩需要面对的问题，也是我们每一个人要面对的问题。只要有心与人合作，善假于物，就能取人之长，补己之短。当然最好是能互惠互利，寻找一个双赢的竞争策略，这样才能让合作的双方都从中得到益处。

我们常说人生就像是一个战场，但人生毕竟不是战场。战场上敌对双方不消灭对方就会被对方消灭。而人生赛场则不一定要这样，我们不是非得争个鱼死网破、两败俱伤，好好地协商，一起合作，又何尝不是个好办法。

在大自然中，动物间弱肉强食是一种很普遍的现象，这是因为动物需要生存。人类社会和动物有所不同，个人和个人之间、团体和个体之间是相互依存的，除了竞争之外，我们还可以相互协作。

当今社会，聪明的人都知道"生意不成情意在"的道理，这就是采用"双赢"的竞争策略。 这倒不是小看自己的实力，向对手认输妥协，而是为了现实的需要，就像前面提到的，任何一个"单赢"的策略对你反而是不利的，因为它必然会产生一个非常负面的后果：除非对手是一个很软弱的角色，否则，你在与对方的对峙过程当中，必然会付出很大的代价和成本，在你打倒对方获得胜利的时候，你大概也已经心力交瘁了，而你得到的可能还不足以偿付你的损失。

当今社会，你不可能将对方绝对地消灭，而你的"单赢"策略可能会引起对方的愤恨，这是一种潜在的危机，可能会陷入冤冤相报的恶性循环里。

而且，在争斗中，不能保证没有意外发生，而这可能会让本是强者的你，反胜为败。 所以不管从哪一个角度来看，那种"你死我活"的争斗，对双方的实质利益、长远利益都是很不利的，因此你应该活用"双赢"的策略，懂得相依相存的道理。

所以，"双赢"作为一种良性的竞争方式，它更适合于现代社会中的竞争。

向成功人士靠拢

人脉是事业成功的关键。 依靠丰富的人脉关系，可以取得丰富的财富资源。 现实生活中，缺什么都可以，但唯独不能缺少人脉，因为良好的人脉关系可以帮你找到通向财富的大门。

爱德华·鲍克被认为是美国杂志界的一个奇才。但是，在最开始的时候他非常穷，从小在美国的贫民窟长大，一生中仅上过6年学。

6岁的时候，鲍克就跟随家人移民到了美国，在上学的时候他就要每天工作为家里赚钱。打扫面包店的橱窗、派送星期六早上的报纸、周末下午去车站卖冰水，每天晚上为报纸传递以女性为主的聚会消息……他从小就开始做各种工作，什么样的脏活、累活都干过。

到了13岁的时候，鲍克便辍学去了一家电信公司工作。然而，他并没有放弃学习，仍然不断地自学。他省下了车钱、午餐钱，买了一套《全美名流人物传记大成》。

紧接着，鲍克做了一件以前从来没有人做过的壮举：他直接给那些书上的人物写信，还询问他们书中没有记载的童年往事。例如，他写信给当时的总统候选人哥菲德将军，问他是否真的在拖船上工作过。他也曾写信给格兰特将军，询问了他有关南北战争的事。

那个时候，他只有14岁，每周的薪水只有六元二角五分，小鲍克就是用这种方法结识了美国当时最有名望的大名人，其中有哲学家、诗人、名作家、军政要员、大富豪。当时的那些名人也很欣赏他，他们都很乐意接见这位充满好奇又可爱的波兰小移民。

自从鲍克获得了名人们的接见后，他便立下了远大理想，希望能够闯出一番属于自己的事业。为了这些，他努力学习写作技巧，然后向上流社会毛遂自荐，希望替他们写传记。

这时，订单像雪花一样飞过来，鲍克雇用了六名助手帮忙。那个时候，鲍克还不到20岁。

在不久之后，这个具有传奇色彩的年轻人，被《妇女家庭杂志》邀请作编辑。在这里，他一直坚持做了30年，这份杂志是20世纪美国的第一大女性杂志。

我们可以从鲍克的成功事迹中受到启发和教益：成功带来财富，而财富是丰富的人脉资源带来的。

其实，像这样的例子数不胜数。闲暇无事的时候可以静下心来想想，在我们身边或许也有这样的例子，只是有时自己"看"不到而已。那么从现在起你也可以尝试一下，其中的奥秘自己会慢慢感知到。

高智商是很多海外华人富豪成功致富的基础，但也有一些华商，凭借着华夏民族的文化底蕴，灵活运用各种关系去攻克海外"商城"，他们的成功也显得那么水到渠成。

沈鹏冲、沈鹏云兄弟两人在1955年来到巴西圣保罗市寻找新的发展机遇。有一次，沈鹏冲去南里奥格兰德州首府阿雷格里港旅行。在一间餐馆吃饭时，他发现这里有一种意大利肉鸡的味道非常好。他在饱餐一顿后，同时还打听到，这种意大利肉鸡是当地一种有名的肉食，深受当地人的喜欢。

沈鹏冲惊喜万分，他顾不得旅行，火速赶回圣保罗与弟弟商量养意大利肉鸡一事。

在经过一番商议之后，兄弟俩虽然觉得此事很有前途，但是由于自己没有足够的资金，根本无法将鸡场办起来。他们连续几天奔走找银行贷款，但是都没有成功。在苦思冥想之际，弟弟沈鹏云突然想到自己的人脉关系，他们可以利用它完成资金的筹集。

兄弟俩想出了一个巧妙的方法，他们策划组织了一个互助会，其实它的实质不过是一种合作社，他把相识的朋友、邻里、工友招募过来，并且保证参加互助会的成员投入的本金和利息一定能够按时归还，并且还能获得较好的分红，因为现在互助会所筹集的资金是用来投资有发展前途的意大利肉鸡场的。经过他们两人的大力宣传和登门游说，他们利用自己的人脉关系，筹到了 1 万美元的资金。

就是用这 1 万美元，他们在阿雷格里港郊区建起了一个小养鸡场，取名为"阿维巴农场"。

当时兄弟俩的公司平均每年可供应 180 万只鸡，仅此一项业务，每年营业额就超过 1.65 亿美元。养鸡场不断地发展，沈氏兄弟的财富也在不断地增多，他们不断拓展业务，先后又办起了 4 家贸易公司，在这些方面的年营业额也已经达到了 2 亿美元。

成功的人只有少数。 这些少数人之所以能够成功，通常是因为他周围有很多人在帮助他。 一个能够获得多数人帮助的人，他的成功也会是自然而然的。 一般来说成功有两条路：一是让人提拔和栽培；二是被人拥戴。 通过有计划地结识他人，跟更多人打交道，建立友谊，而其中的目的就是要拓展所拥有的关系资源，让每个人有更多的机会。

1996 年，在台湾省总部公司工作的小王被外派到上海分公司工作，他在上海工作了 2 年后提出了辞职，但他向公司总部提出一个请求：允许他继续使用以前公司给他配备的那个手机号码。

小王说，他在大陆工作的这两年里，人际关系是他获得的最大的资源。如果一旦把手机号换了，原先的那些朋友、客户就很有可能联系不到他，这样的话，他就会失去很多重要的资源。

从 20 世纪 90 年代起，大陆的招商引资工作便如火如荼地开展起来。以苏州、昆山为代表的江浙一带，更是其中的大热点。

小王在辞了工作以后，又找了另外一份工作，成为"苏州工业园区"的高级顾问，这份工作的月薪达到1000 美金。顾问的工作，其实就是向那些有兴趣到大陆投资的台商介绍苏州，为他们找到适合自己的项目，说服台商在工业园区投资设厂，并为他们争取尽可能多的优惠条件，从而从中赚取高额的佣金。而做这项工作的前提就是必须要有深厚的人际关系。

这一点小王在很早的时候就做了准备。在来上海的第一年里，小王就到人才汇集的清华大学里面念了MBA，在学习过程中，他认识了很多企业老总。除此之外，他本身台湾人的身份也有助于他成功，因为他精通闽南话，与台湾人相聚时，大家都讲家乡话，一下子就亲近好多，什么事都好谈一些。慢慢地，小王便成了小有名气的"热心肠"，有新到的台商经常会"慕名"找上门来，他也很乐意在这些人身上花费时间和金钱，因为这些人都有可能成为他将来的合作伙伴。

利用广泛的人际关系，小王为工业园区陆续引进了几个大项目的投资。后来，他又兼任了昆山等几个开发区的顾问。通常，他名片上的顾问头衔增加一个时，他的收入就会增加一倍。人脉关系为他创造了巨大的财富。

好人脉就是竞争力

有人脉，办事不再难

有良好的人脉关系，你就能结识到别人很难结识的人，就能办成别人办不成的事。

我跟《××日报》经济版块的记者老赵挺熟，帮你介绍一下。

老同学，我手头有个项目，急需报社的资源。你认识的人多，给介绍几个大记者呗。

向成功人士靠拢

要想成为成功者，必须培养自己向成功人士学习的能力，并多结交有能力的人，与那些建立功业的人多交流。

投资高科技企业，我认为需要关注的有……

巴菲特先生，您在投资界的威望无与伦比，关于高科技方面的投资，您一定有很多心得。

第二章　能屈能伸：处理好做事时的姿态

能屈能伸，能忍耐者成大事

中国有句古语："忍一时，风平浪静；退一步，海阔天空。"就是要人们在面对某些特殊情形时，不能一味地莽撞行事，应冷静思考，考虑全局，适时忍耐，适时地退一步。正所谓"大丈夫能屈能伸"，我们应该懂得以退为进。

忍耐是大智者所为，也是一种生存智慧。在中国历史上，大凡有智慧的人，在面临危险时，都会从大局考虑，以忍耐化解险情，先求生存，日后再伺机而动，取得胜利。

越国与吴国交战，吴国兵败。勾践是当时越国国王，而吴王夫差刚继位。为了替父报仇，夫差立志使吴强大，蓄势向越进攻。

经过两年的精心准备，吴王在大将伍子胥的辅佐下，向越发起进攻，并一举打败了越国。勾践走投无路，他非常清楚自己当时的状况，要想日后东山再起，就必须把自己的心思隐藏起来，学会忍辱负重。否则，不要说东山再起，恐怕连性命都不保。因此，他通过谈判与夫差达成了和议，条件就是他要和他的妻子前往吴国做奴仆。不久，勾践夫妇就到达了吴国，大夫范蠡与之随行。

为替父报仇，夫差对勾践百般羞辱，令他们在自己父亲的坟旁养马。勾践主仆三人从此过上了忍辱负重的日子，他们每天吃的是粗茶淡饭，穿的是粗布单衣，住的是冬天如冰窟、夏天似蒸笼的破烂石屋，每天都是满身土、粪，这样的生活一直持续了三年。夫差出门坐车时，为了能羞辱勾践，总是要勾践在车前为他牵马。每当勾践从人群中走过时，总会遭到他人的嘲笑："看，堂堂的一国之君居然沦落成马夫，这样居然还好意思活着，要是我啊，宁可死了算了。"勾践每次听到这样的讥笑，心都在滴血，但他仍然是一副笑脸，装作不在意的样子。因为他知道，如果不能将自己的情绪伪装好，那么自己东山再起的计划就会被夫差识破，到时候要忍受的恐怕就不只这些了。所以，勾践接受了权势、地位发生翻天覆地变化的巨大痛苦，任由夫差奴役。

有一次夫差病了，勾践前去探望，正好碰见夫差出恭，待夫差出恭后，勾践亲自尝了夫差的粪便，并恭喜夫差说他的病即将痊愈，请夫差大可放心。

正是因为这件事使夫差改变了对勾践的看法，也转变了勾践的命运。或许勾践是真的精通医道，或许勾践只是在奉承夫差，或许是上天给勾践复国的机会。总之，在勾践探望夫差过后，夫差的病情竟真的好转了，而且很快痊愈了。夫差见勾践对自己忠心耿耿，以为他在经过这三年的磨难后已经放弃了复兴越国的想法，就决定放了他。

现实生活中，人们所遇到的困难或挫折，又有哪些能与勾践遭遇的相比呢？ 但是又有谁能像勾践一样，面对近乎残忍的羞辱还坚持忍辱负重呢？ 这是一般人无法做到的事情。

勾践之所以会选择忍耐、顺从与屈辱，是一心想要尽快回到自己的国土，卷土重来，一展往日雄风。 他深知，要逃离夫差的掌控，只能小心隐藏自己的心思，否则就会轻易断送性命。

一味忍耐与"宁为玉碎，不为瓦全""士可杀不可辱"这种做人态度好像有些背道而驰。 人们的内心深处早已给英雄下了一个定义，就是大丈夫就应该具有"士可杀不可辱""宁为玉碎，不为瓦全"的英雄气节，只有这样才不愧人们给大英雄的赞语，忍辱是懦弱无能的表现，不能称之为英雄。 但从勾践忍辱负重这个故事来看，人们的这种思想似乎有些以偏概全。勾践忍辱是为了更好地隐藏，以便获得东山再起的机会，而不是真的要人们向困难、权贵认输。 "留得青山在，不怕没柴烧"就是对忍辱负重的最好诠释。

与勾践形成鲜明对比的，是人们一直奉为英雄的西楚霸王项羽，他的结局给了人们另一个深刻的启示。

乌江岸边，乌江亭长努力地劝慰项羽说："江东虽小，但足以大王称王称霸，还请大王速速过江。"可是项羽是那种宁折不弯的人，怎么能听得进乌江亭长的劝说？ 最后自刎于乌江岸边。

试想一下，如果项羽当时能忍耐一下，听从乌江亭长的劝说过了江，结果可能会是另一番景象，一统天下也是可能的。虽然这些只是猜测，但是也不能否认其可能性。

宁折不弯虽然是做人的可贵原则，但是，忍辱负重却是另一种为人处世的智谋，结果都是为了达到某种目的。回头看勾践灭吴这件事，可以说勾践的成功很大一部分原因要取决于他的忍。当然，忍也要控制有度，一味忍耐不是具备大智慧的表现，而是懦弱的体现。

用忍耐应对不利的局面是一个高明的办法，当人们遇到一时无法解决的问题时，采取忍耐应对当前的屈辱与刁难是很好的方法。很多人都没体会到忍耐的好处，取而代之的是冲动、过激的表现，其实，适时忍耐，以退为进，可能会改变局势，转败为胜。

清人傅山说过，愤怒正到沸腾时，就很难克制住，除非天下大勇者。古语有"小不忍则乱大谋"。如果与别人一样陷入愤怒中，就应想想这种愤怒后会有什么后果。如果意识到发怒会损害身心健康和利益，就应该学会克制自己。

汉初时的名臣张良，年轻时在外求学曾遇到一件令他终生难忘的事。有一天，他在下邳桥上遇到一个老人，这位老人身着粗布衣服，在那里坐着，见张良过来，故意将鞋子扔到桥下，冲着张良说："小子，下去把鞋给我捡上来！"张良听后一愣，本想发怒，但看他是个老者，就强忍怒火到桥下把鞋子捡了上来。老人说："帮我把鞋穿上。"张良想，既然已经捡了鞋，干脆就好事做到底吧，于是便跪下来给老人穿鞋。老人穿上鞋后笑着离去了。一会儿又折返回来，对张良说："你这个小伙子可以教导。"还约张良再见面。数日后，这个老人将《太公兵法》传授于张良。张良从这本书上学到了许多知识，最终成为一代名臣。

老人考察张良，就是看他有没有自我克制的修养，有这种修养就是"孺子可教也"，只有这样今后才能担负大任，面对各种复杂的人际关系和事情时才能保持冷静，知道祸福所在，不会意气用事。

林肯曾说过："与其为争路而让狗咬，不如让路给狗。被狗咬伤后，即使将狗杀死，也不能马上治好受伤的伤口。"明人吕坤对忍耐的理解也很透彻，早在四百多年前就说过"忍、激二字是福祸关"。所谓忍就是忍耐，激就是激动。二者的不同之处在于自己能不能克制住自己的情绪：能忍住就是福，忍不住有可能就是祸。

中国古代作战，都是一方守城，一方攻城。守城的如果将护城河的吊桥高高吊起，紧锁城门，那攻城的便无可奈何。实在不行时，攻城的便在城下百般叫嚣辱骂，要惹得那守城的怒火中烧，杀出城来——攻城的就有机可乘。兵法上叫"激将法"。但如果守城的能克制住，对方也就无计可施了。其实，不仅敌我作战时需要有克制忍耐的风度，日常生活中待人处事也需要有克制忍耐的涵养。

生活中因不能克制自己的情绪，为一些小事就争吵、谩骂、动手打架的情况比比皆是。一句不恰当的话，一个无意识的举动，都可能引爆一场口舌大战或拳脚演练。在社会治安案件中，相当多的案件都是由于当事人不能冷静地处理事情而造成的。

遇到过激事件时，要学会退让，不要和对方针锋相对。不然，只会更加激怒对方，使矛盾更加尖锐，造成严重的后果。

适时示弱，免招人烦

示弱可以减少乃至消除他人的不满或嫉妒，是自保的妙方。事业上的成功者或生活中的幸运儿，是很容易遭人嫉妒的，在无法消除这种心理误会之前，适当地示弱，可以将这种消极影响减小到最低程度。

示弱能使处境不如自己的人得到心理平衡，有利于人际关系的发展。在交际过程中，必须学会选择示弱的内容。地位高的人面对地位低的人不妨展示一下自己的奋斗过程，说明自己其实也是个平凡的人。成功者在别人面前可以多说自己失败的往事、现实的烦恼，让人觉得"成功不易""成功者并非万事大吉"。对目前经济状况不如自己的人，可以适当诉说自己的苦衷，比如健康欠佳、子女学业不妙以及工作中遇到的困难等，让对方觉得"他家也有一本难念的经"。在某些专业上有一技之长的人，可以诉说自己对其他领域的无知，袒露自己平时生活中闹过的笑话、有过的窘态等。至于那些完全依靠客观条件或偶然机遇侥幸获得成功的人，更应该直言不讳地表明自己是"瞎猫碰上死老鼠"。这样的话，不但可以消除他人心中的嫉妒，还能够笼络人心，获得他人的同情。

示弱时，可以推心置腹地交谈，也可以在大庭广众之下，有意识地诉己之短，说他人之长。

示弱有时还需表现在行动上。当自己在事业上已位于有利地位，获得一定的成功时，在小的方面，即使完全有条件和别人竞争，也可尽量回避退让一下。也就是说，对小名小利应淡薄些，疏远些，因为你的成功可能会让某些人嫉妒，不要为一点微名小利而惹火烧身，可适当分出一部分名利给那些暂时处于弱势中的人。

曾有一位记者去拜访一位政治家，目的是想获得一些有关他的丑闻资料。然而，还未寒暄，这位政治家就对急于获得资料的记者说："时间还长得很，我们可以慢慢谈。"记者对这位政治家随和的态度大感意外。不多时，仆人将咖啡送上来，这位政治家端起咖啡大喝一口，立即大嚷道："哦！好烫！"咖啡杯也滚落在地上。等仆人收拾好后，政治家又把香烟倒着插入嘴中，从过滤嘴处点火。这时记者连忙提醒："先生，你将香烟拿倒了。"政治家意识到问题之后，连忙将香烟拿正，不料又将烟灰缸碰翻在地。

平时趾高气扬的政治家出了一连串洋相，令记者大感意外，不知不觉中，记者的挑战情绪不见了，反而对对方产生了一种亲近感。其实这整个过程都是政治家有意为之。当人们发现杰出的权威人物也有弱点时，过去对他所抱有的嫉妒和怨恨之情就会消失，而在同情心的驱使下，还会对他有种亲切感。

在办事时，若想赢得别人的好感，让别人对你放松警惕，不妨适当地、不露痕迹地在他人面前展现自己某些无关痛痒的小缺点，出点小洋相，这样可表明自己并不是一个高高在上、十全十美的人，也是一个普普通通的人，这样就会使他人在与你交往时放松警惕，少一些挑衅与拘谨，多一份真诚。

察言观色知进退

有这样一则寓言：

一天铁杆和钥匙碰到一把大锁，都想打开大锁，看看房里有什么东西。于是铁杆先上场，只见它插到锁鼻里，费了九牛二虎之力，也无法将它撬开。

钥匙来了，只见它瘦小的身子钻进锁孔，轻轻一转，那大锁就"啪"的一声开了。

满头大汗的铁杆奇怪地问："为什么我费了那么大的力气也打不开，而你却轻而易举地就把它打开了呢？"

钥匙说："因为我最了解它的心。"

这个寓言充分说明了人际交往时了解别人心理的重要性：只有了解对方的心理和动机，我们才能在处理与他们的关系时得心应手；当我们对他们有所求时，才能更好地"驾驭"他们，获得他们的支持和帮助。

　　李续宾是曾国藩的手下爱将，他之所以受曾国藩器重，很重要的原因在于他善于察言观色，即善于揣测曾国藩的心思。

　　一次，曾国藩召集众将议事，当谈到当时的军事形势时，曾国藩说："诸位都知道，洪秀全是从长江上游东下而占据江宁，故江宁上游乃其气运所在。现在湖北、江西均被收复，仅存皖省，若皖省克复……"

　　此时，李续宾已经明白曾国藩的意图，就趁势插话说："大帅的意思是要我们进兵安徽?"

　　"对!"曾国藩赞赏地看了李续宾一眼，继续说道："续宾说得很对，看来你平日对此已有思考。为将者，踏营攻寨、计算路程尚在其次，最重要的是要胸怀全局，规划宏远，这才是大将之才。续宾在这点上，要比诸位都略胜一筹。"

　　李续宾只用一句话就赢得了这么高的赞扬，实在是高明至极。作为曾国藩的心腹爱将，李续宾特别善于表现自己，能给曾国藩"挣面子"。因此，他既保住了自己被赏识、重用的地位，又平了众人不服的口实。其实，与其说李续宾"平日已有思考"，不如说他平日里就紧紧围绕着曾国藩关心的敏感点进行思考，因此才能在把握上司意图方面超过其他人，得到上司的赏识。

在求人办事时，要善于观察对方细微的面部表情，以便揣测对方的意图，而后见机行事。人的细微面部表情，能够传递很丰富的感情。同情和关心、厌恶和鄙视、信任和尊重、原谅和理解、包容和反感、欣喜和喜悦等，都会难以掩饰地展现在面部表情上。

看脸色，有助于了解他人的情绪。人的情绪不同，面部表情便不同。学会察言观色，是不可忽视的求人办事之道。如果我们能察言观色，懂进退，及时地分解、组合自己的言行，那么求人办事的成功率就会大大提高。

说到"看别人脸色"，不能不看别人的眼睛，捕捉眼神。眼睛是人心灵的窗户，人内心的各种情感，都可以从目光中看出来。一个人内心深处的欲望和感情，会首先反映在眼睛和眼神上：视线的移动、方向、集中程度等都传达出不同的心理状态。观察别人的眼神变化，有助于人与人之间的交流。读懂人的眼神实际上就读懂了人的内心状况。

下面举例说明人的眼睛及眼神所包含的意思：

如果眼神横扫，仿佛有刺，则表明他（她）异常冷淡——不应向他（她）陈说请求，而应退而研究他（她）对你冷淡的原因，进而谋求恢复感情的途径。

如果眼神流动异于平时，则表明他（她）心术不正，想给你些苦头尝尝。这时你应小心谨慎，不要轻易接近，前后左右都可能是他（她）安排的陷阱，一失足便会栽在他（她）的手里。不要过分相信他（她）的甜言蜜语，那只是钩上的饵，是炮弹外的糖衣。

如果眼神恬静，面有笑意，则表明他（她）非常高兴——你要讨他（她）的欢心，不妨多说几句赞美话；你要有所请求，这也是个好机会，相信他（她）一定比平时更容易满足你的要求。

如果他（她）的眼神涣散，心不在焉，则表明他（她）对于你的话已经厌倦，再说下去也没效果；你应该将谈话告一段落，或乘机告退，或寻找新的话题。

如果他（她）的眼神集中，则表明他（她）认为有必要听一听你的话，此时你应该按照预定的计划婉转陈说——只要你的见解独到，办法可行，他（她）必然会乐于接受的。

如果他（她）的眼神上扬，则表明他（她）不屑听你的话——即使你的理由非常充分，你的说法非常巧妙，还是不会有理想的结果，不如适可而止，退而转求其他方法。

总之，眼神有聚有散，有动有静；有灵动，有呆滞；有下垂，有上扬。仔细参悟之后，必能收获见微知著的效果。

另外，求人办事要注意顺着对方的心意，不可触碰对方的忌讳和尊严，不然非但达不到目的，反而会使自己处于一个尴尬的境地，这其实就是"懂得进退之道"。

比如，如果他（她）跟你说话的时候接电话、看手表，那一定是有很急的事情，此刻不能把你求他（她）办的事情说出来，即使说出来也必办不成。

比如，当对方情绪低落，但依然很热情地对你说"对不起，今天我心情不好，不过，你说吧……"这时对方只是出于礼貌，你的请求一般也不会成功的。

再比如，如果你求他（她）的事情过了些时日仍没有答复，过两天时间再"点一点"，这样多重复几次，也许对方就比较容易接受你的请求了。

学会察言观色不但要揣摩对方的情绪、心态，还要谨记不能犯忌。 如果犯了对方的忌讳，恐怕本该成的事情也难办了。

在办公室里跟性格外向、喜欢交际的人谈事情，一般没什么问题；而那些内向、敏感多疑的人，跟他们在办公室谈事情，结果就很难说了。 所以，对于后者，换个地方"私下谈"，会比较容易达到目的。

还有，千万别一直闷头说自己的事情，也千万不要不停地说"麻烦您""拜托""求您帮忙"等，这样很容易让人产生厌恶感。 假如你想成事，就得让对方了解你的请求；而想让对方了解，就得让对方认真听取你的说明。 而想要对方接受你的请求，则一定要向对方表达出你的诚意！

灵活变通之道

求人办事很容易被人拒绝，那么一旦求人办事遇阻怎么办？ 这时应以灵活变通之道应对：此时应该使出欲擒故纵的手段，稳坐钓鱼台——方法对了，不怕你不"就范"。 这样的灵活变通之道出自聪明人的头脑，是"一招制敌"的"上乘功夫"。

清代扬州有位员外新盖了幢别院，豪华富丽，但就是缺少点文人气质。有人建议，何不弄两幅郑板桥的字画，挂到客厅里，这样不就高雅脱俗了吗？这位员外一听，猛拍大腿——妙！于是，他马上拎着钱箱就往郑板桥家赶。谁知，拜帖递进去了，人却被挡在门外——一连几次都是这样，理由无非是先生外出、不舒服、在练气功等。这是为什么呢？

大家都知道，郑板桥是清代"扬州八怪"之一，是著名书画家，尤其擅长画竹、兰、石、菊，字写得也好，因此远近闻名。当时，慕名跟他求字画的人很多，郑板桥也不客气，写了一幅"字画价格表"贴在大门上，上面写道："大幅六两，中幅四两，小幅二两，条幅对联一两，扇子斗方五钱。凡送礼物、食物，总不如白银为妙；公之所送，未必弟之所好也。送现银则衷心喜乐，书画皆佳。礼物既属纠缠，赊欠尤为赖账。"明码标价，甚为直爽。但是，郑板桥跟一般文人不一样，不为五斗米折腰，鄙视权贵——一些达官显贵想索求书画，哪怕推着装满车的银子，也会被拒之门外。富豪屡吃"闭门羹"，原因就在此。

后来，这位员外与一位大官朋友闲聊时提到这件事，大发牢骚。大官说："你怎么连郑板桥是什么人都不晓得？别说你啦，就是我，要了好几年，也还没弄到手呢！"

员外一听，来了精神，夸口道："瞧我的，不出几天，定要弄几幅字画来，还要让他在上面写上我的大名。"员外决心采取灵活变通之道成就此事。说干就干，他派人四处打探郑板桥的生活习惯和爱好，并详细地做了安排。

这天，郑板桥外出散步，忽然听见远处传来了悠扬的琴声。曲子甚雅，不觉好奇：没听说这附近有什么人会抚琴呀？于是，他循声而去，发现琴声出自一座宅院。院门虚掩，郑板桥推门而入，眼前所见让他大为惊异：庭院内修竹叠翠，奇石林立，竹林内一位老者鹤发童颜，银须飘逸，正在抚琴。这分明就是一幅仙人抚琴图嘛！

老者看见他，立即停止抚琴，琴声戛然而止。郑板桥见自己坏了人家的兴致，有些不好意思，老者却毫不在意，热情地邀他入座，两人谈诗论琴，相谈甚欢。

谈得正投机时，一股浓烈的狗肉香从里屋飘出来。喜食狗肉的郑板桥闻着这香气，口水都要流下来了。

不一会儿，从里屋走出一个仆人，端着一个大托盘，托盘上有一壶酒，还有一大盆烂熟的狗肉。仆人径直走到两人面前，将酒和狗肉放在两人面前的石桌上。一见狗肉，郑板桥的眼睛都直了。老者刚说个"请"，他连推辞的客套话都没说就迫不及待地大快朵颐起来。

风卷残云般地吃完狗肉，郑板桥才意识到，自己连人家尊姓大名还不知道，就在人家这里大吃了一通，现在酒足饭饱，总不能一甩袖子，说声"告辞"就走吧？但是又该怎么答谢人家呢？留点银子吧，太俗了，而且自己出来散步也没带钱呀。他只能对老者说："今天能与您老邂逅，真有种相见恨晚的感觉，实在是幸会。感谢您的热情款待，我无以回报——这样吧，请您拿纸笔来，我画上几笔，也算留个纪念吧。"

老者似乎还有点不好意思，连声推辞说："吃顿饭不过是小意思，何必在意？"

郑板桥见他推辞，还以为他不想要书画，便自夸道："我的字画虽算不上极品，但还是可以换银子的。"老者这才找来纸笔。

郑板桥画完想要为其提名，听到老者的姓名觉得很耳熟，但又想不起来，也就没多想，就在落款处题上"敬赠×××"。看到老者满意地笑了，郑板桥这才告辞。

第二天，这几幅字画就挂在了员外别院的客厅里，员外还请来宾客，一起欣赏。宾客们原以为他是从别处高价买来的，但看到字画上有他的名字，这才相信是郑板桥特意为他画的。

消息传开后，郑板桥简直不相信自己的耳朵。他又沿着那天散步的路线去寻找，发现那竟是座荒宅。郑板桥这才想到，自己贪吃狗肉，竟然落入人家的圈套，被人利用了一回……

员外不动声色地使"障眼法"（制造了老者竹林抚琴、仆人献狗肉等场景），采用"明修栈道，暗度陈仓"的办法，最终得偿所愿，让郑板桥"专门"给他作了几幅画。由此可见，他可是个聪明人，因为郑板桥可不是随便谁都能"忽悠"的。

《易经》有云："穷则变，变则通，通则久。"知变与应变能力，是一个人的素质能力，也是现代社会中办事能力一个重要标准。求人办事时，不要做吊死在一棵歪脖树的愚汉，而应牢记"条条大路通罗马"，换个角度，换种方法，或者兜个圈子，绕个弯子，也许结果就会如你所愿。

某位出版社编辑在向著名学者钱钟书约稿时，就是因为采用了灵活变通的求人之道，而取得成功。以下便是他的经验总结：

　　　　几年前，我曾参与地方名人词典编撰。同仁们都说，钱老（钱钟书）的材料不易到手，写信、发公函都不回复，主编为此大伤脑筋。我想碰碰运气，但鉴于前辈们的经验，行事时一点也不张扬。

　　　　我决定试试的原因有二：其一，我对钱老的著作及学术成就有所了解。自1946年《围城》问世以来，先生之名即铭刻脑际，追慕至今。其二，钱老的叔父钱孙卿先生是我所在学校的前任校长。凭此两条，我建立了信心。自知属于无名之辈，故先写信投石问路，希望借此接近。

　　　　信中先呈上拙作，然后陈述其叔父的办学业绩。我知道钱老伉俪情趣高雅，每常调侃，幽默诙谐，相与为乐。杨绛女士常唤夫君为"黑犬才子"——这是钱老之字"默存"分拆而成的拆合体字谜。于是我不揣冒昧为他们姓名编了两条灯谜："文化著作"射"钱钟书"；"柳絮飞来片片红"射"杨绛"。

　　　　信发出后不久就收到了回信，内附联名贺卡，蓝底金字，庄重雅致。由此可见，钱老并不像传言那样那么古怪。

　　　　既得陇，又望蜀！于是我又写信委述父老乡亲对他们的仰慕之情，说明母校因"首编"未见钱老条目，愤而拒购（辞典）；再述地方史籍"龙套"角色频频出场，主角不亮相，戏唱不好之态势等等。希望他们能惠赐一手资料。不久就得到了复函："来函敬悉。我们对国内外名人传记请求给予材料，一概辞谢——偶有我们的条目，都是他们自编，不便为你破例。"

我果然吃了"闭门羹"，但设身处地地想，若他们有求必应，将疲于应酬。老人自有他们厘定的处世原则，一以贯之；故乡情虽深，但也不能贸然破"法"。

初求遇阻，但转念一想，既然不能全盘提供材料，为什么不另辟蹊径——"自编"材料，呈递钱老复核，不是同样可以完成组稿任务吗？于是我将有关钱老的传记材料，编成小传，另附若干疑问，一并发函请教。

在忐忑不安中又接到了钱老的回信："遵命将来稿删补一下，奉还。"钱老把小传中的名号大都删除了，批曰"不合体例"，又订正了有关讹误。至此组稿任务已经完成，我大喜过望！同仁无不欢欣鼓舞！

由以上两个例子可见，找令人敬畏的人办事，最好在提出请求之前先"兜个圈子"。先找到他（她）的兴趣，使对方有这样一个感觉——"这人好像很了解我"而加深印象，随后求对方办事自然就有希望了。

能屈能伸，灵活处世

原来老板也不是什么都会呀。

适当在他人面前展现自己某些无关痛痒的小缺点，这会使地位不如你的人与你交往时，少一些拘谨，多一份亲和。

你的Excel表格做得真好，所有数据一目了然。我就不行，一做表格就头疼。

收敛锋芒，得意不忘形

你可以邀请××跳啊，她可是我们公司的"舞林高手"呢！

即使自己很得意也不太过炫耀，这样会让你的人缘越来越好。

小张这个月再次超额完成了任务，你们都要多向小张学习。

被称赞时，要顾及他人的感受

当自己受到赞扬的时候，如果把功劳与他人分享，你的形象自然会高大起来。

主要是小刘的策划、杨经理的销售给力。

第三章　礼尚往来：让别人无从拒绝你的请求

"物质"重要，"人情"更重要

　　求人办事之时，选择好时机，有艺术、有技巧地送给他人一些礼物，是联络感情、增加交流的一种手段。常言道，"受人钱财，替人消灾"，对方收下礼物，彼此间也就有了感情，这样办事就容易多了。但也要知道物质利益是一时的，人情才是长远的。

　　送礼不仅能拉近人与人之间的关系，而且能使双方在情感上更觉亲近。"礼轻情义重"，送礼不在于多，而在于善于投其所好。根据不同人的爱好特点赠予不同的礼物，才能真正打动他人，最终让他人愿意接受自己的请求，办成事。

　　"求人要送礼，'礼'多人不怪"，是古老的中国格言，在今天仍十分实用。在求人办事的时候，如果送一点礼品，话就会比较好说，如果空手求人，通常会被别人婉拒。

　　特别是在商务交际中，小礼品是不可缺少的，根据不同人的喜好，如果设计得精妙，人见人爱，很容易就会让人爱礼及人。

在现代商业社会，"利"和"礼"是连在一起的，往往都是"利""礼"相关，先"礼"后"利"，有了"礼"才有"利"，这已然成了商务交际的一般规则。这其中的道理不难，难就难在实际操作上。

送礼已经成为一种艺术和技巧，从时间、地点到礼品的选择，都是一件很费心思的事。很多大公司在电脑里对一些主要公司，主要关系人物的身份、地位及爱好、生日日期都有记录，逢年过节，或者什么特殊的日子，总要例行或专门送礼，巩固和发展双方的关系，确立和提高自身的商业地位。

人都讲礼尚往来，这是人之常情，在求人办事时更是如此。只要不是借送礼之机乱搞歪门邪道，进行权钱交易，拉拢腐蚀国家公务人员，那么，这种人情往来就是正常的。

送礼也是表达心意的一种方式。礼不在多，达意则灵；礼不在重，传情则行。双方都不要过于看重礼物本身的物质价值，而应将其看做是一份浓浓的情、厚厚的意。送礼物是一种友情的表达，中国早就有"投之以桃，报之以李"的佳话。出远门旅游，给朋友捎回一点当地特产；或年节佳辰、个人喜庆，赠送一点庆贺礼品，表现彼此间的一番情谊是有必要的。这是一种真诚的感情交流，是发自内心的赠予，也是感情的物化。

送礼作为一种普遍的文化现象，自有其特定的规律，不能盲目去做、随心而为。送礼能反映送礼者的文化修养、交际水平、艺术品位以及对受礼人的了解程度和关系疏密。在一定意义上讲，送礼也是一门特殊的交际艺术。

送礼要恰到好处

自古以来，中国就有"来而不往非礼也"之说，这句话强调的是礼尚往来的必要性，其最终目的是为了办事方便。通常礼物有轻有重，但价格高的也未必是好的，关键看它是否适合对方，是否能打动对方。

赠送礼物是非常管用的一种营销手段，也是联络客户感情的重要方法。但无论什么方法，都必须掌握操作的要领，否则会难以达到预期的效果。

就礼物而言，一般价值跟实用性一样重要，功能则比外形重要。用一次就丢的礼物无法留下长时间的印象，所以功能强又可以重复使用的礼物比较适合。例如雨伞、咖啡杯，都是可以重复使用的小礼物。礼物最好能放在客户的桌上，而不是放在抽屉里。可见度越高，印象就越深。多选择客户喜欢摆出来的礼物。小时钟可以放在桌上显眼的地方，拆信刀就可能被放在抽屉里，钥匙圈就都放在口袋里。

送礼最好送一些有创意的东西。一幅漂亮的画或是一张精美的图片，都可能被挂在办公室里几年。独特精致的手工木质钢笔，如果刻上客户的姓名缩写，也许更胜过名牌钢笔。没有时间和空间限制的东西，比较有收藏的价值，例如字画或精良艺术品等。

要送的礼物要跟自己推销的产品相契合或跟业务有密切关联。 例如，牙医通常送牙刷与牙膏，环保产品公司则会送个人水质测试仪器。 潮流电子玩具、电脑鼠标垫、电脑游戏卡、视听盘片等，都是非常受欢迎的礼物；有闪光或声音，或是碰一下就有动作的小玩意，会令人印象深刻。 有时候送的礼物不只是影响客户一个人，而是整个销售计划的局部，这时候要选择让每个人都看得到的礼品。 运动衫、帽子、遮阳板或是其他一些印有图文的衣服，还有可以转印在玻璃窗上的图案，或是车窗贴纸，都是很好的广告。

擅长送礼的人，挑选礼物时，总会细心选择，把一份真情包装在礼物之中，因其独特的风格和深厚的情义，使人觉得于情于理，难以拒绝。 这样，定会出现"礼轻情意重"的效果。

有一次，英国女王伊丽莎白访问日本，其中有一项访问是安排到 NHK 广播电台。当时 NHK 派出的接待人，是该公司的常务董事野村中夫。当野村中夫接到这个重大任务后，立即收集有关女王的一切资料，并加以仔细研究，以便能在初次见面时引起女王的注意并给女王留下深刻的印象。

他绞尽脑汁，也没有想到什么好的主意，偶然间，他发现女王的爱犬是一只毛毛狗，于是突发灵感。他跑到服装店订制了一条绣有女王爱犬图样的领带。迎接女王的那天，他打上了这条领带。果然，女王一眼便注意到这条领带，微笑着走过来和他亲切握手。野村中夫所送出的礼物是无形的，因为礼物系在他脖子上，"礼"

轻得非比寻常，但是却让女王体会到了他的良苦用心，感受到了他的诚心。因此，可谓是地道的"礼轻情意重"了。

有些时候，礼物太轻，不能表达感情；礼物太重，尤其是要给上级送的礼物，又会让上级领导有受贿的嫌疑。所以，送礼要十分注意轻重问题，争取做到少花钱又能多办事。

虽说礼物能代表人们的情感，但感情投资只送礼不交谈还是不行。

近年来，有人做过调查，日本产品之所以能成功打入美国市场，其中最重要的秘密武器就是小礼物。也就是说，日本人是用小礼物打开了美国市场，小礼物在商务交际中起到了不可忽略的重大作用。当然，这句话也许有点夸张，但是日本人做生意，确实是想得非常周到。特别是在商务交际中，小礼品是不可少的，而且根据不同人的喜好，设计得非常精巧，总是人见人爱，很容易让人爱礼及人。

用心的小礼物能起到重大作用。精明的日本人之所以成功，就在于他们摸透了外国商人的想法，又使用了自己的策略。一是他们了解外国人的喜好而又投其所好，以博得对方的好感；二是他们采用了令人可以接受的礼品，因为他们知道欧美商业法规严格，送大礼物容易惹火烧身，而小礼物却没有行贿之嫌；第三，他们很执著于本国的文化和礼节。所以，礼品虽小，他们却能费尽心思，让人不能不佩服。

只要是一份饱含情意的礼物，无论它的价值多微小，都能够让人欣然地接受。

送礼有诚心，鹅毛值千金

千里送鹅毛，礼轻情意重。无求于对方时，给对方送上礼品，礼品虽然很小，对方也会高兴，受礼人会记着你的情义，你有困难时，对方肯定也会帮你一把。

当你在生活和工作中遇到困难时，得到了亲朋好友的大力帮助后，你应该送礼以表示真诚感谢；当你接受了别人的馈赠时，你应选择价值超过赠品的礼物当做回赠，让对方感到你懂礼节通人情；当亲朋好友遇到结婚、乔迁、寿诞、生小孩或老人祝寿、举行金银婚纪念等大喜事时，你应当送礼以表示祝贺；当亲朋好友或其亲属去世，也应该备礼相送表示哀悼；当亲朋好友患病或突遭飞来横祸，你应该及时地备礼相送表示慰问和关切；碰到重要的传统节日如春节、元宵、端午、中秋、重阳以及国家的法定节假日如元旦、五一、国庆等，亲朋好友、同学同事互相探望、聚会，也可备薄礼，以示祝贺；年幼者在看望年长者时，送一些老人喜欢的食物、酒类和水果，表示孝心。同学数载，毕业之际各奔东西；战友几年，有的转业、复员；亲朋好友，要留学异国他乡；或者你在外地进修、短期学习，结束后就要与学员天各一方。这些时候，双方都免不了要赠送一些有意义的礼物当作纪念。

富兰克林·罗斯福是美国最伟大的总统之一，他曾连任四届总统，带领美国人民参加了反法西斯战争，取得了最后伟大的胜利。

富兰克林·罗斯福有一位叔叔，也就是西奥多·罗斯福。富兰克林小时候就特别崇拜他的叔叔，希望自己将来有一天能像叔叔一样成为美国的总统。

富兰克林为人善良，也特别细心，在与亲戚的交往时，经常能为他们做些力所能及的事情。记得有一次，正好是西奥多·罗斯福的生日，当时的他还不是总统，富兰克林本来在芝加哥旅游。芝加哥远在千里之外，似乎富兰克林不会参加叔叔的生日宴会了。可宴会进行还不到一半时，从门外急匆匆地进来一个年轻人，此人正是富兰克林·罗斯福，他拿出一条表链对叔叔说："叔叔，真对不起，我已尽全力从芝加哥赶回来了，但还是晚了一步，这条表链虽不值钱，但我希望您能喜欢。"

西奥多·罗斯福见此情境，激动得抱紧自己的侄子，他激动的原因有二：一是富兰克林·罗斯福不远千里回来参加他的生日宴会；另一个原因是他送的礼物，因为西奥多的手表链正好坏了，正想叫人到芝加哥去买一条相同款式的，没想到富兰克林细心，当时就记在心上了。从此之后，西奥多与富兰克林的感情亲如父子。后来，富兰克林参加总统竞选，西奥多也起了很大的指导作用。

聪明人送礼不会只考虑礼品本身的价值，因为他们知道"礼轻情意重"这句话的意义。有一年，一个大学教授到一个偏远的小山村行医。 他治好了一位贫困农民多年的肺病，却没有收一分钱。 农民非常感动，他想来想去，无以为报，只好送些自己家里种的豆子。 于是这个农民扛了一袋豆子去遥远的城市里找那位教授。 他走了好几天，脚都磨破了，终于到了城里，又经几番周折，才找到教授家，把一袋豆子送给了教授。 教授后来向朋友们提起这事时说："在我的行医生涯中，从没收到这么昂贵的礼物。"一袋豆子，或许值不了多少钱，但由于情义至诚，这份礼物便成了教授心中不朽的财富。

送礼懂门道，没事偷着乐

中国人讲求中庸之道，过与不及都是不恰当的。 礼尚往来也是如此。 只要所送之礼符合常情，适合受礼者的身份地位，自然也就"礼"所当然了。

自古"宝剑赠英雄，红粉赠佳人"，送人礼物时，必须确定礼物能令对方满意，该份礼物才算有价值。 如果是将一双崭新的溜冰鞋送给发白齿摇的老翁；买贵重的瑞士手表，赠给初次见面的朋友；或者赠给内向保守型的教授一辆山地自行车……都不会得到应有的效果。 何况，有男女老少之分，个人的爱好不可能放之四海而皆准，购买礼物前必须认真考虑，才能让受礼人感觉到无比温馨。

通常来说，过年过节送给长辈、上司、老师的礼品以符合时节的东西为最好，诸如土特产、水果、糕饼、烟酒之类；同辈的朋友、同事间，则不受拘束，可送些应时物品，也可送对方观赏性的或较实用的物品；对于晚辈或小孩，则宜选购年轻人喜欢的用品或小孩喜欢的糖果、玩具等。

至于上司对下属，或一般的司机、保姆、报童、送货员、服务员、大厦管理员等服务人群，逢年过节，可用奖金代替物品，或是奖金之外再加一点小礼物，以感谢他们的辛勤工作，则更会受到欢迎。

长辈过寿时，最常见的是送些蛋糕、寿桃，如果经济许可，可以送上好的衣物、保暖的浴袍、防滑的浴鞋甚至舒适的摇椅，凡是需要的，都是合适的礼物。 上司、老师、同事、朋友过生日，蛋糕是最常见的礼物，但年年送蛋糕太缺乏新意，所以也可选择一些较有趣味或有意义的礼物，如烟斗、打火机、高档酒、名画或其复制品、几包好茶、几本好书，甚至笔砚、图章都可以。 晚辈的生日则以赠送画册、文具、CD 唱片等较适合。

结婚是人生头等大事，交情深厚的亲朋好友一定要送一份厚礼才显得出诚意。 当然，所谓厚礼并没有固定标准，在你的能力范围内所能做的最大支出就是厚礼。 结婚时常缺少家具和生活用品，如电冰箱、电视机、洗衣机、沙发、桌椅等，价格太高的物品也可与人合送，如果结婚当事人什么东西都有了，一份厚厚的礼金便是最适合的礼物。 至于泛泛之交，在去喝喜酒时，按一般行情送份礼金就可以了。

生孩子是人生的另一宗大事，无论亲疏都可送小孩的衣服或玩具，关系特别亲密的，可送小孩项链、长命锁之类。 这些礼物虽是送给小孩，但实际上也是为了获得大人的欢心。

其他如乔迁、升职、出国、毕业等喜事，则没有特定的礼物。一般说来，乔迁可以送家庭用品，出国、毕业可送些纪念品。

如果你实在想不出应送什么礼物，也可以先到街上逛逛，最好到礼品专卖店参观一番，有时会有意想不到的收获。其实，只要你花心思选择礼物，必然会收到良好的效果。

礼尚往来，求人不难

送礼要投其所好

送礼要用心，如果能摸清对方的喜好，投其所好，即使是一件微小的礼物，也能博得对方的好感。

知道您爱喝咖啡，前两天路过星巴克，恰好看到有限量版的杯子，就给您带了一个。

这个杯子我跑了两家店都没买到，太谢谢你了。

送礼要恰到好处

送孩子长命锁，礼物虽是送给孩子，但实际上是为了获得大人的好感。谁都希望自己的孩子能够健康长大，因此，一个小小的长命锁会迅速让收礼者喜笑颜开。

您这大孙子一看就一脸福相，也没什么好送的，这个长命锁给孩子戴上，祝孩子健健康康长大。

下篇

会做人

扫码点目录听本书

第一章 方圆有道：不妨来一点厚黑术

适可而止，与人为善

留有余地，就是要方圆处事，巧于周旋、迂回，不可太强，刚则易折；圆则不能再满，不便于调解回环。方圆有度，则进退自如。制订计划，要留有余地；享受人生，要留有余地；批评别人，要留有余地；日常用度，要留有余地；再繁忙的工作，也要留有休息的余地；再紧张的关系，也要留有调和的余地。

家有余粮，日有余用，则生活安稳。人在社会之中，无论做人还是做事，都要学会留有余地，话不可说满，事也不可做绝。所谓"天无绝人之路"也是说，连上天都会为每个人留有转机，留有生还之机。

俗话说，"弹琴唱歌，余音绕梁；赠人玫瑰，手留余香"。留有余地，才可做到均衡、对称、和谐；留有余地，才能做到进退从容，随意屈伸。我们留下更多的空间给别人时，其实也是留给自己一定的空间。

一女子在行路中吐口痰，因风的作用，痰被刮到一个小伙的裤子上了，这位女子看到后慌忙道歉，并从包里掏出面巾纸要擦去小伙裤子上的痰水，但小伙恼怒地不肯让她擦，并声明："你给我舔去！"女子再三赔礼："对不起！对不起！让我给你擦去可以吗！"但小伙执意不让她擦，就要她给舔去。这样争执不久，围着看热闹的人越来越多，有的跟着起哄打闹着、笑着……无论女子怎么道歉，小伙也不依她，非让她舔去痰水不可。最后，惹得女子大怒，从包里拿出一沓钱来，大约有一两千元，当场喊道："大家听着，谁能把这个家伙当场摆平了，那么这些钱就归谁！"话音刚落，人群中出现两个健壮的男人，对着那不依不饶的小伙子就是一阵拳脚。那小伙被踢得不知东南西北，等站起来找那女子时，那女子跟打他的人早已无影无踪了……

如要你做了对不住别人的事，感觉自己心里有些愧疚，向人家赔礼道歉，人家气不过说几句，你也得听着，这也是人之常情。反之，如果有人做了对不起你的事，人家也赔礼道歉了，只要无大碍，就不要得理不饶人，甚至刻意报复。真要是那样，有理也变无理了。如果你的行为防卫过当了，说不定还会犯罪！

待人宽厚是我们中华民族的传统美德。如果一件事情本来不大，那就得饶人处且饶人，并且得理也要让三分。中国传统美德强调"恕道"，讲究"推己及人""己所不欲，勿施于人"。

一天，一位老大爷骑车正骑得好好的，却被从路旁小胡同中冲出来的一个骑车的女孩子撞倒了。她竟反过来埋怨老人："你骑车也不瞅着点儿！"一旁的过路人看不惯，纷纷指责那个女孩子："别说是你把老大爷撞倒的，就是没你责任，你也该先扶起老大爷，看看撞着哪儿了没有。"说得那女孩子羞愧地扶起老大爷，小声说："对不起。"那老人站起身，活动活动，说："疼点儿没事儿，你下回可得小心了！我没受伤，你快走吧。"

现代社会的生活节奏很快，有人心生浮躁，缺乏修养，话中带气带刺，他们得理不饶人，无理也搅三分。但是，原谅别人并不是一种软弱，只要是亏吃在明处，是有意为之的高尚，也没什么可生气的。

人要能站到高处，想开点，便能理解别人，宽恕他人。表面看着像是"窝囊"，其实是个人修养的崇高表现，是一种千金难买的精神享受。

民谚有云："养儿防老，囤谷防饥""晴带雨伞，饱带干粮"，讲的就是要未雨绸缪，要为明天留后路、留余地。还有句俗语："人情留一线，日后好见面。"意思是讲，与人相处，凡事不可做绝，且记得彼此留有余地，以后不管在什么场合见面，都不会过于尴尬。

狡兔三窟，兔子尚且留有逃生的余地。我们更应得势不忘失势，强盛不忘却衰败，富有不忘破落。人情世故，恩怨是非都要留有余地。

做事要给别人留点余地，这既是为人之道，也是一种工作艺术。

　　一位著名企业家在做报告之时，一位听众问："你在事业上取得了巨大的成功，请问，对你来说，最重要的是什么？"企业家没有直接回答，他拿起粉笔在黑板上画了个圈，但是并没有画圆满，留有一个缺口。他反问道："这是什么？""零""圈""未完成的事业""成功"……台下之人回答道。

　　他对这些回答不置可否："其实，这只不过是一个未画完整的句号。你们想要问我为什么取得辉煌的业绩，道理十分简单：我不会把事情做得很圆满，好比画个句号，一定要留个'缺口'，好让我的下属去填满它。"

　　做事给别人留些余地，并不是说明自己能力不强。事实上，这是一种管理的智慧，也是一种更高层次的带有全局性的圆满。给猴子一棵树，让它不停攀登；给老虎一座山，让它自由纵横。也许，这是管理者的最高智慧。

　　一个人做事讲话，都应该留点余地，留一条后路，留一片蓝天。在了解生命的意义之后，每个人都应该这样做。因为这里面有对自己一时莽撞的弥补，也有对自己一时糊涂的反思。

　　若你是一位管理者，你千万莫让自己的思维混乱，你不妨抽空静下心来思考：如果有一天工作发生了变化，你是否还能称职？从昨天来的路上回去容易，但是退出职场似乎心中并不是滋味。当我们面前有一条大河阻挡了我们的去路之时，实际上退一步却可以前进得更快。但是，要看退路是否宽敞。人注定要走路，只要所走之路能通往前方，就会有希望。

高高低低是人生，走到高处之时，留点余地给低处，走到低处之时留点余地给高处，这样一生才可能快快乐乐的。是花终究要开放，是叶始终要鲜绿，留点余地，你将会是个明智的快乐者。

与人交往，以"诚"为贵

圆中显方，待人以"诚"，这是为人处世的成功之道。善圆者皆是拥有智慧头脑之人，那么，如何在与人相处时让人感其"诚"呢，这就需要恰当显方。人生在世，待人处事是一门大学问，谁都不会相信一个高傲冷漠的人，会有自己的朋友，能得到别人的支持，会得到上司的赏识，会拥有下属的拥戴。一个人待人以诚，用人以信，结下好的人缘，办事就会容易许多，需要用人时，一呼即有人才归附。宋江在上梁山前，不管是对晁盖、吴用、李逵，还是对武松、花荣、王英，他都用诚敬之心对待，谁有困难就去帮助谁，谁手头紧张就送银子给谁，从而结交了许多英雄好汉。他这样做并不是为将来"造反"服务，只是建立人际关系，到了落难时，好汉们才会纷纷赶来相救。他到了梁山之后，先坐第二把交椅，晁盖一死，大家就拥立他当头领。论武功，他在众人之下；论才学，很多人比他强。然而他的人缘比谁都好，具有很强的号召力。

在人世间，真诚十分可贵。 真诚即是要以心待人，以情感人，以信得人。 所谓真诚，就是不说假话，就是不做变色龙、两面派，就是不搞形式主义，不做表面功夫。 "行经万里身犹健，历尽千艰胆未寒。 可有尘瑕须拂拭，敞开心扉给人看。"谢觉哉同志此首诗，讲的正是真诚的可贵。

真诚，是一种巨大的人格力量，若用真诚去做思想政治工作，就能得到"精诚所至，金石为开"的效果。 我国著名翻译家傅雷先生说："一个人只要真诚，是总能打动人的，即使人家一时不了解，日后也会了解的。"他还讲："我一生做事，总是第一坦白，第二坦白，第三还是坦白。 绕圈子、躲躲闪闪，反易叫人疑心；你要手段，倒不如光明正大，实话实说，只要态度诚恳、谦卑、恭敬，无论如何人家不会对你怎么着的。"只有真诚能消除人与人之间的隔阂，达到化解矛盾，增进友谊的目的。 有的人做思想政治工作，尽管付出的精力不少，但效果甚微，还总认为这是水平问题。 其实，最主要还是缺乏真诚。

一个没有真诚的社会，将会是恐怖、危险、可怕的社会；一个缺乏真诚的人，是阴险、奸诈、歹毒的人。 失去了真诚，如同大地失去了阳光、温暖。 人与人之间，将会变成你欺我骗，你吹我捧，你歹我毒。 在这样的世界之中，大家都戴着假面具生活，只能看见人们讨好的笑脸，却无真诚在内；也许你能听到悦耳的"颂歌"，可是却听不到真正的心声。 如此的世界，只能制造和培养骗子，只能重演《皇帝的新衣》的闹剧。在这样的世界里，真理、正气会被封锁，邪恶、腐败会不断滋长。 难道这不可怕吗？

有这样一则故事：

一个黄昏，静静的渡口来了四个人，其中，有一个富人、一个官员、一个武士与一个诗人。他们都希望老船公把他们摆渡过去，老船公摸着胡子讲道："把你们的特长说出来，那么我就摆渡你们过去。"

那个富人拿出白花花的银子说："我有很多金钱。"那当官的回答道："你若摆渡我过河，我可以让你当一个县官。"武士则掌起手中的剑说："不让我过河，我就杀了你……"老船公听后问那诗人："你有何特长？"诗人回答说："唉，我没什么特长，但是，如果我不赶回家，家中的妻子与儿女一定会很着急。""上船吧！"老船公对诗人说道："你已经显示了你的特长，这才是最宝贵的财富。"诗人上了船之后疑惑地问道："老人家，请你告诉我答案。"老人一边摇船一边讲："你的一声长叹，你脸上的忧虑，就是你最好的表白，真情才是世间最宝贵的。"

确实，真诚可以让人心不设防，真诚可以让人敞开心扉，真诚令人和平相处，真诚令人胸襟坦荡。待人真诚守信，能获得更多他人的信赖、理解，能得到更多的支持、合作，由此获得更多的成功机遇。离开了真诚，就无所谓友谊可言。虽然有时用真诚换来欺骗是非常痛苦的，但这痛苦是高尚的，它会让你更珍惜真诚！真诚可以让人感觉幸福，是可以用心回味的。拥有一份真诚，心中就会充满爱，就懂得谅解和宽容，就能获得尊重与友谊。真诚待人，这是高尚的人格美德！

孔孟之道讲，一个人应从"正心、诚意、修身、齐家"做起，由此达到"治国，平天下"的目的，这是我们祖先宝贵经验的总结。 现在不是哪一个人来"治""平"了，就更加要求人人都做到真诚，我们的社会本应该是一个真诚的社会。 性本善，真诚则是善之体现；我们也可看出，大多数的中国人是渴望真诚的。 人间最宝贵的是真诚，而这是我们每一个人都能够做到的，因为真诚本来就存在你的心中。 我相信，只要大家都拭去蒙在心上的各种污垢，就一定能够营造出一个没有欺诈、权谋、猜忌，互相信任理解，人人舒心的和谐世界。

真诚是人与人之间交往应有的态度。 待人真诚可以换来他人的真诚相待，也可以赢得他人的信赖和好感。

在别人伤感的时候，给予别人真诚的安慰，就会让他的惆怅顿时烟消云散；当别人生活极度困难的时候，给予别人真诚的帮助，则会像雪中送炭般带给他人温暖，让他重新面对生活；当别人解题愁眉不展之时，给予别人真诚的答案，就会让他刹那间茅塞顿开，对你十分感激；在别人误入歧途的时候，给予别人真诚的劝告，会让他重新醒悟，从而一生受益；在别人面临重大的抉择而不知所措的时候，给予别人真诚的建议，会让他做出恰当的选择；在别人遭逢坎坷进退两难时，真诚地为他指点迷津，会让他远离黑暗的深渊。

人们彼此之间需要真诚相待。 若是人们总是在别人背后说三道四、指桑骂槐，在他们面前却会笑脸逢迎、阿谀奉承，那么，这个世界就会被谎言和虚伪所覆盖。 如此一来，社会就无法前进了。

真诚不是可以写在纸上的，也不是可以印在教科书里的，更不是一篇简短的文章就可以阐述得清楚的。 真诚需要被体会，被付出。

曾经有一位著名的美国经济学家在对 100 个百万富翁的调查之中发现，认为自己成功的最主要原因是"真诚地对待所有的人"的人居然有 76 人。

这项调查折射出了一个问题：要想成为富有者，那么，你就必须拿出自己的真心，真诚地对待你身边的每一个人。一个不正直的人必然不可能成为一个成功的人。正直是人生当中一门特殊的课程，它通常决定着一个人的成败。

这位经济学家在对这 100 个百万富翁做问卷之时，他们对他说："一个不正直的人，他是不可能成为百万富翁的，这一点毫无疑问。"

若一个服装店老板欺骗他的顾客，会有怎样的结果呢？顾客被骗了一次后，他们再也不会登他的门，再也不会购买他的商品，因为他们不再信任他，那么，他的生意将无法继续下去。

上面的那项调查还表明，绝大部分在经济上有成就的人肯定正直，并将这看成自己成功的重要因素之一。

比如，一家成功的房产管理公司的老板——乔恩·巴里，他就是一位具有正直品质的人。他从零开始创建起自己的事业。他的客户大部分是购物中心的老板，乔恩的公司负责管理这些房产，收取租金并负责雇人修缮。

当需要进行修缮时，乔恩会雇请那些能够提供最好的产品和服务且价格最具竞争力的承包人。但是，这些工作具体做起来并不简单。但乔恩想尽可能确保他的委托人获得最大的利益。他在选择和安排承包人时，无论任何一步，都有相应的书面保证。正直以及随之而来的声誉成了他取得成功的关键因素和基础。

乔恩说，在娱乐业，他父亲是一位十分知名的富有才干的成功企业家。他父亲曾经告诉他要正直，并时常对他说："绝对不能撒谎，就是撒一次谎也不行。若你撒了一次谎，要想掩盖这一次说的谎话，只能再撒 15 次谎去掩盖。"

　　所以，只有讲真话，与所有人都真诚相待，才能最有效地利用时间、精力和智力。

　　对人真诚，别人也会真诚待你；你敬人一尺，那么别人自会敬你一丈。交往当中，以诚待人，是处世之法。

　　古人常以"巧诈不如拙诚"作为人生处世原则，旨在提醒众人，"巧诈"或许可以获得短暂的成功，但是一旦自己的用意被人识破，换来的将会是别人的怀疑、讨厌甚至是敌对。用"拙诚"待人，也许一时难以让别人感受到自己的诚意，可是"日久见人心"，经过长久的相处，定将获得他人的信赖。在人际交往中，只要能建立安全感，一定能获得他人的以诚相待。尔虞我诈，钩心斗角，这是绝对不可能建立起良好的人际关系的。虽然，我们常常说"老实人容易吃亏"，可是吃的毕竟是小亏，正所谓"路遥知马力，日久见人心"，诚实的人，以诚为本，以诚待人，诚实肯定会带给他好结果的。有许多的故事都能很好地证明这一点。

　　诚实有很大的人格感召力，一个人说话诚实，做事诚实，内心诚实，则会令人信服，就能得到别人的尊重。上级要以诚对待下属，父母要以诚对待子女，而企业经营者要以诚对待每位顾客，总之，每一个人都要与人以诚相待。人际交往若离开诚实的原则，那么人间就不会有真情实意，也不会有团结亲密的人际关系。

　　"诚"是人际交往的根本，自古以来就受到人们的崇尚，交往若能做到一个"诚"字，老少无欺，一定能赢得真诚的回报。相反，世故圆滑，尔虞我诈，是无法赢得对方的真诚回报的，所以，与人交往，都要以"诚"为贵。

察言观色，灵活处事

人生在世，不管是在工作、生活或是学习中，都必然会与不同的人打交道。这些人的年龄、阅历、个性、工作经验、生活态度都会不相同，素质也是参差不齐。有些率直，有的倔强，有些纯朴，有的玲珑，有的聪慧明智，有的愚钝顽劣，有的处处为别人着想，有的处处替自己着想。因此，在对一些事情的看法和处理上往往会出现不同，产生一些异议，而且处理不好，势必造成磕磕碰碰、相互猜疑，甚至激化矛盾，使人与人之间产生隔阂，人际关系也会由此变得淡化、冷漠。

要想避免上述的弊病，就应学会阅人。平时时常听到这样一句话："与人打人交道，与鬼打鬼交道。"先不管这话庸俗且不完全正确，又容易诱导人们见风使舵、阿谀奉承、两面三刀，但是，其中蕴涵的与不同的人交往需用不同的方法的观念，有一定的积极意义。人际交往之中，正确的处世态度应该是责人先责己，恕己先恕人，对别人的非议，应持"有则改之，无则加勉"的态度去面对；对别人的优点，也本着"他山之石，可以攻玉"的态度去学习。此是阅人的智慧。学会了，就能避免矛盾，化解异议，达成共识，融洽人际关系，为自己的工作、生活、学习创造一个和谐宽松的环境；学不会，则可能到处碰壁。

凡是提及"察言观色"，很多人都会不由自主地联想到"阿谀奉承""溜须拍马"等贬义词，其实这只是一种"习惯性误读"。

"察言观色"作为一个成语，本只是一个中性词，无褒贬之分。作为一种方法，"察言观色"技无高下，人人可用。然而，为何"察"？如何"观"？察谁人？观什么？目的、手段都是不同的。有些人，如孔繁森、牛玉儒那样的人民公仆，心里装着人民百姓，眼中只有百姓，真心诚意察群众之言，无微不至观百姓之色，擅长从街谈巷议和世态百相中倾听民声、了解民意，随时随地为人民群众排忧解难，像这般的"察言观色"，被人称道，成为楷模。但有的人，也是一种察言观色，却做相反之事，如历史上的和珅、李莲英之流，以及某些当今社会中的"能人"，他们则把"察言观色"当成揣摩"圣意"、曲意逢迎之事，一天到晚额头朝天，两眼向上，小心翼翼地察上司之言，费尽心机观领导之色，想从上司的眉宇间、唇齿间见微知著，明白其心思，千方百计投其所好，讨其欢心。"领导不行他先行，看看道路是否平；领导不讲他先讲，试试话筒响不响"。这样的"察言观色"令人鄙视，也正因为如此，让这个中性成语蒙上了一层厚厚的贬义色彩。

当然，观察也要因对象而异。观察的对象不一样，"察言观色"的效果不同，即使对同一个观察对象，不同的观察者也会得出不同的结论。看到痛不欲生的死难矿工的家属，有的人感到惭愧、内疚与自责，只想亡羊补牢，避免悲剧再次出现；

而有的人却感到恐慌、沮丧，只想去掩盖真相，推卸责任，蒙混过关。 对群众的意见，有的同志如饮良药，从谏如流，从其中看到自身存在的问题和不足，时刻保持清醒的头脑；有人一听到不同意见就开始不安，一触即跳，认为这是"刁民"找碴，无事生非，必欲除之而后快。 由此，观察者的立场、观点、态度、感情色彩不一样，"察言观色"的结果也就大不相同。

我们时常听人议论说某人"有眼色"，若剔除其中隐含的贬义的话，此处的"眼色"也就是察言观色的能力。 "眼色"是"脸色"中的关键之处，它最能告诉我们真相。 而人的坐姿与服装同样有助于我们观人于微，进而识别他人的整体，明了其意图。

人际交往之中，对他人的言语、表情、手势、动作以及看似不经意的行为有较为敏锐细致的观察，是掌握对方意图的先决条件。

深藏不露，提防小人的"变脸术"

用"方"推开"圆"的窗口，在圆中洞察世事玄机，知己知彼，方能百战不殆。

现代社会，不管何处，都存在一些小人。 所以，要学会深藏不露，无论什么时候都要提防小人的"变脸术"，即使他说得再好，也不可轻信，因为小人往往都是花言巧语的专家，所以，他们的话最好不要相信。

俗话说："江山易改，本性难移。"小人当然也如此，所以，处处都要小心提防着小人。

社会上的小人是很险恶的，历史上有很多功勋卓著的政治家、军事家在临死之前都痛恨那些令他们说不清道不明却又像阴影一样挥之不去的小人。"宁得罪君子，不得罪小人。"小人之所以不可得罪，原因在于，小人的报复欲望特别强。俗语说，"明枪易躲，暗箭难防"，小人对别人的报复打击通常都是用"暗箭"，让人防不胜防。而小人报复的程度远远大于别人损害他的程度。由此，许多被小人攻击、伤害过的人在蒙受损失后竟然搞不清自己究竟在哪个地方得罪了小人。

"小人谋人不谋事，君子谋事不谋人"，这就是小人与君子最大的差别。君子是依靠自己的真才实学成就一番事业，为谋利益，他们全身心地投入到事业上，不会去想怎么对付别人；而小人考虑的是如何算计人，以此使自己的名利、地位不受到损害。

小人阴险狡诈，君子光明正大。小人暗地捣鬼，搞小动作，害怕自己的意图被人发现；君子光明磊落，敢做敢当。

所以，当你全力以赴成就事业时，"提防小人"应是你时时谨记在心的戒律。正如以下这个实例。

1898年，维新派成立了，这个派别是以康有为、梁启超为首的，他们发动了维新变法运动。光绪帝很支持他们的活动，但他没有实权，由慈禧太后控制着朝政。光绪帝想借助变法使自己的权力扩大，打击慈禧太后的势力。对于慈禧太后来说，她当然感觉出自己权力受到威胁，所以对维新变法横加干涉。于是，这场变法运动演变成光绪帝与慈禧太后的权力之争。在这场争斗之中，光绪帝察觉到了自己艰难的处境，因为用人权和兵权都掌握在慈禧的手中。为此，光绪帝十分苦恼。有一次，他写信给维新派人士杨锐说："我的皇位可能保不住，你们要想办法搭救。"维新派得到消息后都很着急。

此时，荣禄手下的新建陆军首领袁世凯来到北京，袁世凯明确表态支持维新变法活动。所以，康有为曾经向光绪帝推荐过袁世凯，说他是个了解洋务又主张变法的新派军人，若拉拢他，荣禄——慈禧太后的主要助手的力量就小多了。光绪帝认为变法要成功，需要袁世凯的支持，于是在北京召见了袁世凯，封给他侍郎的官衔，旨在拉拢袁世凯，让他效力于自己。

当时，康有为等一些人也认为，想要取得变法的成功，只有杀掉荣禄。而能够完成此事的人，只有袁世凯。所以，谭嗣同后来又在深夜的时候去密访袁世凯。

谭嗣同对袁世凯讲："现在荣禄他们想把皇帝废掉，你应该用你的兵力，把荣禄杀掉，再发兵包围颐和园。事成之后，皇上掌握大权，清除那些老朽守旧的臣子，那时你就是一个大功臣了。"袁世凯回复："只要皇上命令，我一定拼命去干。"谭嗣同又讲："别人还好对付。荣禄不是等闲之辈，想要杀之恐怕不是那么容易。"袁世凯诧异地说："这有什么难的？杀荣禄就像杀一条狗一样！"谭嗣同着急地问："那我们现在就计划如何行动，我马上禀告皇上。"袁世凯想了一下说："那太仓促了，我指挥的军队的枪弹火药都在荣禄手里，有很多军官也都是他的人。我得先回天津，更换军官，准备枪弹，才能行事。"谭嗣同没有办法，只好赞同。

袁世凯这个人诡计多端，康有为和谭嗣同都没能把他看透。袁世凯虽然表面表示忠于光绪皇帝，但是他心里明白，掌握实权的是太后和她的心腹。他更加相信，这次争斗还是慈禧占了上风。

不久，袁世凯便回天津，把谭嗣同夜访的情况全部告诉荣禄。荣禄吓得当天就到北京颐和园面见慈禧，禀告光绪帝的计划。

第二天天刚亮的时候，慈禧怒气冲冲地进了皇宫，幽禁光绪帝，接着下令废除变法法令，又命令逮捕维新变法人士和官员。变法经过 103 天最终失败。谭嗣同、林旭、刘光第、杨锐、康广仁、杨深秀等人在北京菜市口被杀死了。

由上可知，善于变脸的小人是不可用的。他们惯于当面一套，背后一套，过河拆桥，不择手段。他们很懂得什么时候摇尾巴，什么时候摆架子。在你春风得意的时候，他们即使不久前还是"狗眼看人低"，马上便会趋炎附势；而当你遭受挫折，风光尽失后，则会避而远之，满脸不屑的神气。袁世凯这类奸雄式小人，为邀功请赏，更不惜让人掉脑袋，小人的嘴脸如同刀子一样。

人与人之间宝贵的友谊是存在的。可"君子之交淡如水"，友谊一旦要靠金钱维系，就成为一种危险游戏。每一次交往，看起来似乎是情谊的加深，实质上更加危险了。 如此，这样的"私交"不会长久。 真正的朋友，应该为你的事业和前途着想。 试想，如果有人表面上看与你私交甚厚，其实是在利用你手中的权力，靠对你的"小恩小惠"来换取个人好处，这是真正的朋友吗？

对于领导干部来说，一定要防止被"私交"迷惑。 第一，要树立正确的权力观、友谊观。 权力是为党和人民工作的，不能用来谋取私利。 真正的友谊来源于心与心的真诚交流，而非建立在相互利用和权钱交易上。 第二，要提防"小人"。 某些人表面上与你以"朋友""兄长"相称，其实却是在通过这种交往，"开发"你的权力资源，获取他们的最大利益。 第三，还要经得住金钱与美色的诱惑。 即便是与你走得很近的人，他端出的"碗外之饭"都是不可吃的。 若能时刻牢记这一点，那"私交"就失去了诱你"湿鞋"的作用。

方圆有道，换位思考

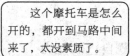

这个摩托车是怎么开的，都开到马路中间来了，太没素质了。

唉，这个老板要求太苛刻了，当他的手下真累。

这汽车的司机真差劲，都不知道让路吗？

唉，现在的员工太难带了，都不积极做事。

换位思考，将心比心，以一颗宽容的心去对待别人，这样人生才会美好。

我这个婆婆，稍微干点活就叫苦叫累的，真头疼。

每次一起吃饭，华子都是吃起来拼命，一到结账的时候就找不到人了，真小气。

我这个儿媳妇，天天在家不干活，懒死了。

好几次没结账了，真不好意思。不过我的贷款还没还完，大家应该能体谅我的难处。

第二章　低调为人：适时隐藏自己的能力

密藏不露，一种高层次的人生谋略

密藏不露是一种较高层次的人生谋略，也是成功者所应具备的基本素质之一，更是人生中重要的生存手段。

在生活中，我们不难发现，那些喜欢出风头、四处招摇、心中不藏半点秘密的人，通常被大家认定是非常浅薄的人，最终让人厌烦。相反，那些看来口讷笨拙或总是隐藏自己才干的人，却往往胸有成竹，计谋过人，更容易获得他人的钦佩和获得成功。

过去说"宰相肚里能撑船"，即大人有大量，这大量也包含能藏得住秘密，如同深沟大壑，不会显山露水。事实上，宰相肚里的"船"不会撑到外面去的，心机只有自知，无论怎么谋划，仍然不动声色。对方放松之后，就可以悄然无声地随意处置对方。或者，至少让人相信你是一个很诚实的人，不会陷害对方，让人对你产生好感。这是一种人格修养，也容易获得别人的信任。如果你肚里什么秘密都隐藏不住，这边听了那边说，那么谁还会相信你呢？

现今的社会是很复杂的，一方面，人们要有真本事；另一方面，有了真本事又不可轻易外露，若在不适当的时机和场合泄露出自己的真本事，那么，就会被人嫉妒，甚至有可能遭人暗算，这真是非但没为自己带来任何好处，反而还招来了灾祸。

春秋时期，郑庄公就是利用这一韬略，一举粉碎了弟弟共叔段妄图夺权的阴谋。

郑庄公是春秋时郑国的国君，公元前743年至公元前701年在位。庄公之父是郑武公，其母为申侯之女武姜。庄公因是难产所生，惊吓了武姜，故名"寤生"，武姜也因此不喜欢他。但庄公很有智慧，他继位国君后，郑国成了春秋初期最强盛的诸侯国之一。

郑庄公和共叔段本是一母所生，只因不喜欢庄公，武姜多次在武公面前夸赞次子共叔段是贤才，应立为继承人。武公不答应，最后立庄公为世子。姜氏一计未成，再生一计，于是在庄公继位后，又逼迫庄公把京城（郑国邑）赐封给共叔段。

共叔段在京城加紧扩张自己的势力，并与姜氏合谋，准备篡权。

郑庄公深知自己继位之事令国母大为不悦，对姜氏与共叔段企图里应外合夺取政权的阴谋也心知肚明，但他却不动声色，采用"知者不语""将欲废之，必固举之""将欲夺之，必固与之"的计策，先施韬晦，待机破之。郑国大夫祭仲向他报告说共叔段在做有损郑国之事，庄公却回答说："这是国母的意思。"祭仲提议庄公先下手除掉隐患，他却说："你就等着吧。"共叔段又占领京城附近两座小城，郑大夫公子吕说道："一个国家不能有两个国君，你打算怎么办？如果你想把大权交给共叔段，我们就去当他的大臣；如果不打算交权，那就除掉他，不要使老百姓有二心。"庄公就假装生气，说："这事你不要管。"

郑庄公知道，如果过早动手，肯定会遭到外人议论，说他不孝不义。因而，故意让共叔段连续得逞，一直到共叔段和姜氏密谋里应外合时，才开始反击。共叔段逃到鄢（郑国地名，在今河南鄢陵县境），郑庄公伐鄢，共叔段再次逃走。

在共叔段一再招兵买马，不断侵城夺隘的时候，郑庄公故作不知，使其低估他的能力，最后落得一个落败出逃的境地。不露真本领可以免遭无谓骚扰，谁擅于此计，谁就会受人倾慕；谁不善于此计，就易被人驱逐，甚至遭人暗算。所以，聪明的成功人士大都不会轻易露出真本事。

俗话说："人怕出名猪怕壮。"人出了名之后，除了风光无限，也会麻烦不断。有的名人抱怨自己丧失了自由，正常生活受到了干扰。可见，适当地掩藏真本领，是减少受骚扰的一种必要保障。

潜心修炼，人生当有藏锋之功

锋芒可以刺伤别人，也会刺到自己，平时应插在剑鞘里，运用起来也要小心翼翼。 所谓物极必反，过分展露自己的才华容易招来对手的嫉恨和陷害，尤其是意图做大事业的人，更应该修炼好"藏露"之功。

在现实生活中，存在这样一种自视清高的人：他们锐气十足、锋芒毕露，待人处事不留余地，如果有十分的才能与聪慧，就竭力十二分地表现出来，而这样的人往往在人生旅途上屡遭挫败。

其实，隐藏锋芒也是加强自己的学识、才能和修养的过程，从而有利于提高自己处理各种人际关系的能力与技巧，这也是放弃个人的虚荣心从而踏实地走上人生旅途的表现。

孔融是三国时比较正直的士族代表人物之一。他刚直耿介，早年刚刚踏入仕途，就初露锋芒，纠举贪官。董卓操纵朝廷废立时，他每每忤卓之旨，结果由虎贲中郎将左迁为议郎。后来在许昌，孔融又常常发议论或写文章攻击嘲讽曹操的一些举措。太尉杨彪因与袁术有姻亲，曹操迁怒于他，打算杀之。孔融知道后，顾不得穿朝服就忙着去见曹操，劝说他不要乱杀无辜，以免失去天下人心，并且声称："你如果杀了杨彪，我孔融明天就脱了官服回家，再也不做官了。"由于孔融的据理力争，杨彪才免除一死。建安九年，曹操攻下邺城，其子曹丕纳袁绍儿媳甄氏为妻，孔融知道后写信给曹操说："武王伐纣，以妲己赐周公。"曹操不明白这是对他们父子的讽刺，还问此事出自何经典，孔融回答道："以今度之，想当然耳。"当时连年用兵，又加上灾荒，军粮十分短缺，曹操为此下令禁酒，孔融又连连作书加以反对。对于孔融的一再与自己作对，曹操是早就怀恨在心的，只因当时北方形势还不稳定，而孔融的名声又太大，不便对他怎样。到了建安十三年，北方局面已定，曹操在着手实施统一大业的前夕，为了排除内部干扰，便开始对孔融下手。他授意御史大夫郗虑诬告孔融"欲规（谋划）不轨"，又曾与祢衡"跌宕放言"，罪状就是孔融以前发表的关于父母子女关系的那段言论。这样，在建安十三年八月，孔融被杀，妻子儿女同时遇害。

在社会中，人们总是想方设法要出人头地。所以，有才华的人便言语露锋芒，行动也露锋芒，以此引起大家的注意。但更有些深藏不露的人，看似庸才，胸无大志，实际上只是他们不肯崭露锋芒而已。因为他们有所顾忌，言语露锋芒，便要得罪别人，这样，其他人便成为阻力，成为破坏者；行动露锋芒，便要惹旁人妒忌，旁人的妒忌，也会成为阻力。

曾国藩曾说："君子藏器于身，待时而动。"意思是说，君子有才能但不使用，而要待价而沽。天才能做到无此器最难。 而有此器，却不思此时，则锋芒对于人，只有害处，没有益处。 所以，古人说：额上生角，必触伤别人；不磨平触角，别人必将力折，角被折断，其伤必多。 可见，天才外露的锋芒就像额上的角，既害人，也伤己！ 如此说来，倒还不如没有。

《庄子》中有一句话，叫作"直木先伐，甘井先竭"。 由此推理，人才也是如此。 一些才华横溢、锋芒太露的人，虽然容易受到重用提拔，可是也极容易遭人算计。

避招风雨，智者的高明之术

古往今来，有不少人因为才能出众，技艺超群，行为脱俗，而招来别人的嫉妒、诬陷，甚至丢了性命。 于是，一些高明的智者仁人从实践中总结出来一种处世安身的应变策略——避招风雨。

三国时期，曹操的著名谋士荀攸，智慧谋略过人，他辅佐曹操征张绣、擒吕布、战袁绍、定乌桓，为曹氏统一北方做出了重要的贡献。他在朝二十余年，能够从容自如地处理政治旋涡中复杂的关系，在极其残酷的人事倾轧中，始终稳立于不败之地，他的高明之处就在于他能谨以安身，避招风雨。曹操有一段话形象而又精辟地总结了荀攸的人生谋略："公达外愚内智，外怯内勇，外弱内强，不伐善，无施劳，智可及，愚不可及，虽颜子、宁武不能过也。"可见荀攸平时十分注重周围的环境，对内对外，对敌对己，迥然不同。参与军机，他智慧过人，连出妙策；迎战敌军，他奋勇当先，不屈不挠；但对曹操、对同僚，却不争高下，表现得总是很谦卑、文弱甚至愚钝与怯懦。

有一次，荀攸的姑表兄弟辛韬曾问及荀攸当年为曹操谋取袁绍冀州的情况，他却极力否认自己的谋略贡献，说自己什么也没有做。荀攸为曹操"前后凡划奇策十二"，史家称赞他是"张良、陈平第二"，但他本人对自己的卓著功勋却是守口如瓶，讳莫如深，从不对别人说起。荀攸与曹操相处多年，关系融洽，深受宠信，却从来不见有人到曹操处进谗言加害于他，也没有一处触犯过曹操，使曹操不悦。建安十九年（公元214年），荀攸在从征途中善终，曹操知道后痛哭流涕，说："孤与荀公达周游二十余年，无毫毛可非者。"并赞誉他为谦虚的君子和完美的贤人。这就是荀攸避招风雨，精于应变的结果。

清王朝的开国元勋范文程，在清初复杂而动荡的时期，先后辅佐过努尔哈赤、皇太极、顺治、康熙四代帝王，是清初的一代重臣，在清初政治舞台上活动了几十年，对国家的统一做出了巨大贡献。他运用避招风雨的方略处世安身，获得了极高的赞誉。

范文程所处的那个时期，民族矛盾异常复杂尖锐。

在后金和清统治阶层中，一直存在着对汉人的疑忌和歧视。范文程身为汉人，又是大臣，在这种微妙环境里，处境自然十分危险。一方面，他要忠于清廷，建功立业；另一方面，他又要小心谨慎，在内部权力倾轧中极力保存自己。因此，他虽然得到清朝最高统治者的赏识，官至大学士、太傅兼太子太师，但他仍处处留心。顺治九年（1652年），他受命监修太宗实录时，知道自己一生所进奏章多关系到重大的决策问题，为免得功高震主，便把他草拟的奏章大都焚烧不留；而在实录中所记下的，不足十分之一。功成身退后，他平平安安地度过了晚年。

巧妙迂回，曲径通幽

有些事情，如果直接去办，会遇到很多困难；如果绕一绕弯，就很容易把困难避开了。同一个目的，可以通过不同的手段来达到，但并不是所有的手段都能收到一致的效果。

处世要懂得迂回之术，直来直去的人很难成功。拐弯越多，别人越看不出来你的真实意图，你也就能出其不意攻其不备。等到他反应过来时，你的目的已经达到了。

东晋元帝时代，权臣王敦欲发动叛乱独立。当时，温峤颇受晋元帝的信任，任中书令之职。北方大乱时，温峤奉刘琨之命到建康劝元帝即位，所以受到器重。但这却使王敦心生嫉妒，就找借口请皇帝批准让温峤做了他的左司马。

温峤对王敦的为人特别了解，就采取以柔克刚、阳奉阴违的策略。他表面上对王敦特别尊敬顺从，尽心尽力为其办事，并不时帮助王敦出一些主意。王敦渐渐地对温峤有了好感。温峤又看出王敦最信任钱凤，而钱凤又是王敦集团中最有智谋的人，所以他和钱凤也极为亲近，并常在王敦面前夸奖钱凤说："钱世仪经纶满腹。"

正当王敦、钱凤等人秘密加紧准备起兵的时候，丹扬尹出现了空缺。丹扬是由姑苏通往建康的要道，地理位置十分重要。于是，温峤去见王敦说："丹扬是个咽喉重地，丹扬尹的位置格外重要，明公应该选派自己的人去担任这个职务。"

王敦问谁可胜任，温峤马上推荐钱凤。但他知道王敦须臾不能离开钱凤。钱凤听说后又推荐温峤，温峤也假意推辞，一再推荐钱凤。最后还是王敦拍板定案，上表推荐温峤做了丹扬尹。

但是，温峤明白，他必须防备自己离开后钱凤醒悟过来再向王敦进言。温峤临行的前一天，王敦设宴为之饯行。酒到半酣之时，温峤站起来逐个敬酒。走到钱凤面前时，钱凤端起酒杯还未来得及喝，温峤就有些摇晃，舌头根有点发硬地说："你钱凤算个什么人，我温太真敬酒你竟敢不饮！"一边说一边用手去拍打钱凤的脑袋，把钱凤的头巾都弄掉在地上了。这是对人最不尊敬的做法，钱凤的脸一下子就红了。王敦见了，以为温峤喝醉了酒，忙站起来解释，人们不欢而散。

第二天，温峤到王敦府中去告别，在王敦面前流着泪说："我昨天喝醉失态，得罪了钱世仪。我走之后，真担心您疏远我啊！"王敦马上说："你放心赴任去吧，我心中有数。"温峤刚迈出门槛又返回来，想要说什么，停了停又返回去，来回三次，仿佛满腹心事的样子，最后才慢慢离去。

温峤走后，钱凤果然去向王敦说："温峤与朝廷的关系很亲密，与庾亮的交情也很密切，不可相信他。"听完钱凤的话，王敦满不在乎地说："温峤昨天喝醉了酒，对您说话时有些不礼貌，何必为这么点小事就来说他的坏话？"

温峤到建康后，立刻把王敦的阴谋全盘报告给朝廷。朝廷马上调兵遣将进行严密的防范，并先发制人，发兵讨伐王敦。

由于场合和人际关系等原因，有的意见不便于直说，这时，可以采取正话反说、话中有话、绵里藏针的攻心术。即用表面肯定实则反对或表面反对实则肯定的话，含蓄地说服对方。

给上司提建议时，如果只考虑自己的意愿，不考虑对方的想法，是很难成功说服对方的。所以，明明是于对方不利的建议，也要假装在为对方着想。

婉转地批评别人，不逞一时的刚勇，同样能达到批评对方的目的，这就是说话的技巧。

在西汉时期，汉武帝身边有个大臣叫东方朔，他头脑聪明，言辞犀利，又爱说笑话，当时人称他为滑稽派。

汉武帝刚即位就下了一道诏书，叫各郡县推举品行端正、有学问才能的人，当时有上千人应征。这些人上书给皇帝，多半是议论国家大事，卖弄自己的才能。其中不少建议皇帝看不上，提建议的人也没被录取。东方朔的上书却半开玩笑半认真地说自己博学多才，聪明过人，怎么身材高大、五官端正，怎么勇猛灵活、正派守信，最后说："像我这样的人，真该当皇上的大臣了。"汉武帝看这份上书与众不同，有些意思，就让他待诏公车。虽然，东方朔被留在了长安，但薪水很少，也看不到皇帝。

过了些日子，东方朔想出个让皇帝注意他的主意来。当时，皇宫里有一批给皇帝养马的侏儒，东方朔骗他们说："皇上说你们这些人一不能种田，二不能治国，三不能打仗，对国家没一点用处，准备把你们全杀了呢。"侏儒们都吓得哭起来，东方朔又教他们："皇上要是来了，你们赶快去磕头求饶。"不久，汉武帝路过马厩，侏儒们都号啕痛哭，跪在汉武帝的车子前边连连磕头。汉武帝觉得奇怪，问道："你们干什么？"侏儒们回答："东方朔说您要把我们全杀了。"汉武帝知道东方朔鬼点子多，就把他叫来责问："你为什么要吓唬侏儒？"东方朔说："侏儒身高不过3尺多，每个月有一袋粮食、240钱。我东方朔身长9尺多，也只有一袋粮食、240钱。侏儒们会撑死，我却会饿死。皇上觉得我不行，就放我回家，别留着我在这里吃白饭。"汉武帝听了哈哈大笑，让他待诏金马门。待诏金马门比待诏公车的地位高，他也就能渐渐地接近皇帝了。

有一次，汉武帝让手下人玩"射覆"的游戏，东方朔连猜连中，得了很多赏赐。汉武帝身边有个姓郭的舍人，也很聪明，能言善辩，见东方朔这么得意，很是眼红，就对汉武帝说："东方朔刚才那都是碰运气，并不是真会猜，现在我来藏一样东西，如果他猜中，我愿意挨一百板子；要是猜不中，您把刚才赏他的东西都给我。"结果，东方朔又猜对了。

汉武帝命令左右打郭舍人的屁股，郭舍人痛得直喊"哎"。东方朔嘲笑他说："呸！口上没有毛，声音叫嗷嗷，屁股翘得高。"郭舍人又羞又气，喘息着说："东方朔辱骂皇上的随从，该杀头！"汉武帝问东方朔："你为什么骂他？"东方朔急中生智，回答："我怎敢骂他？是让他猜谜语呢。"汉武帝又问："怎么是谜语？"东方朔信口胡编道："口上没毛是狗洞，声音叫嗷嗷是鸟儿在喂鸟，屁股翘得高是白鹤弯腰啄食。"汉武帝见他说得头头是道，不便再追究，郭舍人只好吃了个哑巴亏。

对于皇帝的指责，不是强词夺理，而是机智应对，有理有节，这其实就是一种"曲径通幽"的高妙技巧。东方朔忍住心中对他人的不满，忍住对告发者的气愤，不失时机地批评他人的错误，又保全了自己。

对于现代的我们，迂回之术同样受用。在工作、学习、交友中，采用一些迂回之术，既可以避开祸端，又能达成愿望，可谓事半功倍。

低调做人，潜心修炼

××公司的项目，只有我出手才能拿得下来。这个项目交给我，您就放心吧。

你不是跟李总说这个项目你一出手就能拿下来吗？现在一点进展都没有。你别管了，让小王去做这个项目吧。

自视甚高的人，锐气十足、锋芒毕露，待人处事不留余地，这样的人往往容易在人生旅途上遭遇挫败。

我对贵公司的产品特点、市场状况以及竞争对手都做了调研，我认为这次广告宣传已经突出了产品的高附加值……

你就是太高调，爱把话说满。小王以低调的姿态去见客户，成功概率当然就大。

以后我要多向他学习。

第三章　忍小成大：做一只聪明的"忍者神龟"

屈忍一时，重整旗鼓谋求更强

马有失蹄之时，人有失手之处。

当你的人生或事业因严重的错误而遭遇失败，不要深陷其中而无法自拔。毕竟事情已经过去了，再多的后悔、自责、埋怨都是徒劳的。不如暂且抛开这些，屈忍一时，认真总结经验，在以后的工作中牢记这些沉痛的教训，重整旗鼓，以赢取新的成功。此时的"屈"是为了以后更强的"伸"。

大革命失败后，贺龙回到家乡组织农民运动，建立起一支百余人的队伍。由于士兵大多来自农村，平日里自由散漫，这支队伍战斗力极差，有令不行，有禁不止。贺龙虽然着急，但又不能硬来，只能慢慢教育他们，向他们灌输革命思想。

但是，由于士兵们接受能力有限，教育工作收效不大。终于，在一次与敌伪乡团的战斗中，队伍遭遇了惨痛的失败。于是，敌人便猖狂地叫嚣："贺龙没什么了不起，也就这点能耐嘛！"

　　这时，贺龙故意保持低调。他躲藏起来，暗地里又重新召集了队伍，夜以继日地加以操练。吃了苦头的士兵们，也懂得了纪律的重要性，整个队伍的情况开始渐渐好转，并越战越勇，最终成了一支战无不胜、无坚不摧的铁军。

　　不要总是为过去的失败而叹息悔恨，也不要死钻牛角尖，适时地"屈"也是必要的。有时候，勇往直前并不见得总能达到目标。必要的"屈"是一种艺术，不能总是锋芒毕露。而委曲求全，则是图大业的一种必要的策略。

战胜挫折，首先需要能屈和善忍

　　人的一生之中，不可能总都是一帆风顺，总会有各种各样的困难、挫折，有的来自自身，也有的来自外界。能不能忍受一时的不顺，往往取决于一个人是否有雄心壮志。真正想成就一番事业的人，志在高远，不会拘泥于一时的成绩或阻碍。面对挫折，更当发愤图强，艰苦奋斗，以实现自己的理想，成就功业，这才是应有的人生态度。困难是给予人的最好磨炼，只有经受住了挫折考验的人，才能成大事。

　　《周易·乾卦·象》中说，"天行健，君子以自强不息"，意思是天道运行强健不息，君子也应该积极奋发向上，永不停息。《孟子·告子下》的名言"天将降大任于斯人也，必先苦其心志，劳其筋骨，饿其体肤，空乏其身，行拂乱其所为，所以动心忍性，增益其所不能"，也很好地总结了挫折苦难与成功之间的关系。

面对挫折、打击、磨难，应该是沉着应对，而不是消极颓废。能屈善忍，发愤图强，准备东山再起，才能最终成就事业。

　　范雎是战国时魏国有名的策士。他擅长辩论，多谋善断，而且胸怀大志，有意建立一番功业。但是，他出身寒微，苦于无人引荐，不得已只能先在中大夫须贾的府中任事。

　　一次，须贾奉魏王之命出使齐国，范雎也作为随从前往。齐国国君齐襄王久闻范雎有雄辩之才，十分欣赏，便差人携金十斤及美酒赠予范雎，以示对智士的敬意。范雎对此深表谢意，却没有接受其赠礼，想不到还是招来了须贾的怀疑。须贾执意认为，齐襄王送礼给范雎，肯定是因为他暗通齐国。

　　须贾回国之后，将此事上告给魏国的相国魏齐。魏齐便下令动大刑杖罚范雎。范雎在重刑之下，遍体鳞伤，奄奄一息。他蒙冤受屈，申辩不得，只好装死以求保命。于是，魏齐让人用一张破席卷起他的"尸体"，置于厕所之中，又指使宴会上的宾客，相继以便溺加以糟蹋，并说这是让大家知道不得卖国求荣。

　　如此的飞来横祸和巨大的打击，几乎使范雎一命呜呼，而范雎以异于常人的意志，忍受了这一切难以忍受的摧残和折磨。

范雎平白无故地受了这么一场肌肤之苦和人格之辱，对魏国心灰意冷，于是，他决定离开魏国，到别处寻求施展才华的机会。为了脱身，范雎许诺厕所的看守者，如能放他逃出去，日后必当重谢。看守者在魏齐醉后神志不清之时，趁机请示说要将范雎的"尸体"抛到野外，借此将他放了出去。范雎在朋友的帮助下逃出魏国隐匿起来，并改名为张禄。

范雎装死逃出魏国，而后辗转来到秦国。入秦后，他充分施展辩才游说秦昭王，最终取得信任。秦昭王采用范雎的建议，对内加强中央集权，对外采取远交近攻的霸业方略，使秦国对关东列国的影响不断加强。秦昭王因此任命范雎为相国，封为应侯。

在人生的奋斗过程中，会有各种各样的境遇，有大志者必须学会屈伸之谋，要能够忍受失败的痛苦，要总结经验和教训，努力奋斗，愈挫愈勇。

忍小事，成大事

人们常说："小不忍则乱大谋。"这句话有两层意思：一是凡事要忍耐、包容一点，否则遇事冲动，任由脾性胡来，就会坏了大事。许多大事失败，都是毁于微小之处。二是做事要有"忍"劲，狠得下来，有决断。有的事情容不得我们考虑太多，若不当机立断，姑息养奸，就会后患无穷。

忍有两种，一种是忍而不发，以忍求安；一种是忍而待发，以忍求变。后一种忍，忍是手段，所求是目的。战国七雄的赵武灵王在位时，赵国国富民强，又因地处中原，常被卷入战争的旋涡，因而也就更迫切地需要广行富国强兵之策。

赵武灵王经过多年的征伐，认为北方游牧民族骑马作战的战术，机动性大，集散自由，对战场条件适应性很强，决心加以仿效。

而实际的改革却面临重重的阻力。首先，当时的中原服装过于宽大，要骑马作战，就要改穿游牧民族更加便于活动的胡服。

然而，在中国古代，改变服装样式却是一件非常困难的事。

决定一下，反对势力蜂拥而来，朝中的多数大臣都不赞成这项改革，认为穿胡服是丢祖宗的脸。

面对大批的反对势力，赵武灵王采取了极其克制的态度。他不用帝王的身份之尊强行推广，而是循序渐进，做了大量的思想政治工作。从战争的发展，富国强兵的要略，反复阐述自己的意见，用最大的耐心去推行战术。最难对付的是他的亲叔叔，借口生病，不早朝，也不听劝。武灵王虽然心知肚明，但探望之时却绝口不谈正题，天天如此，他叔叔大为感动。

赵武灵王的"忍功"，使他最终成功地推行了改革，这是一种功利主义目标明确的"忍"。

小不忍则乱大谋，这是成就大事之人必须明白的道理。

张居正是明朝名相，他在从政的十年中，大胆地在政治、经济、军事几方面进行了重大改革，使政治安定，经济发展，国家逐渐走上富强之路。

张居正2岁就开始识字，被称为神童。13岁参加乡试时，他年龄最小，却沉着冷静，交上了十分出色的答卷，若非湖广巡抚爱才，有意让张居正多磨炼几年，他肯定中举。终于，几年的发愤读书之后，年仅23岁的张居正考上了进士，开始正式走上仕途。

张居正被选为庶吉士之后，一面大量读书，一面细心思考为官之道。他有满腔的政治抱负，但当时世宗皇帝昏庸，奸臣严嵩为非作歹，他一时无法施展自己的才能，只能选择暂时忍耐。这样的情况持续了十几年，张居正内心十分痛苦。

终于，严嵩在专权15年后倒台了，徐阶接任首辅，张居正也开始得到重用。此时，他又遇上了精明强干、头脑敏锐的政治对手高拱。张居正只得再次忍耐，他明白，在官场中必须学会收敛和隐藏，所以，面对高拱的傲慢无礼，他用谦恭与沉默，无声对抗着。

高拱下台后，张居正资格最老，被召回当了首辅。

张居正掌权后，一改过去那种内敛祥和、沉默寡言的态度，变得雷厉风行、有理有节，在全国范围内实行一场改革活动，把国事整理得井井有条，取得了卓越的政绩。

假如你现在只不过是一个县官而已，今后的前途还受制于自己的上司，要是你的才干一直超过上司，上司就会感到受到威胁，那时，他不但不会赏识你，反而会对你产生偏见。你随时会惹祸上身而又不自知，又怎么能够施展自己的抱负？用心与周围的人协调，适应环境，虽暂时委屈，可实在是为了你将来能有大的作为啊！

"小不忍则乱大谋"，这句话在民间极为流行，甚至成为许多人安身立命的座右铭。有志向、有理想的人，不应斤斤计较个人得失，更不应在小事上纠缠不清，而应有开阔的胸襟和远大的抱负。只有如此，才能成就大事，从而实现自己的梦想。

有时面对一些事情，我们应该做到泰然处之，心胸开阔。如果我们能够将目光放远一些，看这些事情对自己的长远发展是否有利，就不会目光短浅，逞匹夫之勇。

忍要有度，不要一味去忍

忍是一种痛苦，是一种考验，是从幼稚到成熟的过程，是人格和品行的一种境界。忍是一种理智，是感悟人生所得的一种智慧，是经历挫折后的一种持重。

古人作过一首《百忍歌》，虽不尽可取，但也能给人一些启示。文中写道："能忍贫亦乐，能忍寿亦永，不忍小事变大事，不忍善事终成恨""忍得淡泊可养神，忍得饥饿可立品，忍得勤劳可余积，忍得语言免是非"。然而，在现实生活中，懂得忍耐的人却并不多，有的人为一点小事就大动干戈，闹得不可开交，甚至大打出手，枉送掉几条性命。要如何练好这个"忍"字，也是我们现代人不可忽略的一个课题。

有一次，一位青年人因一点小事与人争吵，旁人百般劝解不听，一怒之下打了对方几巴掌。那人当场就晕倒了，送到医院检查，确诊为耳膜穿孔，听力受损。这个小青年赔偿了几千元不算，还被拘留了好几天。事后他十分后悔，说："当时若听他人劝说，忍一忍也就没事了。"

不错，现实生活中有许多矛盾，好多都是鸡毛蒜皮的小事，如果能够宽容一些，就能大事化小，小事化了。但要做到这一点却不容易。

忍字心上一把刀，非常生动形象地告诉我们："忍"必须有巨大的克制力！

从古到今，中华民族有许多关于"忍"的美好故事：蔺相如让廉颇，使廉颇最终放弃傲慢，求得将相的团结，"将相和"的故事也流芳千古；韩信忍得胯下之辱，最终成就了汉王朝的大业……

一个人若能了解"忍"的深意，那他面对挫折就能坦然，面对嘲讽就能凛然，面对名利就能淡然。

要达最高境界，需要锻炼，需要磨炼。我们要从日常小事做起，循序渐进，由小到大，由浅到深，逐渐让自己成为一个有修养有涵养的人。

　　在古印度南部，曾有个侨萨罗王国。国中出了五百个强盗，他们占山为王，拦路抢劫，打家劫舍，杀人放火，无恶不作，商客游人和地方百姓深受其害。地方官员多次出兵征讨，均无功而返，只好报知国王。国王派来精兵良将，经过激烈的战斗，将五百名强盗全部俘虏。

　　国王决定，对这恶贯满盈的五百强盗处以酷刑。这天，刑场戒备森严，杀气腾腾。兵士手持尖刀挖掉了强盗们的双眼，还割掉了有的强盗的鼻子、耳朵，然后将他们放逐到荒无人迹的深山老林中。这座山谷林木葱茏，野兽出没，阴森恐怖。强盗们衣食无着，痛不欲生，撕心裂肺地绝望地号叫着。

　　凄惨的呼叫声传遍四野，也传进了释迦牟尼佛的耳朵。他为这在生死线上挣扎呼救的人们送来了香山妙药，将妙药吹进他们的眼眶。霎时，个个双眼又重见光明。释迦牟尼亲临山谷，给五百强盗讲经说法："你们今日所受的苦难，正是源于过去的罪行。只要洗心革面，弃恶从善，皈依佛门，就能赎清罪孽，修成正果，脱离苦海，进入极乐世界。"众强盗此时悔恨交加，都俯首悔过，口称尊师，成了佛门弟子。从此，这座森林被称作"得眼林"。而这五百强盗在多年以后也终于修成正果，成为五百罗汉。

　　忍让宽容是中华民族的传统美德。古人有训："得饶人处且饶人""退一步海阔天空"。连作恶多端的五百强盗,佛祖都认为应予宽容,更何况我们这等凡人呢?

在人与人之间的日常交往中,宽容忍让是一种积极友好的态度。正因有了宽容,才使我们的家庭关系稳定、人际关系和谐。人们在不同的场合交往接触,总免不了有意见相左、磕磕碰碰的时候,只要不涉及原则性问题,那么,主动退让,宽以待人,不斤斤计较,就有利于减少矛盾,维护人际间的和谐,于人于己,都有莫大的益处。尤其在现代社会,人们出现过于计较个人功利的倾向,更应当大力提倡这种宽容忍让的精神。

但是,什么事情都不能太极端,宽容忍让也要注意"度"。

一条大蛇危害人间,伤了不少人畜,以致农夫不敢下田,商贾无法外出,大人无法放心让孩子上学,人们的正常生活,无法持续。

大伙儿听说有个住持是位高僧,讲道时能点化顽石、驯服野兽。大家便一起找寺庙的住持求救。

不久之后,大师就以自己的修为,驯服并教化了这条蛇,不但教它不可随意伤人,还教它明白了许多道理,而蛇从此也仿佛有了灵性一般。

人们慢慢发现这条蛇完全变了,甚至还有些畏怯与懦弱,就转而开始欺侮它。有人拿竹棍打它,有人拿石头砸它,连一些顽皮的小孩都敢去逗弄它。

某日,蛇遍体鳞伤,气喘吁吁地爬到住持那儿。"怎么了?"住持见到蛇这副德行,不禁大吃一惊。"我……我……我……"大蛇一时间语塞。"有话慢慢说!"住持的眼神满是关怀。"你不是一再教导我应该与世无争，和大家和睦相处吗？可是你看，人善被人欺，蛇善遭人戏，你的教导真的对吗？""唉！"住持叹了一口气后说道，"我是要求你不要伤害人畜，并没有不让你吓吓他们啊！""我……"大蛇又为之语塞。

我们提倡忍的精神，要宽以待人，平和达观，不要在一些枝节问题上斤斤计较，坠入"非此即彼"的极端思想方法。但是，忍要有度，要忍在刀刃上，不是面对什么都一味地忍耐，变成一个麻木、怯懦、奴性十足的人。当坏人行事之时，你不能忍；当别人有难请你相助时，你忍不得。忍，如果去掉"心"，那就相当于失去了良心和道德，这样的无心之忍只能是残忍。所以，我们要把这个"忍"字用到适当处。

忍小事，才能成大事

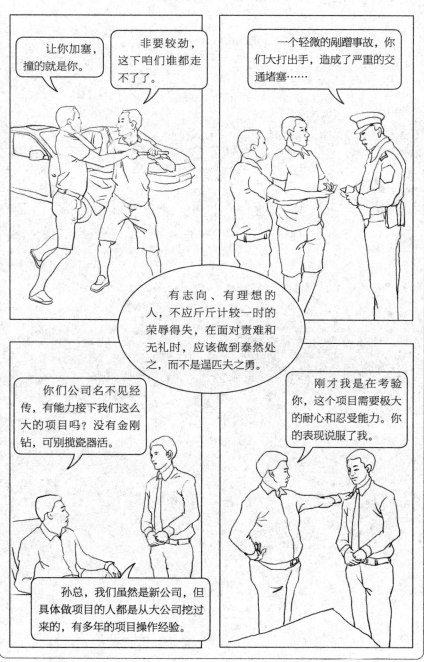

口才情商

修心三不

不生气 不计较 不抱怨

张跃峰 编著

扫码收听全套图书

成都地图出版社

图书在版编目（CIP）数据

口才情商／路天章，李牧怡，张跃峰编著. -- 成都：
成都地图出版社有限公司，2020.5（2023.3 重印）
ISBN 978-7-5557-1478-1

Ⅰ．①口… Ⅱ．①路… ②李… ③张… Ⅲ．①口才学
－通俗读物 Ⅳ．①H019-49

中国版本图书馆 CIP 数据核字（2020）第 068425 号

口才情商
KOUCAI QINGSHANG

编　　著：路天章　李牧怡　张跃峰
责任编辑：吴朝香
封面设计：松　雪
出版发行：成都地图出版社有限公司
地　　址：成都市龙泉驿区建设路 2 号
邮政编码：610100
电　　话：028-84884648　028-84884826（营销部）
传　　真：028-84884820
印　　刷：三河市宏顺兴印刷有限公司
开　　本：880mm×1270mm　1/32
印　　张：15
字　　数：348 千字
版　　次：2020 年 5 月第 1 版
印　　次：2023 年 3 月第 8 次印刷
定　　价：98.00 元（全三册）
书　　号：ISBN 978-7-5557-1478-1

前　言

　　现在流行把生活当作修行。　修行就是一种修心，所谓修心，就是调整、修炼自己的心态。　积极的心态能使人阳光、开朗、活力四射，让人乐意靠近，愿意与之交往。　消极的心态则会使人低沉、颓废、萎靡不振，让人避之不及。　想要拥有积极的心态，我们就要学会：不生气，不计较，不抱怨。

　　不生气是成就卓越人生的大智慧。　生活中，我们往往会因为一些人和事而生气，让我们在工作、生活和待人接物上损失极大，不仅让我们变得烦躁，而且使我们的心胸越来越狭窄。　生气不但无助于问题的解决，还会扰乱我们的心境，恶化我们的人际关系，破坏我们的幸福人生。　更为严重的是，生气还是摧残身体健康的罪魁祸首，会加速我们的衰老。　我们虽然不能做到无贪无嗔无痴，但是我们可以做到不生气。　在人生低谷时奋起，在痛苦时不去计较，在愤怒时选择冷静，在执迷时敢于放弃，用感恩的心看待世界，这样我们就能远离生气，不再让生气损害我们的身心，而是以积极健康的心态面对人生。

　　不计较是造就豁达心胸的大学问。　有得有失的人生是公平的，有成有败的人生是合理的，有苦有乐的人生是充实的，有生有死的人生是自然的。　一个人快乐，不是因为他拥有的多，而是因为他计较的少！永远不要浪费你的一分一秒去想任何你不喜欢的人，也根本不必回头去看咒骂你的人是谁。遇事与人斗力之人，为粗者；遇事与人斗气之人，为愚者；遇事与人斗智之人，为智者；遇事与人斗志之人，为贤者。

不抱怨是获得幸福生活的秘密所在。"对过去不悔，对现在不烦，对未来不忧。"远离抱怨能够让我们幸福、快乐地生活。在无法得到自己想要的东西时，与其耿耿于怀，不如放下心结，整装待发，为下一次的奋斗做好准备。

本书通过富有哲理的小故事和情景案例，阐述了如何通过不生气、不计较、不抱怨来达到成就幸福人生的方法。

目 录

扫码点目录听本书

上篇　不生气

第一章　冷静点，活着不是为了生气

很多愤怒都是自找的／002

遇事不要轻易动怒／004

要善于克制自己／006

少唠叨，多幸福／008

第二章　心放平，生气解决不了任何问题

他人气我我不气／012

及时疏导自己的情绪／014

成功者善于克己制怒／017

做人要戒怨戒嗔／020

1

第三章　好脾气，拥有好情绪才有好福气

　　不做情绪的奴隶／024

　　自我暗示可以改变坏心情／026

　　积极的情绪造就幸福人生／029

　　善于控制自己的思想／032

第四章　放轻松，换一个角度看世界

　　不怒不争做人／036

　　转变视角，赢得快乐／038

　　做真正的自我／040

　　偶尔哭一场，释放压力／042

中篇　不计较

第一章　放开心胸，得到的是整个世界

　　你的胸襟就是你的世界／048

豁达的人生源自一颗懂得宽容的心／050

苛求他人，等于孤立自己／053

己所不欲，勿施于人／055

第二章　别较真，太认真你就输了

不要拿别人的错误来惩罚自己／058

豁达是一种精神的解放／060

别跟自己过不去／063

斤斤计较只会让自己更痛苦／066

计较是贫穷和失败的开始／068

第三章　轻得失，放下就是拥有

有失才有得／072

放下才会远离烦恼／074

自私最可怕／077

用平常心看待得失／080

放下就是拥有全世界／084

第四章　懂知足，珍惜眼前的幸福

　　知足是通向幸福的捷径／088

　　简单的幸福／091

　　欲望越少越幸福／094

　　平淡生活，才能快乐常在／097

　　乐观地面对生活／099

下篇　不抱怨

第一章　还在抱怨吗？看看会带来什么

　　抱怨会将你带入死胡同／104

　　抱怨是产生隔阂的根源／108

　　抱怨是不幸婚姻的始作俑者／110

　　抱怨性的话语往往与坏事成正比／114

　　抱怨者，人人避而远之／116

第二章　别抱怨，每个人的人生都有坎坷

人生没有过不去的坎／120

冬天总会过去，春天迟早会来临／122

不要把自己禁锢在眼前的苦痛中／124

笑迎人生风雨／126

砸烂差的，才能创造更好的／128

第三章　内心足够强大，自然远离抱怨

抱怨是世界上最没有价值的语言／132

抱怨往往来自心理暗示／134

怨天尤人不如改变心态／136

内心足够强大，生命就会屹立不倒／138

幸福就在你心中／140

别把抱怨当成习惯／142

不要抱怨生活的不公平／145

失去可能是另一种获得／147

上篇

不生气

扫码点目录听本书

第一章　冷静点，活着不是为了生气

扫码点目录听本书

很多愤怒都是自找的

愤怒是一把摇椅，你一旦坐上去，它就会一直摇呀摇，总也停不下来；如果你跳下摇椅，它就会自己慢慢停下来。生活本已不易，再自找很多气受，岂不是在跟自己较劲？有一个心理学家做了一个很有意思的实验：他要求一群实验者在第一周周末晚上，把第二周会生气的事情都写下来，然后投入一个大纸箱中。到了第三周的星期日，他与成员逐一核对每项实际发生的情况，结果发现其中的 90％ 并没有真正发生。

接着，他又要大家把那 10％ 真正发生的让人气愤的事重新丢入大纸箱中，等过三周，再来寻找解决之道。结果到了开箱的那一天，大家发现这真正发生的 10％ 的事也已经不足为虑了，因为他们有能力去解决了。

每个人都有七情六欲，生气也是人之常情，但很多愤怒是人们自己找来的，这就是所谓的自找气受。富兰克林·皮尔斯·亚当斯曾以失眠做比喻，他说："失眠者睡不着，因为他们担心会失眠，而他们之所以担心，正是因为他们不睡觉。"

生活中，有些愤怒根本是人们主动找来的。本来只是一件微不足道的小事，那些乐观开朗的人多会一笑而过，而那些心胸狭窄的人却会为它大动肝火。痛苦的人不过是养成了愤怒的习惯，他们总是对生活中的事物抱以消极的态度，他们不相信他人，对社会环境和自然环境不满，觉得公司的同事难以相处。

有些潦倒落魄的人总是抱怨上天不公，哀叹自己的时运不济。他们怨天尤人，整日念叨着自己有多么倒霉，却不愿意为改变眼下的困境而努力。

有位自主创业的年轻人，能力不错，他办的公司业务发展得也很好。但后来因婚姻不和谐，他总是动不动就发火，公司的员工忍无可忍，纷纷跳槽了，公司自然也就做不出什么业绩。时间久了，大家都认为在他的公司里不可能有好的前景，便没人愿意到他的手下做事。很快，公司就倒闭了。

当愤怒这种情绪出现在老板身上时，那就太糟糕了。情绪具有很强的传染性，老板的愤怒会以最快的速度逐级往下传播，最终让整个公司的员工都满腔怒火，没有心情去工作。

对于自己旺盛的精力，我们不应该用到错误的地方，不要整天想着自己被打压、被虐待、被冷嘲热讽、被不公正对待，好像自己是各种邪恶势力侵害的对象，时刻沉浸在愤愤不平的怒火中。这其实是一种病态心理，会逐渐侵蚀你原本健康的心灵，并把这种损害逐渐蔓延到你生活中的每一个角落。愤怒会磨灭一个人的理智，摧毁你原本幸福的人生。

我们要对自己、对生活抱有希望，保持乐观、平衡的心态。任何困难都只是暂时的，阳光终会穿过云层普照大地。 不要养成易动怒的习惯，为一些细枝末节的事情愤怒不已。 事实上，很多愤怒都是自找的。 你原本可以感受更多的欢乐，过着更加幸福的生活。 不要自己跟自己较劲儿，主动去找气受，这无论是对你的身体、精神，还是对你的工作和生活，都有害无益。

马克·吐温晚年时曾感叹道："我的一生中很多时候都在为一些莫名其妙的事情生气，没有任何行为比无中生有的愤怒更愚蠢了。"

遇事不要轻易动怒

在非洲草原上，吸血蝙蝠在攻击野马时，常附在马腿上，用锋利的牙齿极其迅速地刺破野马的腿，然后用尖尖的嘴吸血。无论野马怎么蹦跳、狂奔，都无法驱逐这种蝙蝠，蝙蝠可以从容地吸附在野马身上，直到吸饱吸足，才满意地飞去。而野马常常在暴怒、狂奔、流血中无可奈何地死去。

事实上，害死野马的不是吸血蝙蝠，而是它们自己。 动物学家们经过研究发现，吸血蝙蝠所吸的血量是微不足道的，根本不会让野马死去，导致野马死亡的真正原因是它暴怒的性格。

俗话说："一碗饭填不饱肚子，一口气能把人撑死。"如果我们遇事也如同发狂的野马那样，不能控制心态，不能理智、冷静地面对一切，就很有可能自取灭亡。

悲欢离合本是常理。我们生活在充满矛盾的世界上，谁没有遇到过让人生气、令人气愤的事呢？然而，无论从生理健康还是心理健康上讲，遇到不顺心的事就勃然大怒是百弊无一利的。因为怒气犹如人体中的一枚定时炸弹，不仅会毁灭他人，还会给自己带来灭顶之灾。

林则徐自幼聪颖，但是喜怒无常的性格让他的父亲林宾日忧心忡忡，为此，林宾日经常教育林则徐遇事不要冲动。有一天，林宾日给林则徐讲了一个"急性判官"的故事：某官以孝著称，对不孝之子绝不轻饶，必加重处罚。一日，两个贼人入户盗得一头耕牛，又把这家的儿子五花大绑押至县衙，向县官诉其打骂父母不孝之罪。该官一听儿子竟然打骂父母，犯下不孝之罪，于是不问青红皂白，喝令衙役杖责其50大棍。直到这家老母跌跌撞撞赶来说明真相，糊涂的县官这才想起找两个贼人算账，可两个贼人早已逃得无影无踪了。

这个故事给林则徐留下了难以磨灭的印象，从此非常注意控制自己的情绪，提升自己的修养。所以说，时刻克制自己的情绪，对自身百利而无一害。

要善于克制自己

周末，几个女同事聚在一起吃午餐，聊着聊着，话题就转到单位人事管理上，批评起这个部门的主管不好，那个部门的主管看起来色眯眯的。就连董事长的儿子、女婿也难逃一劫，一个一个都被她们评头论足了一番。

几个女人七嘴八舌，东一句西一句，越说越起劲，说得是眉飞色舞的。

正当她们聊到精彩部分时，看到行政部门的小刘拿着快餐走过来，就热情地叫他过来一起用餐。多了位听众，女人聊闲话的功夫更是发挥到极致。一位陈小姐正在批评刚上任的男经理，她悻悻然地说："哼！什么都不懂，还老是摆个臭架子，依我看，我们小刘都比他强多了。小刘，你说是不是啊？"

小刘正低着头吃饭，无端端被卷入这场谈论中，为了阻止这个话题继续，小刘忽然抬起头来，望望四周，神秘兮兮地说："但是，我听经理说过他非常欣赏你，还想约你出去看电影，他到底约了没？约了没？"

大家听了，原本一肚子的话顿时卡在喉咙里，众人的眼光不约而同地集中在陈小姐泛红的脸上。这下子，陈小姐可成了八卦新闻的女主角。

其实，新上任的经理，人才和品德都出类拔萃，哪里会去喜欢一个成天在背地里说人是非、唯恐天下不乱的女人？这只不过是小刘为了耳根清净，虚晃一招罢了。

小刘的这招还真管用，接下来的时间里，大家都低着头默默无语，几个人狐疑的目光轮流在陈小姐脸上打转。陈小姐终于尝到被人在背后论长论短的滋味了。

当八卦制造机成为八卦中的主角时，这台机器的运转功能一定会大大削减。的确，说别人那些无关痛痒的是非，可以有效地促进同事间的情谊，为平淡的工作增添一些色彩，但是这种行为却是把自己的快乐建立在别人的痛苦上。

不实的谣言，不管你再怎么强调你只是"听说"，不管你之后如何道歉补救，只要有一个人相信，伤害就已经造成。将心比心，换成你是当事人，你做何感受？

"根据可靠的消息指出，这个世界上根本就没有可靠的消息。"一位幽默作家这么写着。谣言止于智者，但愿你与我都能够有这样的智慧。

对智者固然要称道，对愚者也不应嘲笑，至于对诽谤的最好回答，就是无言的蔑视。

但是，细想想，当我们操心他人的流言蜚语时，我们又是否真正地静下心来思考过自身的问题呢？

我们不得不承认：任何粗鲁行为都只能在一定条件、一定范围内才被人们所容忍。当你的粗鲁与你所处地位不相符时，人们就会对你进行攻击。因此，从另一种角度来说，最终的责任都在你自己身上。

少唠叨，多幸福

唠叨这个词似乎是男人形容女人的常用词汇。卡耐基在他的《人性的弱点》中说过：唠叨是爱情的坟墓。但是，绝大多数女人并没有意识到这一点，也不承认自己的唠叨会对婚姻生活产生负面影响，甚至认为自己的唠叨是对对方的爱，以为唠叨可以改变丈夫的缺点，提醒男人完成他们必须做的事情，如做家务、吃药、修理坏了的家什、把他们弄乱的地方收拾整齐等。

然而，男人很多时候并不认同女人的唠叨。通常而言，当女人不断重复她的命令时，男人听到的只有一个声音：唠叨。唠叨就像漏水的龙头一样，将男人的耐心慢慢地消耗殆尽，并且逐渐累积起一种厌倦。世界各地的男人几乎都将女人的唠叨列在最讨厌的事情之首。陶乐丝·狄克斯认为："一个男性的婚姻生活是否幸福，和他太太的脾气性格息息相关。如果她脾气急躁又唠叨，还没完没了地挑剔，那么即便她拥有普天下的其他美德也都等于零。"

对于女人来说，如果她对男人的唠叨不能起到作用，她还会变得很气愤和怨恨，认为男人不应该这样对她视而不见、对她的话听而不闻，结果也容易陷入"越生气越唠叨""越唠叨越生气"的怪圈，影响夫妻之间的感情和家庭的和睦。

李轲从大一时，就和刘龙谈起了恋爱。大学一毕业，他们就结婚了。可是自从结婚后，李轲的手中就拿起了一把无形的尺子，只要见到丈夫就要量一量。丈夫洗衣服时，她会说："你看看，这领子、这袖口，你怎么连衣服都洗不干净，还能干什么？"丈夫做饭，她会说："哎呀，你做的菜不是咸就是淡，一点谱都没有，怎么吃呀？"丈夫做家务，她会说："你看这地擦得一点都不干净！"丈夫在外办事，她更是唠叨个没完："你看你，连话都不会说，让人怎么信任你呢？"诸如此类，家庭噪声不绝于耳。

刚开始的时候，刘龙常常忍着不吱声，时间久了，他也感到不满了，就说："嫌我洗衣服不干净，你自己洗。"然后把衣服一扔，摔门而去。有时还会说："觉得我做饭不好吃，以后你做，我还懒得做呢！"有时候，他也会大发雷霆，与李轲大吵一通，然后两人几天谁也不理谁。

过几天两人和好后，李轲仍改不了自己的习惯，仍然会在丈夫做事时唠叨不止，而且每次唠叨后丈夫也没太大的改进，李轲就更加生气、更爱发脾气。终于有一天，李轲又在唠叨丈夫不做家务，刘龙再也无法忍受，把所有的碗都摔在了地上，大声吼道："你烦不烦！看我不顺眼，干脆离婚算了！"

李轲万万没有想到刘龙会说出离婚两个字，她顿时泪如雨下："我说你，还不是为了你好？换了别人我还懒得说呢！要离婚，好，现在就离！"

后来，李轲在朋友的提醒下，明白是自己对丈夫太苛刻了。其实，衣服有一两件洗不干净是常有的事；丈夫不是大厨，所以不要以大厨的水平要求他；家务活谁都可能出点纰漏；一个人偶尔说错一两句话也是在所难免的。而自己不断的唠叨，却把这些常人都有的小毛病无限放大。正是因为她对丈夫的挑剔，才使得丈夫离自己越来越远。

女人之所以唠叨，是因为她们希望丈夫能认识到自己的"错误"，从而积极地进行改正。即使不能使对方承认自己的错误，至少能让他不再继续这种行为了。然而，唠叨的女人最主要的错误就在于：她们提出问题的方式不对，因为她们从来不从正面说"我希望你做什么、怎么做"，而是指责对方"你从来不倒垃圾""你总是把衣服扔在一边不捡"……她们提出的要求总是间接的，里面还包含了指责。而且这些间接提出的要求随时随地都可能冒出来，如果男人不能按照她们的思维行动，她们就会更加气愤，唠叨也更加厉害。

其实，这样的唠叨毫无意义，而且是自我挫败性的，只会造成两败俱伤的局面。一旦这种带有腐蚀性的抱怨成为一种习惯，就可能造成家庭关系紧张，甚至导致家庭暴力。

既然唠叨不能解决问题，女士们就要寻找更有效的途径来解决问题。比如，当丈夫忘记了结婚纪念日时，你与其对他唠唠叨叨抱怨不停，不如自己操办一个小小的纪念日活动，这样他就会对你心怀歉意，并会万分感激你的宽宏大量，相信以后他再也不会忘掉结婚纪念日，这样的方式不是比唠叨更好吗？所以，比起唠叨，你完全可以用其他的方法更好地实现你的目的。

遇事不要轻易动怒，学会控制自己

> 小刚这次又考了100分，你才得了80分，你怎么这么不上进！

家长随意发火不利于孩子的健康成长

家长要多关注孩子的进步和努力，不要一味盯着分数看，和他人攀比。过度高压的氛围不利于孩子的学习进步和健康成长。

> 这次犯错没关系，吸取教训，下次不再犯同样的错误就好。

心平气和地鼓励胜过不问缘由地发火

一味发火不仅解决不了问题，还会让身边的人胆战心惊，更不利于事情的开展。所以发脾气前要三思，不要胡乱朝身边人发火。

第二章 心放平，生气解决不了任何问题

他人气我我不气

　　人在要生气和发生冲突时，语调会渐渐高涨起来，这点需要警惕。 比如当两个人在生气的时候，心的距离是很远的，为了掩盖当中的距离，使对方能够听见，必须要喊起来，但是在喊的同时，人会更生气，更生气距离就更远，距离更远就又要喊声更大。 若此时你能有意识地控制自己音量，心平气和地说话，说明你已经成功了，你会感到愉快。

　　中国有句俗语："大事清楚，小事糊涂。"意思是对一些原则性问题要清楚，处理要有准则，而对生活中无原则性的、不中听、看不惯的错事、小事，不能认真计较，更不要往心里去，甚至对吃了亏该生气的事，也一笑了之。 这种"小事糊涂"的态度，对身心健康颇有裨益。 在生活中，奉行"小事糊涂"，是改变狭隘的心胸的有效方法。 做人不要小肚鸡肠，要有"宰相肚里行舟船"的雅量。 对人处事，多看他人长处优点，以弥补自己的不足，即使一时受到误解，也莫以牙还牙，要能忍为上，宽容为大。 有了

广阔的胸怀，就会目光远大，以事业为重，考虑的是有意义的大事，而不去斤斤计较非原则的小问题，这样，即使面临令人尴尬的事也不会雷霆震怒了。

讲一个有意思的故事：

从前有一个叫爱地巴的人，每次当他要生气和人起争执的时候，他就以很快的速度跑回家去，绕着自己的房子和土地跑三圈，然后坐在田地边喘气。爱地巴工作非常努力，他的房子越来越大，土地也越来越广，但不管房地有多大，只要与人争论生气，他还是会绕着房子和土地跑三圈。爱地巴为何每次生气都绕着房子和土地跑三圈？所有认识他的人，心里都有疑惑，但是不管怎么问他，爱地巴都不愿意说明。

直到有一天，爱地巴很老了，他的房地已经很大，他生气时拄着拐杖艰难地绕着土地跟房子走，等他好不容易走完三圈，太阳都下山了。爱地巴坐在田边喘气，他的孙子在身边恳求他："阿公，您年纪已经大了，这附近地区的人也没有人的土地比您更大，您不能再像从前，一生气就绕着土地跑啊！您可不可以告诉我这个秘密，为什么您一生气就要绕着土地跑上三圈？"爱地巴禁不起孙子恳求，终于说出隐藏在心中多年的秘密，他说："年轻时，我一和人吵架、争论、生气，就绕着房地跑三圈，边跑边想，我的房子这么小，土地这么小，我哪有时间，哪有资格去跟人家生气，一想到这里，气就消了，于是就把所有时间用来努力工作。"孙子问道："阿公，您年纪大了，又变成最富

有的人，为什么还要绕着房地跑?"爱地巴笑着说:"我现
在还是会生气，生气时绕着房地走三圈，边走边想，我的
房子这么大，土地这么多，我又何必跟人计较? 一想到这
里，气就消了。"

当火气将要冒出、身陷"心理火炉"时，不妨在心中唱唱《不
气歌》。这首歌的歌词是:"他人气我我不气，我本无心他来
气，倘若生病中他计，气出病来无人替。请来医生将病治，反说
气病治非易。气之为害大可惧，诚恐因病将命废。我今尝过气中
味，不气不气真不气!"风趣幽默的《不气歌》唱罢，再凝神静想
一番，相信你一定会情绪松弛，火气减轻，不满消失，说不定还会
不自主地笑上一笑呢。

及时疏导自己的情绪

有人说:"人一生的历史就是一部同消极情绪做斗争的历
史。"这句话似乎有点夸张，但未必没有道理。确实，克服内心
的消极情绪对我们人生的成功具有重要的意义。如果我们总是容
易生气，任由"气团"不断横冲直撞，那么，本来应该成功的我们
也有可能会发挥失常，这是很浅显的道理。对于大多数足球迷来
说，2006 年的世界杯并不陌生，当时，决赛在法国队与意大利队之
间进行。双方在 90 分钟内战成 1∶1 平。加时赛的最后 10 分

钟，由于对手的挑衅，法国著名球星齐达内突然情绪失控，一头将对方后卫顶倒在地。 主裁判直接出示红牌将其罚下，齐达内就这样以一张红牌为自己的足球生涯画上了句号。 最终，少了齐达内的法国队在点球大战中输给意大利。 这就是情绪失控的恶劣后果。 负面情绪是成功致命的阻碍，尤其当我们即将获得成功的时候，我们会在负面情绪的影响下发挥失常。 所以，我们应该及时疏导自己的情绪，化解"气团"，这样我们才有可能赢得最后的成功。

在大不列颠战争中，英国轰炸了德国的柏林，这一行为使希特勒非常生气。一气之下，希特勒开始把攻击对象从天空转移到陆地，对英国各大城市进行大规模的轰炸。然而，轰炸并没有对英国造成重大的损失和人员伤亡。相反，英国很好地利用了这一契机，重新部署了雷达系统。这样看来，希特勒的生气实则减轻了英国机场的压力。

生气就像一只乱飞的苍蝇，让我们的内心失去原有的平静，这时，我们有可能会对问题的判断失准，从而做出一些难以挽回的决定。 所以，在生气的时候，要慎重做决定，否则将会带来一些不必要的麻烦，甚至会导致整个计划的失败。

1965 年 9 月 7 日，世界台球冠军争夺赛在美国纽约举行。当时，闻名世界的台球选手路易斯·福克斯十分得意，胸有成竹，因为他的成绩遥遥领先于其他选手，只要正常发挥，便可登上冠军的宝座。

就在路易斯·福克斯准备全力以赴拿下整个比赛的时候，发生了一件令人意想不到的小事：一只苍蝇落在了主球上。刚开始，路易斯并没有在意，他挥手赶走了苍蝇，然后就俯身准备击球。可是，当路易斯的目光重新集中到主球上的时候，那只可恶的苍蝇又停留在了主球上，路易斯皱着眉头再次赶走了苍蝇。这时，细心的观众发现了这一现象，不时发出阵阵笑声，大家都饶有兴趣地看着路易斯的一举一动。路易斯摇了摇头，再次俯身准备击球，谁知那只苍蝇好像故意与他作对似的，又落在了主球上。

　　就这样，路易斯与那只苍蝇一直周旋着，观众的笑声一阵接着一阵，人们似乎并不是在观看台球比赛，而是在看滑稽表演。此时，路易斯的情绪显然恶劣到了极点。当那只苍蝇再次落在主球上的时候，路易斯终于失去了理智和冷静，他气得用球杆去击打苍蝇，却不小心碰到了主球。裁判判他击球，路易斯因此而失去了一轮的机会。

　　约翰·迪瑞是这场比赛中路易斯的对手。本来，约翰认为自己败局已定，但是，见路易斯被判击球，约翰不禁信心大增，连连打出好球。而路易斯在愤怒情绪的驱使下，连连失利。最后，约翰获得了世界冠军，路易斯输掉了比赛。

一只小小的苍蝇，击败了一个世界冠军。在愤怒情绪的驱使下，路易斯发挥失常，最终与胜利失之交臂。我们在扼腕叹息的同时，不禁为此感到震惊。这就是愤怒情绪积压成"气团"后的力量，它将我们阻拦在成功大门之外。

我们每天都会面对许多情绪，情绪似乎影响了我们的生活。有人这样说道："一切争吵都是从情绪开始的，一切纷争都来源于情绪。"生气往往会引起强烈的行为反应，甚至有可能产生连锁反应，最后导致一连串糟糕的后果。

成功者善于克己制怒

喜怒哀乐，悲欢离合，升迁失落，往往使人失去理智。意外的收获使人惊喜，意外的失落使人愤怒。喜与怒总是与一定的人生际遇有关。

感情是可贵的，但不能感情用事。如果说感情能骤然爆发出使事业成功的力量，那么理智则是通向事业成功的桥梁。感情一旦失去了理智的约束，就难免会把人带入失败的深渊。

有这样一则寓言故事：

河里有一种叫作河豚的鱼。它喜欢在桥墩间游来游去，有时一不当心，迎头撞在桥墩上，它便怒气勃勃，无论如何都不肯游开。

它怨恨桥墩，它怨恨水流，它怨恨自己……于是，它张开两腮，竖起鳍刺，满肚皮充满了怒气，浮到水面上来，许久都不动一下。

这时，一只水鸟掠过河面，一把抓过圆鼓鼓的河豚，享受了一顿鲜美的午餐。

一般来说，青年人好胜逞强、血气方刚，情绪波动大，更易发怒。通常情况下，发怒容易使人失去理智，给我们的身体乃至学习、工作和生活造成危害，所以我们应加强自身修养，做到克己制怒。

常言道："急则有失，怒则无智。"发怒时人常常失去理智，因此古人云：怒不可以兴师。《孙子兵法·火攻》中说："主不可以怒而兴军，将不可以愠而致战。合于利而动，不合于利而止。怒可以复喜，愠可以复悦，亡国不可以复存，死者不可以复生，故明君慎之，良将警之。"意思是说，一国之主，不能凭一时之愤怒决定兴师，一军之将不可以凭一时之愤怒率众出战。因为怒而兴师出战，很可能决策失误，损兵折将，导致被动。愤怒之后可以重新欢乐，怨恨之后可以重新喜悦，但国亡不可复存，人死不会复活。所以，兴师动众，一定要有利而动，无利则止，慎之再慎。

历史上有许多因"怒而兴师"导致的悲剧。

楚汉相争时，项羽吩咐大将曹咎坚守城皋，切勿出战，只要能阻住刘邦15日，便是有功。项羽走后，刘邦、张良使了个"骂城计"，派兵进抵城下，指名辱骂，画着漫画，污辱曹咎。曹咎怒从心起，立即带领人马，杀出城门。汉军早已埋伏停当，只等楚军出城，一见楚军入瓮，霎时从四下里杀出，只杀得曹咎全军覆没。

对于一个聪明的领导者来说，一定不要怒而决断；对于一个头脑清醒的人来说，应做到避免怒而行事。明白事理的人都会知道自己什么时候心情不好，精明的人还要懂得在自己不清醒的时候决不采取任何行动，要等到能够对自己面临的难题付之一笑才可采取行动。愤怒时不采取任何行动，"三思方举步"，这是容易发怒者避免失误的妙法。一个高明的人应尽量做到少怒，最好不怒，这就需要我们掌握克己制怒的本领。

（1）要锻炼息怒。怒，一般是短时的生理反应，因此，莎士比亚把怒比为"激情的爆炸"。此刻制怒的关键在于掌握时间，延缓时间消弭"激情的爆炸"，就会使怒平息下来。

如果争论激烈，用词尖锐，则宜暂时停止，待双方平静下来，是非逐渐就会明白。

（2）要合理泄怒。怒火中烧，怒不可遏，如果把委屈、冤枉都憋在心里，久而久之很可能会抑郁成疾。如《三国演义》中诸葛亮三气周瑜，终使其发怒而死。当我们泄怒时，可以寻找适当合理的方式，因为宣泄是人人都会的，关键在于能不能正确、合理而又不损伤他人利益地宣泄，这也反映出一个人的涵养。

当然，我们讲制怒，并不是不许怒，成为事事无动于衷的胆小鬼。岳飞脍炙人口的《满江红》中，"怒发冲冠，凭栏处"，表现出正义之怒。钟馗抓鬼的传说中载，"钟馗听说一具鬼子，怒从心生，拔剑就砍"，表现出凛然之怒。这些人性中的合理愤怒是值得效法的。我们所说的制怒，是克制在人与人正常交往中所不应发之怒，以及在大是大非面前保持冷静的头脑，做出理智判断的处理方法。

做人要戒怨戒嗔

在很久以前的波罗奈国，有一个人，靠着做苦力为生。他是一个非常勤俭节约的人，每当他的手头有些积蓄的时候，他就会把这些钱都换成黄金封藏在瓶罐里，然后再把这个钱罐埋藏在家中。看着家中的黄金一天天地增加，他的快乐也跟着增加。

随着日子一天天无声无息地过去，这个人始终没有改变这个存钱的习惯，他终生省吃俭用的结果，就是换来了满满七个瓶罐的黄金。此时的他也已年老体衰，身体多病，但他却仍然不肯花钱请医生治疗，最后终于留下他的满满七罐黄金，叹息着离开了人世。

他死后，由于心怀嗔恨并念念不忘他生前所留下的黄金，他变成了一条毒蛇，日日夜夜地守护着他生前所埋藏的黄金。就这样，斗转星移，世事变迁，经过了一万年之后，有一天，他突然醒悟到，他就是由于放不下这样的执着和嗔恨，才使自己一万年来始终脱离不了蛇身。当从这样的嗔恨中觉悟后，他很快就获得了解脱。相传，这条毒蛇就是舍利弗的某个前身。

执着的嗔怨之心对一个人来说就是枷锁和牢笼，当一个人对某件事情痴迷不悟时，他的心就会如同针眼一般狭小，容不下任何其他事情，甚至为了这份执着他还会一错再错，直到使自己坠入万丈深渊。而那些将自己的心打开的人，则会感到心胸开阔，天地无限宽广，生活也无限美好。就像故事中的这条毒蛇，由于心中放不下嗔恨和对黄金的执着，一万年来都不得解脱。当它有一天幡然醒悟时，才终于发现，原来自己一直都陷在自己那执着的迷梦里。

对怨恨的执着会将我们打入心灵的牢狱之中，让我们一味地守在"受辱、受害、受杀"的怨怼里，然后我们就会急于要寻找到我们的仇家，以发泄我们心中的怨恨、不满和不快，来为我们虚幻不实的"受辱、受害、受杀"的心灵感受讨回它应有的公道。

对于怨嗔的执着就是让我们感到苦痛的根源，但当有一天我们突然觉悟了，就好像是从一个执迷的梦中清醒过来了一样。此时的我们才发现，原来，怨恨和所有其他的不良情绪一样，都是一种虚幻不实的东西。原来心灵的领域可以如此开阔和自在，而执着于怨嗔之中，就是自己放弃了让自己快乐的源泉。

能够做到戒怨戒嗔、控制自己的不良情绪，的确不是一件容易的事，这需要有顽强的毅力。

有一个男孩有着很坏的脾气，于是他的父亲给了他一袋钉子，并且告诉他，每当他发脾气的时候就钉一根钉子在后院的围篱上。

第一天，这个男孩钉下了 37 根钉子。但慢慢地，这个男孩发现控制自己的脾气要比钉下那些钉子来得容易些。所以，他每天钉下钉子的数量就逐渐减少了。

终于有一天，这个男孩再也不会失去耐性乱发脾气了。

当他把这件事情告诉他的父亲之后，他的父亲告诉他，从现在开始，每当他能控制自己的脾气的时候，就拔出一根钉子。

日子一天天地过去了，最后男孩告诉他的父亲，他终于把所有的钉子都拔出来了。

父亲握着儿子的手和他来到后院说："你做得很好，我的好孩子。但是看看那些围篱上的洞，这些围篱将永远不能恢复成从前的样子了。你生气的时候说的话就像这些钉子一样，会给别人留下疤痕。如果你拿刀子捅别人一刀，不管你说了多少次对不起，那个伤口也将永远存在。话语的伤痛就像真实的伤痛一样令人无法承受。"

小男孩点了点头，他终于明白了父亲的意思。

人与人之间经常会由于一些难以释怀的坚持和嗔怨等不良情绪，而造成相互之间永远的伤害。倘若我们都能从自己做起，严格要求自己，宽容地对待他人，相信你一定可以建立起和谐融洽的人际关系。为自己的心灵开启一扇宽容的心窗，摒弃自己的嗔怨情绪，让满足与快乐永远驻足，你将会看到一片更为广阔而又蔚蓝的天空。

情绪误人误事

不要把情绪带入工作中

人在愤怒下说出的话往往会带来令人追悔莫及的后果。所以成熟的职场人往往公私分明，十分在乎自己的专业性，不会把私人情绪带入工作场合。

情绪害人又害己

交通事故给人带来气愤的心情可以理解，但生气也要注意影响，发脾气也要以不误事、不给他人带来困扰为前提。

学会控制自己的脾气，多一些宽容

我们要学会及时调节情绪，排解压力，多去理解别人的苦心，即使生气，也不轻易说伤害人的话。

第三章　好脾气，拥有好情绪才有好福气

不做情绪的奴隶

你曾经有过这样的经历吗：考试前焦虑不安、坐卧不宁；受到老师、父母批评后眼前一片空白，不愿上学；和同学朋友争吵后，气得上街乱逛，买一堆不合时宜的东西泄愤。

像这类"犯规"的举止，偶尔一次还不要紧，如果经常这样，可就要小心了！因为不知不觉中，你已经成了"感觉"的奴隶，陷于情绪的泥淖而无法自拔，所以一旦心情不好，就"不得不"坐立不安、"不得不"旷工、"不得不"乱花钱、"不得不"酗酒滋事。这样做不仅扰乱了自己的生活秩序，也干扰了别人的工作、生活，丧失了别人对你的信任。

对有些人而言，情绪不亚于洪水猛兽，唯恐避之不及！领导常常对员工说："上班时间不要带着情绪。"妻子常常对丈夫说："不要把情绪带回家。"……这无形中表达出我们对情绪的恐惧及无奈。因此，很多人在坏情绪来临时，莽莽撞撞，处理不当，轻者影响日常工作，重者使人际关系受损，更甚者导致身心遭受疾病的侵袭。

美国著名心理学家丹尼尔认为，一个人的成功，只有20％是靠智商，80％是凭借情商而获得。而情商管理的理念即是用科学的、人性的态度和技巧来管理人们的情绪，善用情绪带来的正面价值与意义帮助人们成功。

当你明白自己的情绪不对劲后，你要去分析，有哪些责任是自己应该负责却没有做好的，又有哪些责任是外在的原因造成的。比如，你因迟到遭到上司的罚款处罚，心情很沮丧。那你就要追问自己："造成此事的是自己的原因还是外部的原因？"如果是属于堵车之类的外部原因，那么不必太在意。如果是自己动作慢，常起晚的原因，那就改变习惯而不是谴责自己。如果因此养成了良好的习惯，那受到领导的处罚也是值得的。

通常情况下，人们会将自己遭遇的不幸归因到外界。比如，上司批评自己是因为一直就看不惯自己，而这种假想出来的不公平感会让人的情绪雪上加霜。此时，如果你能够及时地消除这种"假想"，就可以卸掉一个沉重的包袱。

此外，对于已发生的事情，可能已经对现实造成了一定的影响，比如你说错了一句话，可能得罪了上司。你除了要认识到无论之前发生了什么，都属于过去外，还要寻找一些解决问题的具体措施。比如，要如何做才能减轻自己给领导造成的负面印象？怎样才能让领导重新信任自己？为此，你可问自己几个问题：

（1）这件事的发生对自己有什么好处？

（2）现在的状况还有哪些不完善？

（3）你现在要做哪些事情才能达成你需要的结果？

（4）在达成结果的过程里，哪些错误你不能再犯？

当人面对对自己有威胁的事情时，会产生恐惧、担忧、焦虑，而如果此时积极思考解决问题的方法，不仅可以增强自己对事情的

"可控制力"的培养，你的负面情绪也就会得到缓解。

长期情绪消沉，对一个人各系统的功能有极大的影响。怎样摆脱和消除不良心理情绪呢？美国密歇根大学的心理学教授兰迪提出了七种比较有效的方法：

(1)针对问题设法找到消极情绪的根源。

(2)对事态加以重新估计，不要只看坏的一面，还要看到好的一面。

(3)提醒自己，不要忘记在其他方面取得的成就。

(4)不妨自我犒劳一番，譬如去逛街，逛商场，去饭店美餐一顿，听歌赏舞。

(5)思考一下，避免今后出现类似的问题。

(6)想一想还有许多处境或成绩不如自己的人。

(7)将自己当前的处境和往昔对比，常会顿悟"知足常乐"。

自我暗示可以改变坏心情

自我暗示，也就是自己主动地通过言语、手势等间接含蓄的方式向自己发出一定的信息，使自己按照自己示意的方向去做。事实上，心理学家认为，自我暗示有消除恐慌和消极心态的功能。美国心理学家威廉斯说："无论什么见解、计划、目的，只要以强烈的信念和期待进行多次反复的思考，那它必然会置于潜意识中，成为积极行动的源泉。"有的人以前只不过是一个小人物，但是，他后来竟然获得了成功，如果一定要追寻其中的原因，那就是每次遇到糟糕的事情，他们总是能保持积极的情绪，安慰自己：一切都会好的。其实，这就是一种自我暗示。在苏联电影里，警卫员瓦西里坚定地告诉妻子："面包会有的，牛奶会有的，一切都会有的。"这其实也是一种心理暗示。积极的心理暗示可以让我们摆脱坏心情的枷锁，重新找回久违的快乐。

在生活中，我们每个人都有遭遇坏心情的时候，我们应该清楚这一点：如果我们没有办法改变事实，那就改变心情吧。时刻给予自己这样的忠告：一切都会好的，不管多么生气、愤怒，依然没有办法改变事情，那么，不如选择一份好心情吧。当然，在很多时候，"一切都会好的"无异于自我安慰，甚至有的人说这是"自欺欺人"。哪怕是自欺欺人，但我们能获得平和的情绪，那又何乐而不为呢？坏心情，将会影响我们大脑的正常思考，麻痹我们的神经，使我们变得越来越堕落。如果任由这样的状态持续下去，不仅做不好任何事情，反而会把自己推向深渊。如果一份平和的情绪，有助于我们寻找到解决问题的办法，那么，即使是安慰自己、欺骗自己，只要我们能有希望解决问题，这就是行之有效的办法。因此，在生气或愤怒的时候，试着对自己说一句：一切都会好起来的。在这样乐观的心态下，或许一切事情真的会好起来了。

一位哲人见生活贫困的朋友整天愁眉苦脸，一脸苦相，他就希望自己能够找出一个方法让朋友重新快乐起来。但是，无论哲人怎么说，那位贫困的朋友就是快乐不起来，反而认为哲人是在奚落自己。为了让朋友接受自己的建议，哲人想出了一个好办法，他对那位朋友说："你愿不愿意离开你的妻子？愿不愿意丢弃你的孩子？愿不愿意拆掉你的破房？"那位贫困的朋友坚决地摇摇头，哲人接着说道："对啊！你应该庆幸自己有一位默契的伴侣，庆幸自己有一个可爱的孩子，庆幸自己有一间温暖的旧屋，你应该为此感到高兴啊！"听了哲人的话，那位朋友的愁苦脱离了眉梢，忧郁离开了额头，他重新快乐起来。

试想，如果没有哲人的帮助，也许那位贫困的朋友依然愁眉苦脸。他始终不能摆脱坏心情的枷锁，是因为他不懂得自我暗示。如果他告诉自己"你要快乐起来""快乐才是你所需要的""贫困只是暂时的，一切都会好起来的"，那么，在这样的不断暗示下，他会发现，即使是拮据的生活，依然可以令自己由衷地快乐。其实，一个人的快乐与不快乐，通常不是由客观条件的优劣来决定的，而是由自己的心态以及情绪来决定的。在生活中，无论遇到多么糟糕的事情，不要沮丧，不要生气，暗示自己：一切都会好起来的。那么，我们就可以从那些困难、不幸中振作起来，重新挖掘出新的快乐。

1998 年 7 月 21 日晚，在纽约友好运动会上意外受伤后，默默无闻的、17 岁的中国体操队队员桑兰成了全世界最受关注的人。那确实是一个意外，当时，桑兰正在进行跳马比赛的赛前热身，在她起跳的那一瞬间，外队教练的一个"探头"动作干扰了她，导致她动作变形，从高空栽倒到地上，而且是头着地。个性温顺的桑兰在遭受到如此重大的变故后却表现得相当乐观："我相信一切都会好起来的。"她的主治医生说："桑兰表现得十分勇敢，她从来不抱怨什么，对她我能找到表达的词语是'勇气'和'乐观'。"

　　或许，正是那份积极的心理暗示铸就了她坚强、乐观的性格，美国称她是"伟大的中国人民光辉形象"。在美国住院的日子里，许多美国民众都会去看她，这并不只是因为她受伤了，还因为她的精神感染了他们。是的，一切都会好起来的，在这样的信念下，桑兰逐渐好了起来……

　　有时候，我们会突然感觉到自己的心情很差，该怎么办呢？其实，这时候，我们可以利用积极的心理暗示。一个人在心情低落时，总是想把自己封闭起来，什么人都不想见，什么事情都不想做，直到心情变好为止。可是，在任何时候，我们需要明白这样一个道理：即使心情再差，还是要生活、学习、工作。所以，给予自己积极的心理暗示，告诉自己：其实我很快乐。为了证实自己真的快乐，你可以装出一副很开心的样子，保持友好的笑容，心情看起来很愉快。这样，过不了多久，你会发现，自己真的摆脱了坏情绪的困扰，真的变得快乐起来。

积极的情绪造就幸福人生

　　情绪来自于自己的选择——你选择快乐，马上就可以得到快乐；选择愁苦，会马上感到愁苦。你可以瞬间将愁眉苦脸转换成如花笑靥、满面春风。只要你愿意学习，你就可以把自己的情绪控制到几乎随心所欲的程度，你可以随时进入兴奋、自信、充满活力、心智敏锐的良好情绪状态。

令人遗憾的是，在现实生活中，人们很少有意地对自己的情绪加以控制，大家选择的多是不好的、负面的情绪，多是跟着感觉走，心甘情愿做情绪的奴隶。在这种情况下，人们的生活质量可想而知，人们会在有意无意之中亲手扼杀自身的幸福。下面这个故事就足以说明，不愿控制自己情绪的人会把生活弄得多么糟糕。

一个周末的傍晚，凯勒在阳台上整理白天拿出来暴晒的旧书，正巧看见与他相隔一条巷子的邻居家的太太在阳台上洗碗。

邻居家的太太动作十分利落，水声与碗盘声铿锵作响，像发自她内心深处的不平与埋怨。这时候，她丈夫从客厅端来一杯热茶，双手捧到她面前。这感人的画面，差点叫人落泪。

为了不惊扰他们，凯勒轻手轻脚地收起书本往屋里走。正要转身时，听到邻居家的太太嘲讽地说："别在这里装好人啦！"

丈夫低着头，又把那杯茶端回屋里。

凯勒想，那杯热茶一定在瞬间冷却了，就像那个丈夫的心。

继续洗碗的邻居家的太太边洗边抱怨："端茶来给我喝？少惹我生气就行了。我真是命苦啊！早知道结婚要这样做牛做马，还不如出家算了。"

热茶没喝上，又生了一肚子气，这个女人的不幸，是她自己的选择。 她向给她献殷勤的丈夫泼冷水，不但伤害了她丈夫，同时也伤害了她自己，因为她选择的抱怨、指责一类的情绪对她自己一点好处也没有。 她用随心所欲的发泄，毁掉了她和丈夫的幸福。

情绪控制是创造幸福人生的秘密。

控制自己的情绪，就可以改变自己的行为；改变自己的行为，就能扭转自己的命运。 情绪控制决定着你能力的大小，情绪控制决定着你的人生幸福，情绪控制决定着你的命运。 没有良好的情绪控制，一切都无从谈起。

挂着扑克脸的人到哪里都不会受欢迎，神情沮丧、抑郁的人会令人不由自主地躲开，而怒火中烧的人则会给人际关系造成难以修复的创伤。

情绪控制是上帝非常公平地分配给我们每个人的能力，不论富裕或贫穷，不论高贵或者卑贱，任何人都可以靠控制自己的情绪，来为自己的人生服务；任何人都可以从情绪控制中汲取精神的力量，帮助自己化解心灵的压力，从而开创幸福的人生。

从前有个又穷又愚的人，不知怎么突然富了起来。但是有了钱，他却不知道如何处理这些钱。他向一位和尚诉苦，这位和尚便开导他说："你一向贫穷，没有智慧，现在有了钱，不贫穷了，可是仍然没有智慧。城内信佛的人很多，其中有大智慧的人也不少，你花点钱，别人就会教授给你智慧。"

那人就去城里，逢人就问哪里有智慧可买。

有位长老告诉他："你倘若遇到生气的事，不要急着处理，可先向前走 7 步，然后再后退 7 步，这样往返 3 次，智慧便来了。"智慧这么简单吗？那人听了将信将疑。

当天夜里回家，他推门进屋，昏暗中居然发现有人与妻子同眠，顿时怒从心头起，恶向胆边生，拔出刀来便想报复。这时，他忽然想起白天买来的智慧，心想：何不试试？

于是，他前进7步，后退7步，各3次，然后点亮了灯再看时，竟然发现那与妻子同眠者原来是自己的母亲。"智慧"使他避免了一场杀母之祸。

那位长老告诉那个暴发户的智慧便是遇事时要冷静，要控制住自己的情绪，不可头脑发热，不顾一切，以免后悔终生。

我们有理由相信，情绪控制是创造幸福人生的秘密武器。

善于控制自己的思想

情绪是人对事物的一种浅显、直观、不动脑筋的情感反应。它往往只从维护情感主体的自尊和利益出发，不对事物做复杂、深远和智谋的考虑，这样的结果常使自己处在很不利的位置上或被他人所利用。本来，情感离智谋就已距离很远了，情绪更是情感的最表面、最浮躁部分，以情绪做事，不会有理智可言。

我们在工作、生活、待人接物中，却常常依从情绪的摆布，头脑一发热(情绪上来了)，什么蠢事都愿意做，什么蠢事都做得出来。 比如，因一句无甚利害的谈话，我们便可能与人打斗，甚至拼命(诗人普希金、莱蒙托夫与人决斗死亡，便是此类情绪所为)；又如，我们因别人给我们的一点假仁假义，而心肠顿软，大犯错误(西楚霸王项羽在鸿门宴上耳软、心软，以至放走死敌刘邦，最终痛失天下，便是这种情绪所为)。 此外，还可以举出很多因浮躁、不理智的情绪等而犯的过错，大则失国失天下，小则误人误己误事。 事后冷静下来，自己也会感到可以不必那样。 这都是因情绪的躁动和亢奋，蒙蔽了人的心智所为。

要想把握自己，必须控制自己的思想，对思想中产生的各种情绪保持警觉，并且视其对心态的影响好坏而接受或拒绝。 乐观会增强你的信心和弹性，而仇恨会使你失去宽容和正义感。 如果你无法控制自己情绪，你的一生将会因其而受害。

诸葛亮七擒七纵孟获之战中，孟获便是一个深为情绪役使的人。他之所以不能胜于诸葛亮，实为人力和心智不及也。诸葛亮大军压境，孟获弹丸之王，不思智谋应对，反以帝王自居，小视外敌，结果完全不是诸葛亮的对手，一战即败。孟获一战既败，应该慎思再出招，却自认一时晦气，再战必胜。再战，当然又是一败涂地。如此几番，孟获气得暴跳如雷。又一次对阵，只见诸葛亮远远地坐着，摇着羽毛扇，身边并无军士战将，只有些文臣谋士之类。孟获不及深想，便纵马飞身上前，欲直取诸葛亮首级。可见诸葛亮已将孟获气成什么样子了，也可想孟获已被一己情绪折腾成什么样子了。结果，诸葛亮的首级并非轻易可取，身前有个陷马坑，孟获眼看将及诸葛亮时，却连人带马坠入陷阱之中，又被诸葛亮生擒。孟获败给诸葛亮，除去其他各种原因，其生性爽直、缺乏谋略、易为情绪所蒙蔽的个性，也是一个重要的因素。

情绪误人误事，不胜枚举。一般而言，心性敏感的人、头脑简单的人、年轻的人，易受情绪支配，头脑发热。

如果你正在努力控制情绪的话，可准备一张图表，写下你每天的体验以及控制情绪的次数，这种方法可使你了解情绪发作的频率和它的力量。一旦你发现刺激情绪的因素时，便可采取行动避免这些因素，或充分利用它们。

好脾气带来好福气

感受到坏情绪时我就会装作开心的样子，一段时间后就真的摆脱了坏情绪的干扰。

您是如何做到一直积极乐观，不为坏情绪所扰的呢？

积极的暗示有助于我们摆脱负面情绪

给予自己积极的心理暗示可以让你快速摆脱愁苦的状态。

你有见过方圆师兄为了什么人什么事而生气吗？他总是乐观向上的，所以大家都愿意去接近他。

为什么方圆师兄总是能得到他人的喜爱，走到哪里都受人欢迎呢？

好脾气会让身边人乐于亲近你

保持积极的情绪可以使你拥有好人缘，成为大家所欢迎的人。

师父，我好像总是容易生气，请问该如何控制我的暴脾气呢？

我们不能做情绪的奴隶

盛怒之下说出的话容易伤害别人，所以我们要加强控制力，避免事后后悔。

乱发脾气给别人带来的伤害是不可逆转的，所以发脾气前先深吸一口气，想想是否有必要。

第四章 放轻松，换一个角度看世界

不怒不争做人

大千世界，每个人都有着与别人不同的利益和矛盾关系。 因此，相互之间产生一些误解和分歧是难免的。 如果处理不当，就会发生纠纷、冲突和伤害；如果能够认识到人与人之间的差异性，并且采取不怒不争的方法，自然冲突和伤害就会减免。

但在现实生活中，很多人觉得不怒不争是吃亏、丢面子、懦弱的表现，因此一旦与他人意见相左，或者触及自己的利益时，就会争得鱼死网破，头破血流。 由此可见，人与人之间的摩擦会升级，往往就是因为双方不懂得不怒不争的道理，有一点儿小矛盾就丧失理智，导致悲剧的发生。

一般来说，在社会生活当中发生矛盾，双方都是有责任的，但是作为当事人，如果能做到不怒不争，就可以摆脱许多无关原则的纠纷和不必要的争吵。 苏轼有句很精辟的话："匹夫见辱，拔剑而起，挺身而斗，此不足为勇也。 天下有大勇者，卒然临之而不惊，无故加之而不怒。"遇事要冷静，思前想后，考虑清楚利弊，以退为进，就能做到海阔天空。

有人认为：不怒不争是一种无奈，是一种无能力的表现。 人年轻，火力旺盛，总想与人争个高低，争个上下。 但随着年龄的增长，阅历的增加，在遭受了一次次的打击后，终于明白"不怒不争并非是懦弱的表现，而是一种做人的境界"。 这时，不怒不争便成了灭火器，浇灭了心中抗争的火焰，浇灭了随时都会引燃的导火线。

老子的《道德经》云："天之道，不争而善胜，不言而善应，不召而自来。"又云："夫唯不争，故天下莫能与之争。"很多商业人士，如张瑞敏、马云等正是有这样的感悟，在如战场的商场中，在带领千军万马与敌人恶战中，用他们的经营经历，为中国古典哲学中蕴含的经商之道作了最好的注解。 他们不去争抢那些华而不实的虚名，诠释了"不争"的智慧。

很多"敌人"都是我们想出来的。 和自己的过去斗，纠结于过去的经历，懊悔、痛苦；和现实斗，不满现状，总是期待着"天边的玫瑰园"；为了往上爬和同事斗、为了更大的市场份额和同行斗、为更大的房子斗、和旁边的车子抢道而斗……我们总是那么好斗，总是认定弱肉强食的丛林法则。 我们都自觉懂得几千年前的老子告诉我们的"夫唯不争，故天下莫能与之争"的道理，但是在心底仍然认为，别人总和我斗，我不斗就会被淘汰，被挤压，被边缘，这是很可怕的。 其实，不争不是做老好人，不是唯唯诺诺，也不是步步后退，不争是为了双赢和多赢，不争是为了更和谐的关系。 不争，很难！ 正因为其难，才是我们要追求的方向。

转变视角，赢得快乐

人的一生总会有各种各样的经历，有些事情可以让我们欢喜，有些事情却让我们忧伤。无论是快乐还是不快乐的事情，其实都是我们人生旅途中一道不可或缺的风景，正是因为有了它们的存在，才让我们感觉到生活是五味俱全的，其中的滋味不仅有甜还会有苦。只有尝过甜蜜和苦涩的人，才是真正懂得生活的人，真正能体会到人生真谛的人。其实，快乐中包含有酸甜苦辣，细细体味，别有一番滋味在心头。

很多时候，我们为了快乐而找寻快乐，可当自己真正抓住这来无影去无踪的快乐时，就会猛然顿悟，其实快乐就是一种自我感受。当心情是灰色的时候，世间的一切就是灰暗的；当心情是清澈的时候，世间的一切又变成明朗的。对于同一件事，由于视角不一样，就会产生不同的感受和感悟，快乐一直都是存在的，关键在于你懂不懂得去把握，懂不懂用快乐的视角去找寻快乐。

快乐存在着不同的种类而不单单只有程度的区分。人从呱呱坠地至耄耋之年，要历经坎坷风雨，品尽人生百味。不管怎样，我们还是要在平淡与苦涩中找寻快乐，为生活添彩。如果快乐就在身边，就去努力抓住，拥抱快乐；如果正在承受痛苦，就要试着改变自己的视角，用心去体会其中美好的一面，亲吻快乐。任何一个人都不敢说自己的生活中没有一点苦痛，永远是快乐的，但是有的人却始终对人生持有积极乐观的态度，用赞美的心情去生活。因为聪慧的人知道，世间万物都包含了苦和甜，从苦中提炼出的欢乐是最美丽的凯歌。

菲里普斯说："什么叫作痛苦，痛苦是到达佳境的第一步。"痛苦与快乐是一对不可分割的孪生姐妹，如何看待和对待她们，是一门很大的学问。

要学会从失落和伤痛中找寻快乐，体味快乐，将生活中不快乐的因素过滤掉，留下快乐的笑声，用广阔的胸襟去面对每一天。凡事都没有统一的分界线，乐观和悲观、快乐与不快乐也并非能一言论之。一个人的价值观、人生观、世界观和自己的心态、观察事物的角度，都能影响到人感受快乐的程度。其实，快乐与不快乐，就是人潜意识内的思维模式和考虑问题的方法，"所有的苦痛大多来源于人的内心，属于某种自我心理暗示"。不论客观环境和条件是否艰苦，只有你内心感觉到不快乐才是真正的不快乐。反之，你通过转变视角或者换位思考，看到外在因素中包含着的快乐因子，那么你所感受到的，就是每天都有灿烂的阳光，快乐指数会立即增长。

如今，外界环境会在无形中给人们带来一种压力，这种潜在的压抑心情的因素，时时刻刻都会存在。快乐过是一天，不快乐过也是一天，在人有限的生命和精力中，为什么不能让自己快快乐乐的，做个精神焕发的人呢？

做真正的自我

Levi's 曾用过这样的宣传口号："Stay True"（即"坚持真我"之意）。 这两个原本简单的单词，拼合在一起却别有一番深意。

有这样一个真实的故事：

有家影视公司的老板看中了一位身着廉价衣服、不施脂粉的女孩。这位女孩来自美国洛杉矶一个蓝领家庭，她从没看过时尚杂志，也没化过妆，要与她谈论衣着品位等话题，简直是对牛弹琴。其实这些都不算什么，她最与众不同的地方是，她左脸颊处有一块黑色胎记。可公司的老板偏偏要与这个带着乡村气息的女孩签约，希望能把她包装成一名模特。

然而，即便老板一次次向商家推荐女孩，但每次都碰壁而归，有的商家说她不够高贵，有的说她气质不佳，有的说她不符合产品定位……其实真正的原因就是她脸颊的黑色胎记。老板仍不放弃，他要把女孩及胎记一并"销售"出去。他给女生做了一张合成照片，小心翼翼地把那块胎记隐藏在阴影里，然后拿这张照片给经纪公司看，对方果然满意，马上要见本人。结果女孩一来，对方发现"货不对版"，便当即指着女孩的胎记说："你把这块胎记弄掉再来吧!"

　　其实这块胎记可以通过一个小手术解决掉,无痛且省时,但女孩却不同意,她反问对方:"你在说什么?我为什么要弄掉?"对于女孩的坚持,老板也很赞同,他坚定地对女孩说:"你千万不能去掉这块胎记,以后你出了名,全世界就靠这块胎记来记住你。"果然,两年后,这个女孩在美国模特界小有名气,走秀邀请、广告合同都纷至沓来。她的黑色胎记也被大家视为个性的象征。

　　曾有记者让女孩讲述自己的星路历程,女孩说了这样一段话:"我很庆幸自己遇上一位慧眼识珠的老板,不然我今天顶多也就是一个庸俗的美人,拍几次廉价的广告,而后淹没在繁花似锦的美女阵营里面,难有出头之日。"女孩的成功在于她始终坚持真我,没有随波逐流,没有任人摆布。可见,她深知套用、效仿一个不适合自己的模式难以获取成功,同时也难以让自己的心灵得到解放和慰藉。

　　要活就要活得像自己。 如果一个人活着却忘了本,那么他不过是一副丢了灵魂的躯壳。 在这个世界上,没有原则,没有追求,没有立场,甚至连最基本的性格都没有的人,只能沦为受人摆布的傀儡。 可以说,人只有保持自我本色,坚持真我个性,并顺其自然充分发展自己,才是最明智的选择。

　　欧洲文艺复兴时期的意大利天文学家布鲁诺,若不是敢于坚持真我,敢于捍卫和发展哥白尼的"太阳中心说",那么宇宙无限的说法不知要到何年何月才能被世人所接受;美国黑人民权运动的领袖马丁·路德·金，若不是心中拥有强烈的信念，若不是敢于坚持真我精神，时刻保持坚强与纯洁的心灵，那么世界上就不会出现《我有一个梦想》如此震撼人心的演讲，而且后来的诺贝尔和平奖得主也不会有他；再看看鲁迅先生，若不是他坚持真我，便不会远赴日本学医救国，也不会弃医从文，选择用文字的利剑来揭露罪恶，拯救苍生，若不是他坚持了自我，哪里还有《自嘲》中"横眉冷对千夫指，俯首甘为孺子牛"的铿锵，哪里还有"寄意寒星荃不察，我以我血荐轩辕"的大无畏精神……这些伟人在人生的征途上，有过苦难，有过打击，有过诱惑，但一切都没能抵挡住他们心中那种坚持真我的信念。虽然伟人们的成就是我们这些常人难以企及的，但我们却能像伟人一样拥有坚持自我的信念与权利，谱写自己的华彩乐章。

每个人都有自己的独特价值，因此我们要学会坚持真我。而坚持自我，就要能够直面真实的自我，排除外界的一切干扰，敢想、敢做、不随波逐流！在未来的日子里，希望每个人都能怀揣一颗炽热的心，背负一个美好的梦想，带上最诚挚的信念，排除外界一切干扰，坚持真我，完善自己的人生！

偶尔哭一场，释放压力

目前，大部分人认为，面对失落与伤痛，痛哭、大吵大闹等发泄方式都是不坚强、无能的表现，对走出伤痛与失落来说是不利的。然而，事实却是，"乖，不哭了"才是真正不利于走出伤痛与失落的；而选择一种正确的方式来发泄心中的负面情绪，对处于伤痛与失落中的人来说是非常有必要的。

要知道，在伤痛与失落中，人的内心会产生许多负面情绪，诸如焦虑、沮丧、担忧、怨恨等，压抑这些情绪或许可以暂时解决问题，但是却等于逐渐关闭了心门，让人变得越来越不敏感。虽然我们可以凭此暂时不受到负面能量的影响，但是却会因此逐渐失去真实的自我。于是，我们变得越来越冷漠，越来越不关心别人，在不知不觉中，由于压抑的情绪造成的这种态度，终将影响我们的生活。

在伤痛、失落中，我们尤其要注意不要压抑了自己的负面情绪。比如，很多处于伤痛、失落中的人会不断地告诉自己，难过是不值得的，以此否定、压抑所有的负面情绪。其实，这样的做法十分不明智。虽然通过自我对话来处理问题并没有什么不对，但不应该一味强化理性，压抑感情，这样在不知不觉间，人就会背负沉重的心理负担，等到自己发现时，往往已经不堪重负。

一个具有快乐生活智慧的人，能够定期排除负面能量，尤其是处于伤痛和失落中时，不会依靠压抑情感来解决情绪问题。快乐需要用心去体会，我们需要学会排解负面情绪，不能压抑情绪，并因此让心失去体会的能力。所以，积极地寻找适合自己的情绪发泄方法是很有必要的。

一天深夜，一个陌生女人打了一个电话，她说："我恨透了我的丈夫。"

"你打错电话了。"对方告诉她。

她好像没有听见，滔滔不绝地说下去："我一天到晚照顾小孩，他还以为我在享福。有时候，我想让他陪我出去散散心，他都不肯；自己却天天晚上出去，说是有应酬，谁会相信！"

"对不起，"对方打断她的话说，"我不认识你。"

"你当然不认识我。"她说，"我也不认识你，现在我说完我想说的话，舒服多了，谢谢你。"她挂断了电话。

不得不说，上例中的女子是聪慧的，丈夫的冷落让她觉得失落、伤心，让她产生了猜忌、抱怨等负面情绪，她知道这样的心情不适合向丈夫发泄，也不能说给周围的人听，于是她给陌生人打了个电话，在电话中尽情地宣泄心中的猜忌、抱怨，进而平复了心情，减轻了失落所带来的伤害。生活中的我们，不妨也学一学这位聪慧的女子。

一般来说，排解负面情绪的方法有很多，但最好的方法是"哭出来"。如果这与我们"不哭"的认知存在矛盾，那么我们首先要改变一下自己的看法。哭泣并不一定代表软弱，别人不会因为我们哭泣就认为我们能力不足或者不堪一击。很多时候，哭泣不仅是排泄情绪、宣泄痛苦的好方法，而且还有利于我们解决伤心的事。

首先，哭是维护健康的武器。眼泪会将人体内的毒素有效地排出体外，尤其是当人极度悲伤或极度压抑的时候，其排毒效果更佳。因此，健康专家们建议，不要强忍泪水，那样实在跟"慢性自杀"没有什么区别。

其次，哭也是一种释放压力和情绪的武器。人生来自己做的第一件事就是哭泣。既然是与生俱来的本领，又何必非要弃之不用呢？专家指出，人在哭过之后，负面情绪强度会降低40％，也就是说，哭的确可以让人的情绪得到舒缓。 就像闷热、烦躁的夏天需要下一场雨才能让温度降低、空气清新，甚至出现彩虹一样，情绪压力也需要释放出来才好。 当然，很多时候我们习惯了隐忍，有时反而会哭不出来。 那没关系，你可以采用主动方式让自己痛哭一场，比方说切洋葱、吃芥末、看悲情电影等，总之，让自己的眼泪流出来就行。

最后，哭是一种示弱的信号，能缓解处于伤痛与失落中的人本能地散发出来的对周围人的抗拒和敌意。

换个角度想问题

积极的情绪让人幸福

当你感到生气时，平心静气，换个角度想问题，你就能收获快乐与平和的心境。

人要往积极的方向看问题

对于同一件事，积极思考的人会获得更多快乐，一味地抱怨、发怒根本解决不了问题，还会给身边的人带来负能量。

转变视角才能赢得快乐

快乐与不幸都是人生的组成部分。我们应该心平气和地面对生活，不生气、不抱怨。

中篇

不计较

扫码点目录听本书

第一章　放开心胸，得到的是整个世界

扫码点目录听本书

你的胸襟就是你的世界

豁达大度的胸怀在为人处世中非常重要。简单地说，就是要我们在日常为人处世中包容别人。人的气量就像盛水的容器，大容器盛水多，小容器则盛水较少，有漏洞的容器注满水会全部漏掉，那么，容器里就没有水了。

古人云："大度集群朋。"一个宽宏大量的人，他身边必然会有很多知心朋友。对人、对友能"求同存异"是为大度，不以自己的行为标准要求别人，交友的标准只是事业上的志同道合。大度也表现在能够听取别人的意见，尤其是能够听取与自己相左的意见。

大度也需要能够容忍朋友的小错误。例如，朋友冒犯了自己，自己仍旧可以把这个人当作最好的朋友。大度更需要虚心，能够做到有错即改，而不是找借口；和朋友闹得不愉快的时候，能首先自省，而不是千方百计地推卸责任。大度的人，是关心、帮助、体贴他人的人。

在小事上不较真也是气量大的表现。这种人不会把小事放在心上，斤斤计较。人活一辈子，不可避免会遇到这样或那样使人不快的小摩擦、小冲突。如果因为别人不小心冒犯了自己就斤斤计较，记在心里，睚眦必报，这样只会使自己越来越孤立。"私怨宜解不宜结"，在处理朋友关系时，这是非常重要的道理。

"大事清楚，小事糊涂"，在小事上不计较是一种好的习惯。朋友之间应该心无芥蒂，互相信赖和谅解，有建议的时候应当立刻提出来，这样彼此之间才不会有许多的成见。很多年轻人之间容易结下梁子，就是因为心胸太过于狭隘，容易纠缠于小事，时间一长，鸡毛蒜皮的小事也会让朋友之间变得水火不容，继而反目。在小事方面，如果你能做到海纳百川，你就不会受到伤害，反而会得到大家的敬佩。

刘邦的谋臣韩信，年轻的时候穷困潦倒，市井里有人欺辱他，故意逼他从胯下钻过去。后来韩信当上刘邦的大将军，却没有杀了这人，而是给他官做，授他金银，此人大为感动，结果两人私怨消除，最后此人还舍命保护韩信。韩信的"以德报怨"，相比某些青年动不动就"以眼还眼，以牙还牙"，孰高孰低，一眼即可看出。

一个人的气量，在其心气平和时一般分辨不出，一旦他与人发生争执和矛盾，就能很快看出来了。那些气量宽大的人，不把小事放在心上，即使面对那些对自己态度恶劣的人也一样。但是气量狭小的人，却想处处逞强，贪图小便宜。他们在和别人争论时，认为自己更有理有据，只有自己成为胜利者的时候才会觉得开心，才会较容易谅解对方；一旦自己理亏，不能成为成功者，则容易被激怒，对人怀恨在心。这种表现就源于气量狭小。试想，朋友之间怎能避免争论？真正豁达大度的人，不会因为跟朋友发生争论而对其怀恨在心，也绝不会因为自己不占上风就恼羞成怒。

谅解他人往往能体现一个人宽宏的度量。面对不顺心的事时要想能够克制自己的脾气，就需要使自己习惯于原谅他人的缺点和过失。 与人打交道，不能算得太清楚，"水至清则无鱼，人至察则无徒"，苛求别人，最终将导致自己越来越孤立。

社会上有各种人，有的讲理，有的不讲理，有人博学，也有人无知，有人涵养好，也有人没涵养，我们不能把自己的行为准则和习惯强加在别人身上。 想要真正做到豁达大度，就需要能够宽容那些不怎么懂事、度量小、修养浅的人，尤其当他们冒犯自己时，能换位思考，谅解他们。 所以说，那些心胸宽广、豁达大度之人，都是宽厚和蔼、人情练达的人。

一个人宽广的胸怀从根本上造就了其豁达的度量。 若一个人没有远大理想和目标，他的心胸会越来越窄，马克思就曾这样形容这些人：一个人愚蠢庸俗、斤斤计较、贪图私利，就总是觉得自己吃亏。 有时候，一个粗俗鄙陋的人，往往会因为路人不经意地看了他几眼，就认为别人卑鄙可恶。

只关注自己私利的人，怎能有豁达的胸怀和度量？ "心底无私天地宽。"一个人要从个人私利的小圈子中冲出来，心中抱着更远大的目标，才能有宽广的胸怀领略海阔天空的美景。

豁达的人生源自一颗懂得宽容的心

每个人都需要宽容。 宽容能够唤醒我们的良知，可以使自己更加坦然。 宽容是一种风采，但是需要行动来践行。 用宽容来代替责骂和不解，我们才会得到豁达的心胸和别人的尊重。

美国有位总统叫福特，他在大学里是一名橄榄球运动员，有一个非常棒的身体，他入住白宫时已经 62 岁，但仍然保持着强健的体魄。即使当了总统，他仍旧坚持滑雪、打高尔夫球和网球，而且这几项运动他都很擅长。

1975 年 5 月的一天，他访问奥地利，飞机抵达萨尔茨堡，他走下舷梯，很巧的是，地面上有一个隆起的地方，他滑了一下然后就摔倒了。但是他没有受伤，并且还立马跳了起来。可没想到的是，福特这次跌倒竟成了一项大新闻，记者们开始宣扬这件事。当天，在丽希丹宫参观时，因为下过雨，长梯湿滑，他在梯子上滑倒两次，差点又要跌下来。于是播散开一个奇妙的传闻：福特总统总是笨拙得像一只熊，行动迟缓。

从此以后，只要福特跌跤或者撞伤头部或跌倒在雪地上，那些记者总是大肆渲染，把消息扩散到全世界。结果，更令人想不到的是，他没在媒体面前摔跤也是新闻。哥伦比亚广播公司有记者曾这样说："我期待着福特可能伤到头，或者扭着腰，甚至受一点轻伤，这样能吸引读者眼球。"记者们如此添油加醋，似乎想给人们留下这样一种形象：福特总统一直是那么的笨拙迟钝。在电视节目录制中，主持人还和福特总统开玩笑，作为喜剧演员的切维·蔡斯就曾经在《星期六现场直播》的节目里拿总统滑倒和跌跤的动作进行模仿。

对于这些新闻，福特的新闻秘书朗·聂森十分不满，他对记者们愤怒地说："总统是健康而且优雅的，毫不夸张地说，他是我们有史以来的总统中最健壮的一位。"

但是福特表示："我的职业是活动家，相比于其他人，活动家更容易跌跤。"

　　即使有很多玩笑，福特也泰然处之。1976年3月，在华盛顿广播电视记者协会年会上，他还同切维·蔡斯同台表演。在节目开始时，蔡斯先出场。当乐队奏起《向总统致敬》的乐曲时，他不小心被绊倒，跌倒在地板上，一直滑向另一端，头还撞上了讲台。这个时候，在场的观众都捧腹不止，总统也跟着笑了起来。

　　接着轮到总统出场了，蔡斯却站了起来，假装自己被餐桌布缠住了，使得碟子和银餐具都掉了下来。他假装把演讲稿放在乐队指挥台上，可不小心把稿纸弄掉了，散落一地。观众又大笑起来，但是福特总统却满不在乎，向蔡斯说道："您不愧为一个真正的滑稽演员。"

生活是离不开睿智的。 但如果你不够睿智，那么至少可以豁达一些。 如果看问题时心态乐观、豁达、宽容，事物美好的一面就出现在你面前；若看问题时心态悲观、狭隘、苛刻，那么总会看到灰暗的一面。 被关在同一个监狱的两个人，每天通过一面铁窗看外面的世界，一个看到的是美丽浩瀚的星空，另一个却只看到地上的垃圾和烂泥，这就是不同之处。

　　面临嘲笑，勃然大怒是大忌，谩骂嘲笑之人，这样只会让人觉得你更可笑。 想让对自己的嘲笑平息下来，一笑了之是最好的做法。 一个人如果拥有坚定的目标，他是不会在意别人的评说的；相反，他会坦然接受一切非难与嘲笑。 伟大的心灵是静水流深，只有狭隘的人才会像青蛙一样，整天喋喋不休。

苛求他人，等于孤立自己

　　每个人都有自己的闪亮之处，当然也有自己的不足。如果总是苛求别人，那么想要交上真心朋友将会非常困难。在这方面，曾国藩是我们的榜样，他有一句话是这样讲的："概天下无无瑕之才，无隙之交。大过改之，微瑕涵之，则可。"意思是说，天下大概没有一点缺点也没有的人，也没有不存在嫌隙的朋友。大错改正，小错包容就可以了。就这样，曾国藩做到了宽容和谅解别人。

　　那年，曾国藩在长沙求学，他有一位性情暴躁、很不友善的同学。曾国藩的书桌靠近窗户，这个同学就说："教室里的光线经由窗户射进来，你的桌子在窗户的前面挡住了光线，我们怎么看书啊？"他要求曾国藩挪开桌子。曾国藩也不争论，就把桌子搬到了角落里。

　　曾国藩学习刻苦，每到深夜还在用功读书。那位同学又有意见："这么晚还在读书，你打扰了我们休息，第二天怎么上课？"曾国藩听后，就不大声朗诵，只是默记。

　　没过多久，曾国藩中了举人，那人又说："还不是因为他把桌子搬到了角落！是他把我的好风水带到了角落，他能考中举人是因为沾了我的光。"别的同学都为曾国藩抱不平，觉得那位同学真是欺人太甚。可是曾国藩丝毫不以为意，还劝别人说："这个人就是那样，他喜欢就让他说，与他计较什么。"

成大事者，需有广阔胸襟。在与人相处时，他们不仅不会计较别人的短处，而且还会平和地对待别人的长处，学习别人的优点，发现自己的缺点。若是只看得到别人的短处，那么这个人看到的则全是丑恶，别人的美好在他眼中不值一提。与人相处，发生矛盾在所难免。如果斤斤计较，得理不饶人，只会浪费自己的精力。与其在小事上喋喋不休，还不如把眼界放宽，宽容别人，这也能使自己留出更多的精力去从事有意义的事。

有一位禅师在山中茅屋中修行，一天夜里，月光皎洁，禅师散步于林中。当他喜悦地走回住处时，发现小偷正在光顾自己的茅屋。小偷找不到任何财物，将要离开时，遇见了回来的禅师。原来，禅师不想惊动小偷，就一直等在门口。他知道自己没有值钱的东西，就脱下外套拿在手上。

小偷看到了禅师，感到非常惊愕，禅师对小偷说："山路崎岖，你大老远来看望我，空手而归多不好啊！夜深露重，你穿上这件衣服吧！"禅师把衣服披在了小偷身上，小偷又惊又羞，灰溜溜地走了。

看着小偷的背影穿过明亮的月光消失在山林之中，禅师缓缓地说："真是可怜，让我送他一轮明月吧！"

禅师看着小偷渐渐离开，因为没有衣服，就赤身打坐。就着窗外的明月，禅师进入空境。

第二天，禅师起床开门，发现昨晚送给小偷的外衣整齐地叠好放在门口。禅师觉得很开心，缓缓地说："他确实收到了一轮明月！"

看见小偷，禅师没有责骂他，也没有报官，而是宽宥了他。小偷能醒悟过来，禅师的宽容起到了莫大的作用。因此，相对于强硬的反抗，宽容更具感召力。但是，我们常常喜欢争个高下，理个明白，可能因为说话时态度尖刻，于是两个人就吵了起来，甚至头破血流。

试想，舌头和牙齿怎么可能没有摩擦呢？但是有时稍稍忍耐一下，一切就会过去。出现矛盾，并不是谁有意为之，只要给予包容，大家都会主动认错，我们也就会少很多麻烦。

己所不欲，勿施于人

孔子有个学生叫子贡，有一天他问孔子："有哪句话可以作为终生奉行不渝的法则呢？"孔子的回答是："其恕乎！己所不欲，勿施于人。"意思说，有些事情，自己都不喜欢不能接受，就不要勉强别人。遇事要学会换位思考，多体谅一下别人，就能更好地为人处世。一个人的修养从中可以窥见一斑。

想要钓鱼，首先要知道鱼儿喜欢吃什么。很多人都钓过鱼，应该知道选择鱼饵很重要，依据不是钓鱼者的口味爱好，而是鱼儿的口味。万事万物都是相通的，与人交往也一样，那些了解自己、与自己有相似喜好的人，我们乐于交往。可是我们也需要将心比心尊重他们的喜好和他们的习惯。

以己度人、推己及人是一种好习惯，处理问题和与人交往中能做到这些，就会更容易获得尊重，更容易与人和谐相处，化敌为友。

社会上，很多人，尤其是一些涉世未深的青年，他们对社会茫然，总是小心翼翼，渴望找到参照物来规范和约束自己。这是比较正常的反应，但是如果把这种规范当作刻板的规则，可能会适得其反。

这个时候，你就可以把"己所不欲，勿施于人"的原则运用起来。在平时的学习和工作中，多问问自己：做了这件事会有什么样的后果呢？自己可以忍受吗？如果连自己都不愿意接受，那么别人肯定更不愿意了。

有人曾说："一个能从别人的角度看问题，能了解别人心灵活动的人，那就会前途一片光明。"经常站在别人的立场，学会体谅别人，生活中的摩擦就会变少，人与人之间也会越来越亲密。

生活中要多一些豁达

他不道歉，我绝不和好！

虽然我想和好，但我绝不会做那个先道歉的人。

退一步海阔天空

生活中，我们一定会遇到矛盾与争执，多一些忍让，可以使关系更融洽，相处更和谐。

交给我的数据就是有问题的，不然我后面的运算也不会出错。

你自己没检查出问题还怪我，这难道不算你的失职吗？

人要心胸豁达，不斤斤计较

我们想收获良好的人际关系，首先要学会多去包容和体谅他人，退一步海阔天空。

把你的东西撞掉了，真不好意思。

没关系，你也不是故意的。

用包容化解人际关系的摩擦

原谅他人的小过失可以让彼此都免于陷入无止境的争执，也可获得他人的喜爱与尊重。

第二章　别较真，太认真你就输了

不要拿别人的错误来惩罚自己

德国古典哲学家康德曾说："生气，是用别人的错误来惩罚自己。"在我们生气的时候，那个让我们生气的人一定会因为我们生气而被惩罚吗？他一定会因为我们生气而立即改正吗？与其用别人的错误来惩罚自己，不如让自己放宽心态，忽略那些扰乱我们心灵的浮尘。错误是由他人造成的，不在我们自身，所以不该由自己来承受错误的结果。理解了这些，心境就会豁然开朗。

有一天，佛陀在寺庙里静修的时候，一个叫婆罗门的人破门而入。因为其他人都出家到佛陀这里来了，而婆罗门却门可罗雀，这令他很生气。

佛陀安静地听完他的无理乱骂之后，轻语问道："婆罗门啊，你的家偶尔也有访客来吧？""那是自然，你何必问此！""那个时候，你也会款待客人吧？""那还用说！""假如那个时候，访客不接受你的款待，那么那些做好的菜肴应该归于谁呢?""要是访客不吃的话,那些菜肴只好再归于我!"

问完这些,佛陀笑了,看着他,又说道:"婆罗门啊,你今天在我的面前说了很多坏话,但是我并不接受它,所以就像刚才你所回答的一样,你的无理胡骂,那是归于你的!婆罗门,如果我被谩骂,而再以恶语相向,就有如主客一起用餐一样,因此我不接受这个菜肴。"

最后,佛陀为他指点迷津:"对愤怒的人,还以愤怒,是一件不应该的事。不还以愤怒的人,将得到两个胜利:知道他人的愤怒,而以正念镇静自己的人,不但能胜于自己,也能胜于他人。"

经过这番教诲,婆罗门顿悟了,最终出家佛陀门下,成为阿罗汉。

在生活中,很多人并没有佛陀的宽容,心中怎么也容不下别人的过错。比如下级犯了错误,上级很生气,怒发冲冠、声色俱厉,伤的其实是自己;上级作风不正派,下级很生气,内心憋屈、心生不平,伤的也是自己;同事之间钩心斗角、相互猜疑,受伤的还是自己。犯了错误是应该受到惩罚,但未必要生气,既然错误在他,为何你要生气?别人犯了错,而你去生气,岂不是拿别人的错误来惩罚自己?把别人的愤怒和过错都还给别人吧,那是不属于你的。我们没有必要为那些不属于自己又烦扰到自己身心的事而停留,多停留一秒便会多烦恼一秒。

事实上,生活中让我们生气的事实在太多了,可你知道生气会给我们带来什么吗?第一,会在无意中伤害到无辜的人。有谁愿意无缘无故挨你的骂？ 而被骂的人有时是会反弹的，他可能挨了骂之后不做任何反应，但他却极有可能又去骂别人。 第二，大家看你常常生气，为了避免无端挨骂，便会和你保持距离，你和别人的关系在无形中就拉远了，自己就会处于孤立无援的状态中。 第三，偶尔生气，别人会怕你，常常生气，别人就不在乎了，反而会抱着看猴戏耍的心理，不以为然。 这是不利于个人形象的。 第四，生气也会让人失去理性，对事情做出错误的判断和决定，而这也是最令人担心、最后患无穷的。 第五，生气对身体不好。

当然，谁也不会无缘无故地生气，可是在你要生气的时候，如果能想到自己正在拿别人的过错伤害自己的健康，你还会生气吗？不要因为别人的一点过错而伤害了自己。 让自己生气，是危害自身健康的行为。

豁达是一种精神的解放

一个人快乐，不是因为他拥有的多，而是因为他计较的少。"多"是一种负担，是另一种失去；"少"不是不足，而是另一种有余。 不计较不一定就是失去，可能是另一种更宽阔的拥有。

在现今的社会和工作中，随着竞争压力的与日俱增，生存空间和环境越来越复杂多变，人们对物质生活水平的要求也越来越高。如果你不能以一种豁达乐观的心态来面对无处不在的激烈竞争，面对生活中无处不在的来自各个方面的压力和挑战，那么就随时都有可能被乌云密布的氛围所笼罩。

每个人都会有这样的感觉：当我们事业和感情都一帆风顺的时候。我们就有一种抑制不住的冲动和快乐，这个时候，我们浑身上下每一个细胞都充满了勃勃的生机和活力。而当我们在事业或感情上遇到挫折时，除了少数意志力坚强的人可以很快地恢复元气以外，大多数人都会落入感情的低谷，自卑、自责，甚至开始怀疑自己的能力，从而失去了生活的动力，变得不思进取、碌碌无为。

豁达能把沉重变得轻松，把烦琐变得简单，把平凡变得有趣。拥有豁达，你的精神就会清澈透明，你就会拥有快乐。豁达就是胸襟博大，性格开朗，抛弃前嫌，宽容大度，体贴谅解，包容谦让，善待他人。

无论是在生活中还是在工作中，总有一些不如意，甚至是微不足道的小摩擦和小误会，让人们烦恼、气愤。如果让这些情绪累积在心里，长此以往，就会像结石一样给身体和心灵带来病症，影响正常的生活。所以，我们应该学会用豁达这剂良药及时扫除疾病，以免形成顽症。

著名的英国诗人兰德在暮年时曾写过："我和谁都不争，和谁争我都不屑；我爱大自然，其次就是艺术；我双手烤着生命之火取暖；火灭了，我也准备走了。"这是一个走进暮年的老人豁达从容、积极乐观的人生态度和宁静淡泊、铅华洗尽的人生境界。

豁达是一种自我精神的解放。如果每天为了生活的得与失、忧与愁煞费苦心，心灵的窗户就会被蒙上灰暗的色彩，我们就无法理解生活的真正含义，人生也就没有了快乐可言。豁达更是一种超凡脱俗的气质，拥有豁达便拥有了一种淡泊宁静的高远，才会有"采菊东篱下，悠然见南山"这种云淡风轻的感悟。用豁达、诚挚和热情去感受生活，没有了琐事的羁绊和缠绕，身心也就获得了解放，自有一片自由的天地任你驰骋。

前几年，有游客在法国参观一个花园。这个花园实在太美丽了，小路洁净，青草吐绿，花儿娇艳，空气新鲜。导游介绍说，这一切归功于一位老年花匠。一名丹麦游客决定高薪聘请花匠到国外发展。可是，这位老花匠却说，"我在自己的国家生活得很好，我很爱我的工作，我不想离开这里。"这位令人钦敬的老人就是法国前总统密特朗。

一位曾经权倾一时的总统，退休后乐此不疲地修理花园，不但不失落，反以老花匠自居，热爱自己平凡的工作，干得一丝不苟，这种豁达从容的生活态度真让我们这些为一些生活琐事和矛盾困惑、失落、唉声叹气的人感到汗颜。

我们总是盯着前方的美景，却忽略了身旁的风景。当有一天不得不停下匆忙脚步的时候，才发现自己依然两手空空，错过的已永远错过，心中留下的只有遗憾。豁达的心境能够让我们随时感受到生活中的美好，也能从原本看似不如意的事情中发现值得高兴的一面。

豁达不仅仅意味着一种超然，它更是一种智慧。豁达可以让世界海阔天空，豁达可以让争吵的朋友重归于好，豁达可以让多年的仇人化干戈为玉帛，豁达可以让兵戎相见的两国和平友好。

如果我们能把自己的心胸打开一点儿，我们就能拥抱到更多的阳光。这种超越一切的宽容，让我们知道什么是"海纳百川，有容乃大"。豁达让我们通向伟大诗人泰戈尔所描述的美妙境界："生如夏花之绚烂，死如秋叶之静美。"这种豁达对待生活的乐观态度，让人们变得开朗、乐观、积极向上。豁达的人会在嬉笑怒骂当中把悲愁和痛苦撕得粉碎，会在人生处于低谷时播下希望的种子，会在"山重水复疑无路"时看到"柳暗花明又一村"。

别跟自己过不去

生活中，有一种人做什么事都喜欢深思熟虑，思考方方面面的情况，从而把一个简单的问题想得过于复杂，结果不但没有高效地把事情办好，反而让自己陷入了烦恼，无缘无故地生气。这种人活得太聪明，也活得太累、不自在、不快乐。当然，他们也很难取得辉煌的成绩。相反，那种不跟自己较劲，不给自己平添烦恼的人，更容易取得成就。

1583 年，24 岁的努尔哈赤凭借仅有的 100 多名士兵，开始了统一女真族的战争。他在近 30 年的征战中，先后经历了 12 次大的战争，最终统一了女真各部。1616 年，他建立后金政权，由此登上了事业巅峰。后来，努尔哈赤和他的儿子们顺势而发，又打下了一片很大的疆土，开启了清朝近 300 年的统治历史。

从一个贫苦少年到叱咤风云的英雄，努尔哈赤是怎样做到的呢？数百年来，很多人对此进行了研究。中国满学研究专家阎崇年用简短的八个字，很好地提炼了努尔哈赤的成功秘诀——天时、地利、人和、己合。

天时指的是运气，地利指的是外部的环境，人和指的是内部制度，己合指的是什么呢？ 阎崇年说，己合指的是个人的胸襟开阔，心境豁达，善于把握自己，而不是和自己较劲。

如今是一个生活节奏快、竞争压力大的时代，爱情、婚姻、家庭、事业、成就……这些都是大家拼命追求的。 这是人之常情，也是时代进步的原动力。 但很多人在追求这些的时候，没有保持开阔的胸襟，不懂得宽恕自己，动不动就跟自己较劲。 比如，遭受挫折时，生自己的气，恨自己没用；遇事喜欢钻牛角尖，处事方式很偏执；为了工作不顾身体，勇当拼命三郎。 殊不知，这样做其实是在"谋杀"自己，是和自己过不去。

近年来，不少成功人士英年早逝，引起人们的一片惋惜。 有人表示，他们不是老死的，而是被自己搞死的，他们不爱惜自己，不懂得快乐、放松、宽心，所以才会活得太疲惫。 这句话是非常有道理的。 所以，我们要做自己的好朋友，要与自己合得来，千万不要和自己较劲，如此人生才会变得更轻松、更简单。

（1）做事不较劲，简单思维更有效。 有这样一个例子：

　　有位先生的电冰箱坏了，启动后开不了机，他不由得发起火来。原因是这台冰箱是世界名牌，质量保证没问题，他认为可能是因为供电局突然断电造成的，或是老婆给电冰箱除霜时弄坏的。老婆安慰他，劝他别生气，让工人来修理，他说："万一碰到一个水货修理工，把冰箱越修越坏怎么办？"

　　老婆见他这样，就说："你这是在和自己过不去，你到底想怎么样呢?"见他不说话,老婆打电话给朋友,说明了情况。朋友来到他家,看了冰箱后对他们说:"你的冰箱已用了 10 年,出现问题不奇怪,你可以拿着这款老型号的冰箱,去同一品牌店里换一款新型的,几百块钱就可以搞定。如果你把冰箱卖了,就值 50 块钱。你自己看着办吧?"

事情就这么简单,冰箱用的时间太长,寿命已经终止了。 既没必要纠结于冰箱是世界品牌,质量绝对有保证;也没必要纠结于供电局突然停电把冰箱弄坏了。 关键是把问题解决,怎么让冰箱重新运转起来。 如果这位先生懂得简单地思考问题,不跟自己较劲,就不会为此生气了。

(2)遇到不幸不较劲,乐观看待放宽心。 凡事多往好处想,该吃的吃,该喝的喝,保持一种乐观的心态,生活才会更加精彩。有则笑话说,有个人老是不顺心,一天出门,不小心掉到水里,爬起来,居然发现口袋里有一条小鱼。 他顿时乐了,一下子把掉进水里的事情忘掉了。 如果我们能用这种心态对待生活,那么生活就不会有那么多"气"了。

(3)家人是自己的影子,宽容对待他们。 家人是自己的影子,因为彼此形影不离,在一起相处的时间最多。 与家人合得来,不与家人较劲,就是不跟自己较劲,这样会和家人相处得更融洽,家庭的和谐度会更高。 作为夫妻,一方微笑,另一方也会微笑;一方哭泣,另一方也会哭泣。 如果一方跟另一方较劲,那么两人都不快乐。 因为吵架解决不了任何问题,生气也于事无补。要快乐,就要善待对方、宽容对方,不和对方较劲。

斤斤计较只会让自己更痛苦

人们总是会去为了一些小事斤斤计较。有些事情明明可以大事化小，小事化了，为什么总是要弄得自己不开心，让别人歉疚呢？

古人云："凡事最不可想占便宜。便宜者，天下之所共争也，我一人据之，则怨萃于我矣，我失便宜则众怨消矣，故终身失便宜，乃终身得便宜。""受得小气，则不至于受大气。吃得小亏，则不至于吃大亏。"古人都明白的道理我们又怎能不懂呢？

往往越不想吃亏，越可能吃亏，还有可能吃大亏。只有不去计较吃亏的人，才能在"吃亏"中得到福气。贪心的人，因为过多地去衡量得失的多少，反而最后会得不偿失。虽然吃亏意味着舍弃，但是失得眼前小利，必能谋得未来大利。

斤斤计较的人，容易迷失自我。有时候，吃点亏也不见得就是什么坏事，不是总说"吃亏是福"吗？吃亏是福还是祸，不过是你一念之间的事情。你能想通，能看开，它就是一件福事。想不通，看不开，它就只能拖累你，最终把你拖累垮。不要为了眼前的小利和别人犯冲，如果为了丁点大的事情就闹得不可开交，最后人缘是不是也会受到影响呢？做一个大度的人，你的朋友们也会更加爱你。

一位作家，他出身贫寒，可是他从来不在乎别人付给他多少酬劳。到他晚年的时候，各大书局争相竞觅他的佳作，他的酬金也就丰厚起来。可是没多久，他病危了。消息传开后，各大报社的记者赶来探望，盼望能采访他。老先生见他们十分诚恳，不忍心拒绝，于是让他们提一个问题。记者问道："老先生，恕我们叨扰，实在抱歉。我是××报社的新闻记者，愿意听听先生最后的教诲，不但我们受益，以后也可以造福许多青少年。请不吝赐教。""成功秘诀是有的，在马太福音十六章二十六节。"说完，老人便安详地离世了。众人忙翻开圣经看，上面写着：人若赚得全世界，赔上自己的生命，有什么益处呢？人还能拿什么换生命呢？

是的，无论拥有多少，前提是要有生命去享受，如果你为了得到世界而赔上了自己的生命，那么，即使得到了世界又有什么用呢？不斤斤计较是一种明智，一辈子不吃亏的人是没有的，要学着做一个把吃亏当作福气的人。

既然吃亏是无法避免的，那又何必去斤斤计较呢？明智的人会用宽容的姿态看待那些所谓不公的事情，拥有一个好的心境，这是创造"平凡"生活的重要保证。

（1）福祸相依，爱上"吃亏"。吃亏的人往往能避免许多纷争，不会将自己困在亏与不亏这个狭隘的思维空间中，虽然一生平淡，可是幸福坦然。一味去计较小事的话，只会让你蒙蔽双眼，势必要遭受更大的灾难，最终反而失去更多。这样的话，岂不是更加心痛。不如做一个愿意"吃亏"的人，在平淡中获得更多。

（2）心有多大，财富就有多少。做一个宽容的人，少计较，多包容。拥有一颗装下世界的心，用你的包容装点你的世界，美好而幸福。拥有多少并不重要，只要你能放宽心，世间的一切都是你的。斤斤计较只会让你自己变得辛苦，变得不快乐。多对别人伸出手，世界是由千千万万个"你"而组成，你现在为别人所做的，其实就是为以后的自己做的。

（3）放宽心态，甩开拖油瓶。端正自己的心态，将"吃亏"转为"福气"，化烦恼为快乐，把这些压垮你的累赘赶到十万八千里之外。不要烦恼，不要苦闷，不要焦虑，让它们通通远离我们。烦恼是自己给的，快乐也是自己给的，遥控器掌握在你自己的手里，随时调频，随时让自己拥有好心情。

计较是贫穷和失败的开始

一位年轻女士，脾气急躁、易怒，谁若是得罪了她，她总是想办法报复对方，这样才能获得心理平衡。有一次，邻居的孩子把垃圾放在了她家门口，这让她非常生气，她便把自己的垃圾丢到对方的门口以示报复。结果她和邻居"礼尚往来"，矛盾越闹越大，到后来天天争吵不断。几次争论后，这位女士常常感觉胸闷。经检查，她患上了心脏病。

在日常生活中，我们对于一些非原则性的事情，或者带有讽刺、中伤意味的话语，完全没有必要过分理会，甚至耿耿于怀。面对这种情况，最好的办法就是淡然处之，不去计较。不计较的处世之法，不仅是避免祸端的高明之举，也是保持心情平衡的秘诀。如果一个人凡事总是斤斤计较，刨根问底，硬要讨个公道、较个高低，那么他就很容易陷入烦恼和苦闷的负面情绪中，难以自拔。正如上面这位女士，最后受伤害的还是自己。

另外，计较往往是一个人贫穷和失败的开始。如果一个人过分计较自己的得与失、他人的对与错、利益的大与小，那么他等于渐渐失去了财富和作为。要知道，世上那些既富裕又成功的人士，都是胸襟宽阔、懂得驾驭情绪烈马的人。

著名的相声艺术家马季就是一个坦荡做人、豁达处事之人，他的成就也是我们有目共睹的。马季的一生并不顺利，但他始终能乐观、潇洒地面对种种打击和不幸。

曾有一段时间，马季淡出荧屏，很久没有演出。一次，在公交车上，有两个年轻人谈论："我听说马季出事了，已经被抓起来了！""不会吧，前两天电视台还播了他的相声了呢。""那是早先录好的吧。"

两个年轻人谈论得火热，完全没有在意其他人。巧的是，马季正好也在这辆车上，并且就坐在这两人附近，清楚地听到了谈话的内容。即便如此，马季也只是把脑袋往衣领里一缩，并没有去辩驳，他一声不吭，到站后独自下车了。

马季不仅在小事上不计较，在一些大事上也能够做到宽容。马季在"文化大革命"时不知道挨过多少批斗，做过多少检查，可他对此毫不在乎，也不为自己辩驳。用他的话说："我要是个小心眼，那么这世上早就没马季这个人了！"在人生的后期，马季已经不愿意站在舞台上表现自己了，而是乐于传道授业，力捧年轻的相声演员。那时，曾有人劝他说："你怎么不上去露露脸呢？再这么下去，观众都快把你给忘了。"对此，马季满不在乎地回答："我已经完成了我的使命，还老让观众们惦记着干吗？再说，要那名有什么用，谁还不知道我身上有几两肉啊！"

可以说，马季先生的辉煌事业与成功人生与他的豁达之心、不计较之态有着密不可分的关系。可惜在现实生活中，有太多人都不明白这个道理。一遇到不顺心的事，或有关于个人利益得失的问题时，首先想到的就是如何去发泄，如何为自己"讨公道"，如何让自己占上风……总之，无论是精神上，还是物质上，都容不得自己有半点损失。

排解情绪垃圾的方法

做瑜伽有助于平心静气，改善不良情绪，缓解压力，使人精神饱满。

散步时可以呼吸到新鲜空气，有助于提神醒脑、调节精神，使人的压力减轻。

生活中的压力可以通过和朋友倾诉的方式得到缓解，从而避免内心堆积过多的情绪垃圾。

读书使人静心，沉浸在文字的世界可以使人忘记现实生活中的烦恼和压力。

第三章　轻得失，放下就是拥有

有失才有得

我们生活在这个世界上，有太多的东西需要去面对、去追求，有太多的事情需要去选择、去割舍。为人处世，鱼与熊掌可以兼得的例子实在是太少，你在得到一样东西的同时，也会失去另外的一些东西。在得与失之间要想做出正确的选择，是一件很难的事情。

人生的过程就是一个不断选择——不断"获得"与"失去"的过程。如果没有一种豁达的心态，那么不管怎样幸运的人，他的人生也不会真正完美、快乐。因为即使是出生于帝王之家，或者含着金钥匙出生，也不可能永远只是获得，而从不失去。这就需要人们在为人处世的时候，不但要有敢于为获得而拼搏的勇气，更要有能坦然接受失去的豁达。

获得，并不是非要我们事事精通，无所不能；放弃，也并不是要我们愤世嫉俗，远离红尘。我们为人处世，应当做一个拿得起、放得下的人：不仅要能够入得其内，追求自己想要的生活，更要出得其外，不被一些事情所牵绊。 只有做到了这一点，你才会成为一个快乐而充满魅力的人；只有做到这一点，你才会拥有一个成功而幸福的人生。 从这个层面上来讲，人生就是一个不断获得又不断失去的过程。

要想拿起更多的东西，我们必须要学会适当地放下，如果你什么都想要得到，最后只会变得一无所有。

林语堂言："懂得如何享用你所拥有的，并割舍不实际的欲念。"

人生路上很多时候得亦是失，失亦是得，得中有失，失中有得。 在得与失之间，我们无须不停地徘徊，更不必苦苦地挣扎。我们应该用一种平常心来看待生活中的得与失，要清楚对自己来说什么才是最重要的，然后主动放弃那些可有可无、不触及生命意义的东西，求得生命中最有价值、最纯粹的东西。

放弃也许是无奈的，放弃可能是痛苦的，但是你的每次放弃都将无愧于自我。 学会了放弃，你才能够向成功的彼岸迈进，在不断地放弃与选择中展现出真正的自我。 放弃是衡量一个人能否成功的重要标尺，而能否成功并不是要你得到什么，而是要你放弃什么。

在师范院校毕业之际，痴迷音乐并有相当音乐素养的帕瓦罗蒂问父亲："我是当教师呢，还是做歌唱家？"其父回答说："如果你想同时坐在两把椅子上，你可能会从椅子中间掉下去。生活要求你只能选一把椅子坐上去。"帕瓦罗蒂选了一把椅子——做个歌唱家。经过 7 年的努力与失败，帕瓦罗蒂才首次登台亮相。又过了 7 年，他终于登上了大都会歌剧院的舞台，坐上了世界歌坛巨星的宝座。

选择职业需要舍弃，舍弃其他椅子，而只选择其中的一把。
人在面临选择的时候是脆弱的，但只能确定一个目标，这样才会凝
聚起人生的全部力量，将其攻下。确定了目标，选定了路，不管
路有多崎岖，同行者怎样寥寥，你都要忍受并将它走完。尤其在
诱人的岔路口，你必须不改初衷，有心无旁骛的坚定信念和超然
气度。

放下才会远离烦恼

生活中，每个人都要面对成败得失、酸甜苦辣、喜怒哀乐、是
非恩怨，如果总是把这些记在心头，怎么能轻松地赶路呢？紧抓
着不放，等于背上了沉重的包袱，等于套上了无形的枷锁，会让人
活得又苦又累，以致精神萎靡，心力交瘁。只有放平了心态，放
下了该放下的，才能远离烦恼。

（1）放下是非恩怨，才能得到友爱。人生就像一场充满是非
恩怨的情仇录，要想活得快乐，就要学会放下仇恨与是非，潇洒地
转身，去拥抱友爱。

有个人与同事交恶，两人几乎到了水火不容的地步，
以至于影响了生活和工作。最后他选择了离职，朋友问他：

"如果不是那个人，你会离开吗？"他说："当然不会离开，我很喜欢这份工作，但我恨他，有他在，我就心情不好，只能离开。"朋友问："你为什么让他成为你生命的重心呢？"他顿时被问得哑口无言。

敌对关系有时比友爱关系更深沉。恨一个人，比爱一个人要付出更多的精力、耗费更多的情感。倘若你一直和某个人抗争，你就会慢慢失去自我，因为你一直在关注他，于是他成了你生命的重心。这样的人生岂不是一场悲剧？

一位哲人说过，朋友一场，同事一场，是一种缘分，因为十几亿人，偏偏你们相遇。这种缘分应该被珍惜。对呀，何必为了一点私心而让"是非"满天飞，为了一点面子而闹得彼此仇视呢？何不友好地对待身边的每个人，快乐地工作，轻松地生活呢？

（2）放下富贵梦，不让自己有负累。欲望是朋友，也是魔鬼。适当的欲望，是人类的朋友；过度的欲望，是人类的敌人。一个人，一旦欲念太多，欲望太强，就会被欲望所累，会由此从天堂走向地狱，从天使变为魔鬼。

有个很出名的画家想画佛和魔鬼。他去了很多寺庙，看了很多和尚，却始终没有找到满意的模特。一个偶然的机会，他在寺庙发现了一个和尚，被对方身上的气质深深吸引了。于是画家向那个和尚许诺："只要你当我的模特，让我画一幅画，我就给你重金报酬。"和尚答应了。

不久之后，画家画出了他毕生最满意的画，那幅《佛》

惟妙惟肖，很快就在业界引起了轰动。画家给了那个和尚很多钱，兑现了诺言。过了一段时间，画家准备画魔鬼，于是他又去找模特。一天，他在一所监狱看到一个人，画家觉得他就是最佳模特。当他面对那个犯人时，他怔住了，因为那个人就是之前的和尚。

画家不敢相信自己的眼睛，他不明白和尚为什么从佛的形象变成了魔鬼形象。和尚告诉他："因为你给我钱之后，我每天寻欢作乐，挥霍生命，后来钱花光了，我去偷去抢，最后成了阶下囚……"

你是活在天堂，还是活在地狱，完全取决于你的心态。面对金钱和财富，如果你不懂得放下，你就有可能迷失自我，成为金钱的奴隶；面对过分的物欲，如果你不懂得放下，你的心灵就会被羁绊，最后一切的一切都将是你的负累，直至把你压垮。

（3）放下破碎的梦，做自己的守护神。爱情是美好的东西，但不是每段爱情都有结果。有些人对爱情充满憧憬，面对突如其来的分手，他们无法接受现实，脆弱的心理防线彻底崩溃。有个女孩在男友提出分手后，感到世界塌下来了。她一直对爱情充满期待，以为可以和男友相爱到老，但是这个美梦因分手而破碎，她感到绝望，认为自己失去了保护神，于是跳楼自杀了。

为什么不放下那个破碎的梦，自己做自己的守护神呢？为什么要让别人掌控自己的命运呢？生活中，这类故事不胜枚举，我们应以此为戒，用一颗从容的心对待感情。即使分手了，即使婚姻破裂了，也不要痛恨别人，作践自己，而要做自己的守护神。

自私最可怕

"人不为己，天诛地灭。"自私是人的天性，从我们降生的那一刻起，"自私"就在我们体内。 不同的是，有些人的自私心理得到了很好的调适，有些人的自私心理却不断膨胀，他们满脑子都装着自己，不为别人着想，更不懂得为别人付出，甚至为了争名夺利不惜做出损人的事。 下面这个故事可以很好地说明自私者的愚蠢和可怕。

从前，有两个很要好的朋友去旅行。在路上，他们遇见一个白发圣者。圣者对他们说："我可以满足你们一个愿望，不过，谁先说出这个愿望，另一个人得到的愿望将是先说的人的两倍。"

圣者的要求让两人很为难，他们都不愿意先讲，因为先讲就吃亏了，后讲可以获得两倍，于是他们推来推去。其中一人不耐烦地吼道："你推什么？快许愿吧！"另一人很生气地说："凭什么让我先许愿，你有什么资格命令我？"

最后，一个人情绪失控了，他大声嚷道："赶快许愿，你不要不识相，小心我打断你的狗腿。"

另一人听了，心里很着急，迫于威胁，他只好先许愿。

他想，既然你对我无情无义，那我也不必对你有情有义。于是，他对圣者说："我的愿望是，希望自己的一只眼睛瞎掉。"

很快，那个许愿的人眼睛就瞎掉了。与此同时，另一人的两只眼睛都瞎掉了。

这是一个可笑、可怕的故事。原本圣者要给他们美好的愿望，他们可以共享这个愿望，但因为人性的自私，他们的情绪和理智失去了控制，从而发生了矛盾，最后把美好的愿望变成了可怕的咒语。

对于那个许愿的人来说，他所许的愿望是典型的损人不利己，他内心的私欲太强烈，他的仇恨心理和报复心理太严重。对于没有许愿的那个人来说，由于不懂得为他人着想，不懂得付出，因此遭受了前者的报复。他们的悲剧结局是由他们的自私造成的。

美好的事物应该分享，而不是独享；美好的人生应该爱人，而不是损人；美好的生活应该付出，而不是索取。如果故事中的两人多一点舍己为人的精神，多一点分享的意识，多一点付出，那么他们就会被友爱和快乐包围。当一方把大的福分留给对方时，对方也会找机会给他多一点福分。所以，只有放下自私，才能让别人喜欢你，才能让别人走近你。

（1）追求自己的利益时，切勿忽略别人的利益。俄国艺术大师屠格涅夫说："一个人被称为自私自利，并不是因为他追寻自己的利益，而是在于他经常忽略别人的利益。"人不是因为追寻自己的利益才被称为自私，而是因为经常忽略别人的利益，做了损人不利己的事。上文中的两个许愿者就是这种人，他们忽略别人的利益，不懂得为别人着想，这样的人是不可能获得快乐的。

（2）获得的同时，要怀有一颗感激之心。 宋朝的许棐在《责井文》中讲了这样一个故事：

一年夏天，水井因干旱而枯竭。许棐非常生气，责备枯井说："我以前觉得你很好，没想到你在我最需要水的时候没水了，以后我宁可不吃水，不做饭，也不低头向你要水。"骂完之后，他就回屋睡觉了。

晚上许棐做了一个梦，梦见一个嘴唇焦干、满面尘土的童子，说："我是井神，你还记得吗，以前我给你水洗衣服，给你水做饭，给你水湿润笔砚，使你奋笔书写，还使你酒杯盛满美酒，你现在居然因为我的干涸怨恨我，你简直太没感恩之心了……"

这则故事非常值得我们深思。 在现实生活中，有些人不懂得感恩，经常把别人对自己的好视为理所当然，当别人无法帮助自己时，就开始抱怨、生气，认为别人不讲义气、不重情义。 殊不知，别人也有难处，我们应该去体谅。 别人有恩于我们，我们应该感激，感激的最好方式就是对别人友善，用实际行动帮助和支持别人，而不应责备别人。

（3）要学会换位思考，体谅别人的难处。

有个人日子过得很艰难，他三番五次地向一个朋友借钱，朋友都有求必应。有一天，他又向朋友借钱，一张口就是一个大数目。朋友当时正在投资一笔生意，挪不出那么多钱，结果他气愤地走了，还说了一些阴阳怪气的话。

生活中，你身边是否有这样一种人，他们经常向你寻求帮助，你能帮忙时都会爽快地伸出援手。可是，有朝一日你爱莫能助时，对方不但不理解你，反而说一些难听的话。这时你是怎样的心情呢？同时，我们也问一问自己，是否也做过这样的事。

自私的人总是以自己为中心，总认为别人对不起自己，这样的人是没有人情味的，容易失去他人的好感。我们应该避免这种心理，要学会换位思考，以便更好地理解别人，体谅别人的难处。这样才能换来别人的理解和友善，我们才会更快乐。

用平常心看待得失

人的一生中会遇到很多选择，不管是得与失，还是取与舍，它们之间都会有矛盾。只想取不想舍，或者只想得不想失，这是不可能的。当面对取与舍和得与失的时候，坚定自己的目标，当取则取，当舍则舍，该得到的心安理得地得，该失去的也坦然面对，这是一种认识，一种能力，更是一种境界。

有一个富翁，在年轻的时候凭借自己的双手辛苦致富，很快成为当地赫赫有名的富翁。可是在一次大生意中，他因为对时局观察不清楚，导致亏光了所有的钱，而且欠下巨额的债务。万般无奈之下，他卖掉房子、汽车，还清债务。可就在这时，妻子嫌弃他贫穷，带着孩子离开了他。

　　此刻，他孤独一人，没有亲人，生活穷困潦倒，只有
一只心爱的猎狗和一本书伴随他左右。一个大雪纷飞的夜
晚，饥寒交迫的他来到一座荒僻的村庄，想找到一个可以
避风的地方，哪怕只是一间破旧的茅棚，他也会很满足。
走进村庄，他看到不远处有间茅草屋。他走了进去，看见
里面有一盏油灯，没有光亮，叫了几声没人回应。他想
可能主人出去了，先睡下再说。于是他用身上仅存的一根
火柴点燃了油灯，拿出书来准备读书。一阵风把灯吹熄了，
四周立刻漆黑一片。他陷入了黑暗之中，曾经的所有经历
涌上心头，他顿时对人生感到前所未有的绝望，甚至想结
束自己的生命。但是，他忽然看到依偎在身边的猎狗，它
是那么的忠心，想到这，他感到一丝慰藉，无奈地叹了
一口气沉沉地睡去。

　　第二天早上醒来，他发现自己身边的猎狗被人杀死在
门外。看着心爱的猎狗死去，他内心的酸楚涌上心头，他
决定结束自己的生命，因为这世间再也没有什么值得他留
恋了。他最后看了一眼周围的一切，这时，他突然发现整
个村庄都沉寂在一片可怕的寂静之中。他急步向前，一路
走过去，看到的是一片狼藉，满地的尸体。这些迹象表明，
这个村庄昨夜似乎遭到了匪徒的洗劫，而且村里除了他没
有人活下来。

　　看到这可怕的场面，他心里没有了结束生命的念头。
他想："我是这里唯一幸存的人，看来这一切都是注定的事
情。我虽然破产了，没有了金钱，但是我还活着，所以我

一定要坚强地活下去，我没有理由不珍惜自己。虽然失去了心爱的猎狗，但是，我得到了生命，这才是人生最宝贵的，有了这些我还有什么苛求呢？"

生命如舟，每个人都有自己的船，船上载着太多的诱惑和虚荣、功名和利禄，所以在生活中会有很多的困惑和迷茫。要想自己有一个顺利的旅行，必须有所准备，该舍的舍，该取的取，轻装上路。古人云："祸兮福之所倚，福兮祸之所伏。"今天得到了，明天也可能失去，所以应用一颗平常心去面对生活，面对人生。

小说《庞城末日》里有这样一个情节：

意大利庞培古城里有位名叫倪娣雅的卖花女。她自幼双目失明，但不自怨自艾，也没有垂头丧气地把自己关在家里，而是像常人一样靠自己的劳动自食其力。

不久，庞培城附近的维苏威大火山爆发，庞培城也遭到一次大地震，整座城市笼罩在浓烟和尘埃中，昏暗如无星的午夜，漆黑一片。惊慌失措的居民跌来碰去寻找出路却无法找到。倪娣雅本来就看不见，但由于这些年走街串巷地在城里卖花，她的不幸这时反而成了幸运。她靠着自己的触觉和听觉找到了生路，而且还救了许多人。因为她可以不用眼睛看就能如常人一样行走，所以这时她的残疾成为了她的财富。

上帝是很公平的，命运在向倪娣雅关闭一扇门的同时，又为她打开了一扇窗。世上的任何事都是多面的，人们看到的只是其中的一个侧面，这个侧面或许让人痛苦，但痛苦却往往可以转化。有一个成语叫作"蚌病成珠"，这是对生活最贴切的比喻。蚌因身体嵌入沙子，伤口的刺激使它不断分泌物质来疗伤，等到伤口愈合，伤处就出现一颗晶莹的珍珠。每粒珍珠都是由痛苦孕育而成的，任何不幸、失败与损失，都有可能成为对我们有利的因素。

　　一艘船在海上遭遇风浪的袭击，不久就沉了，只有一位幸存者被风浪冲到了一座荒岛上。每天，这位幸存者都翘首以待，希望能够看见过往的船只把他救出去。然而，他等了一天又一天，还是没有船来。

　　眼看没有船只过来的希望了，为了活下去，他就辛辛苦苦地弄来了一些树木的枝叶给自己搭建了一个"家"。每天，他仍默默地向上帝祈祷着有船只经过。偶然的一天，不幸的事情发生了。他外出去寻找食物，一场大火顷刻间把他的"家"化为了灰烬，他眼睁睁地看着滚滚浓烟消散在空中，悲痛交加，眼中充满了绝望。

　　第二天一大早，当他还在痛苦中煎熬时，风浪拍打船体的声音惊醒了他，远处一只大船正向他驶来。他得救了。上船后他惊讶地问船上的人："你们是怎么知道我在这里的？"船上的人回答："因为我们看见了你燃放的烟火信号，所以我们就连夜向这边赶过来了。"

　　人的一生总在得失之间，人生在失去的同时也往往会另有所得。 只要认清了这一点，就不至于因为失去而后悔，不因得到而窃喜。 人生在世，重要的不是得与失，而是你曾经为得到付出了多少努力。 无论你得到了还是失去了，只要你是快乐的、幸福的，你的人生就是有意义的，也是最富有的。

放下就是拥有全世界

鸣蝉奋力挣脱掉自己的外壳，才获得展翅高飞、自由歌唱的机会；壁虎勇敢地咬断尾巴，才在绝境中获得重生的希望。 现实也是如此，握紧拳头，你什么都得不到；伸开手掌，你将拥有全世界。

一个渔夫，在大海里捕到一只海龟。

他把它抱回了家，放到了自己的床上，温柔地和它说着话。晚上还给它盖上了崭新的被子，把最新鲜的鱼虾端到它面前。

然而，海龟不吃不喝不动，泪流满面。

"你为什么哭呢？你知道，我是多么爱你啊。"渔夫问。

"可是我的心里只有大海，那里有我的家，有我的孩子，有我的快乐。请你放我回去吧！"海龟说。

可是，渔夫舍不得放弃它。过了好久好久，看着心爱的海龟日渐消瘦，精神萎靡，渔夫终于决定放它回到大海。

"你这个冷酷无情的海龟，我几乎把整个心都交给了你，却得不到你一丝一毫的爱。现在，我成全你，你走吧。"

海龟慢慢地爬走了。

半年后的一天，渔夫正在午睡，忽然听见门外有声音。他出门一看，原来是之前他放走的那只海龟。

"你回来干什么？"

"来看看你。"

"你已经得到了你的幸福，何必再来看我呢？"渔夫问。

"我的命是你给的，幸福也是你给的，我忘不了你。"海龟说。

"唉，你去吧！只要你能幸福就够了，以后不必再来看我了。"渔夫伤感地说。

就这样，海龟依依不舍地走了。

然而，一个月后，海龟又来了。

"你又来了？"

"我忘不了你。"

"为什么会这样呢？当我希望永远将你据为己有时，却丝毫无法打动你；当我放弃你时，却获得了你的心。"渔夫深有感触地说。

很多事情，放下了，往往也就拥有了。工作上，把名利放下了，就可以按照自己的想法、方式去把事情做好；生活中，把一些不愉快的记忆放下了，就能过得更洒脱、更自在。所以，只要把心与念想统统都放下，人就能从桎梏中走出来，拥有更快乐的人生。

一天，一个登山者突然从山上滑落，他拼命抓住绑在自己手上的绳子，总算停了下来没有掉下去。山中大雾弥漫，上不见顶下不见底，他绝望地呼喊："上帝啊，快救救我吧。"突然这时一个声音响起："我是上帝，你希望我救你吗？"那个人大喊："是的，是的。"上帝问："那你愿意相信我吗？"那个人连忙说："当然愿意。"上帝说："那好吧，现在把你的手松开。"

那个人不禁一惊，心想这不是害我吗？然后，沉默了半天，始终没有松开手，仍然是紧紧地抓住绑在自己手上的绳子。

结果，第二天救援者只找到了这个人的尸体，他在夜里被活活冻死了。而令救援者困惑的是他紧紧抓着的绳子，离地面也不过3米而已。

放手，对任何一个人来说，都要经历一个痛苦的过程。因为放弃，有时候便意味着不再拥有。但是，如果不想放弃，却想拥有一切，最终也许只能一无所有，这是生命的无奈之处。有人说："取是一种能力，舍是一种勇气，没有本事的人取不来，没有胸襟的人舍不得。"所以，我们每个人都应该懂得，有得必有失，有失必有得，你每一次的放弃可能在酝酿着下一次的拥有，人生就是这样一个得与失不断重复的过程。

保持乐观，凡事多往好处想

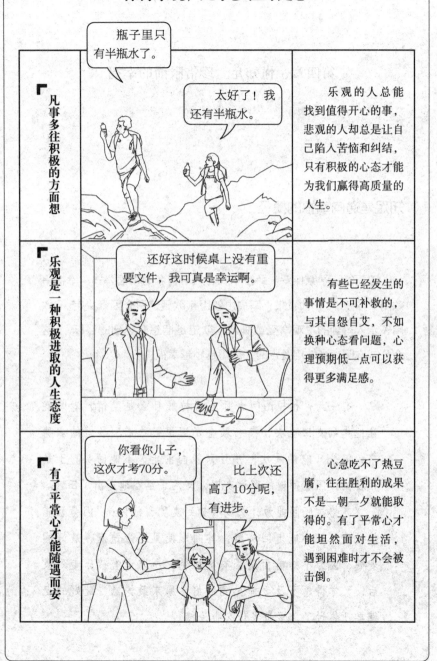

第四章　懂知足，珍惜眼前的幸福

知足是通向幸福的捷径

美国经济学家保罗·萨缪尔森有一个著名的幸福公式：幸福 = 效用／欲望。 在他看来，幸福由效用和欲望这两个因素决定。 效用表示人得到的主观享受或满足，欲望是指想要达到的目标。 这个公式说明，当效用既定时，欲望越小越幸福。

有一天，柏拉图问老师苏格拉底什么是爱情，老师就让他先到麦田里去，摘一颗全麦田里最饱满、最好的麦穗来，但是只能摘一次，并且只能向前走，不能回头。于是柏拉图按照老师说的穿过麦田，却两手空空地走出了田地。

苏格拉底问他为什么没有摘到麦穗，他说："因为只能摘一次，又不能走回头路，其间即使见到最饱满、最好的麦穗，因为不知前面是否有更好的，所以没有摘；走到最后，又觉得总不及之前见到的好，原来最饱满、最好的麦穗早已错过了，于是我什么也没摘。"

苏格拉底告诉柏拉图说："这就是爱情。"

之后又有一天，柏拉图问老师苏格拉底什么是婚姻，老师就叫他先到树林里，砍下一棵全树林最大、最茂盛的树放在家里作圣诞树。这次的要求也是只能砍一次，并且只能向前，不能回头。于是柏拉图照着老师的说法去树林里砍树。这次，他带了一棵普普通通，不是很茂盛也不算太差的树回来。老师问他，怎么带这棵普普通通的树回来，他说："有了上一次的经验，当我走了大半路程还两手空空时，看到这棵树也不太差，便砍下来，免得再错过，什么也带不回来。"

苏格拉底说："这就是婚姻！"

确实，婚姻与爱情的最大区别就是知足。在恋爱的时候，总以为后面还会有更好的、更适合自己的人出现，因此就不断地寻找，不断地遇到，因为不懂得知足又不断地错过。当错过了结婚的年龄，自己已经没有耐心和信心追寻了，于是，遇到一个差不多的就结婚了。

知足，在婚姻里面是一门很重要的学问。有一句话是这样说的："没有最好只有更好。"如果一直信奉这句话，在寻找另一半的过程中，不懂得知足，这山望见那山高，到了另一座山却又发现还是这座山高一点，所谓"不识庐山真面目，只缘身在此山中"，等到你真的看清了属于自己的这座"山"，再后悔却不一定来得及了，因为你觉得合适的那座山很可能已经另有所属了，于是一路寻觅一路错过，总也无法找到称心如意的。相反，懂得知足的人，当选定了自己的伴侣后，就一心一意地经营爱情和家庭，最后发现原来一直过着的就是自己想要的幸福生活。下面也是一个关于知足的例子：

　　静是一个美丽的女孩子，她和初恋情人安是在大学里认识的，但是，大学毕业后，两个人因为各自的理想而放弃了这段持续了三年的感情。安离开了，倔强的静选择了留在有自己父母的城市。

　　工作后不久，静就答应了一位同事的追求，她本以为开始一段新的感情，就可以完全忘记安，开始全新的生活。但是，这次与初恋不同，即使对同事说一千次一万次的"我喜欢你"，她也不愿意说一次"我爱你"。在她看来，"我爱你"这三个字太沉重，包含了太多的内容，这一生除了安，她不会再对第二个人说这三个字。

　　同事有着很好的家世背景，对静也很好，静觉得很知足。虽然她不能确定自己对同事的感情算不算爱，但是，她不想继续寻觅下去。于是，过了不久，他们就结婚了。婚后，丈夫知道静心里还装着另外一个人，但是他从来不介意，因为静做了他的妻子他就已经很满足了，所以他依旧对静百依百顺，细心照顾着静，享受着自己的幸福生活，而静在丈夫的照顾下也感到很幸福。

　　转眼已是10年后，安来到了静所在的城市，并且提出要和静见一面。到了约定的那一天，静把自己打扮得很漂亮，光彩照人，看上去和10年前几乎没有什么差别，她想，安一定也和以前一样英俊帅气。然而，见面的结果却出乎静的意料，在商场上摸爬滚打了十余年的安已经完全失去了静最爱的那份书卷气，有的只是商人的圆滑，并且，眼前的安也早已没了离校时的英俊潇洒，不仅胖了许多，还挺着一个大啤酒肚。

相见不如不见，静对这次见面很失望，她坚定地拒绝了安提出的继续保持联系的要求。

回到家，看见丈夫正在厨房里忙碌着的身影，静的眼睛一下子湿润了，因为她突然发现，这么多年来，自己对丈夫的喜欢早已转变成了爱。

其实，感情里面不存在最好的，退一万步讲，即使有最好的，这个最好的是否就适合自己呢？网上有这样一句流行语："他没有逼我长成张曼玉、李嘉欣，我就无权要他成为李嘉诚。"这也是告诉我们要学会知足。

简单的幸福

清朝乾隆年间，北京城出现了一个专偷皇宫宝物的神偷。有一次，御书房里面的玉玺竟然不翼而飞了，过了3天又神不知鬼不觉地出现在原地方。这可让乾隆不寒而栗："玉玺失窃倒也算了，但如果这个神偷要取朕的项上人头，那不是像囊中取物那么容易吗？"于是乾隆马上让和珅想对策。

和珅出了两个主意：一是派了3000御林军将紫禁城把守得滴水不漏；二是对进出京城的老百姓严厉盘查。不料，这计策实施了半年没有一点效果，接连着几件宝物被偷不说，也因严重扰民而让百姓怨声载道。

乾隆看这样下去实在不是办法，只得召来一向足智多谋的刘罗锅，让他想想办法。刘罗锅不慌不忙地说："第一，将紫禁城外增派的御林军全部撤掉。第二，将所有宝库的大锁通通拿掉。第三，将存放宝物的箱子全部打开。如此一来，必能手到擒来。"

乾隆听了甚感不解："刘爱卿，你是聪明人，怎么说起这糊涂话来了？"刘罗锅笑嘻嘻地说："请陛下试试看，便知成效。"结果不出 10 天，神偷居然就被轻易地捉到了。

原来这位神偷已有 30 年偷窃的历史，如何潜入、开锁、取物、逃跑等，他都有着上千次的成功经验，所以即使再严守的地方也能顺利偷出宝物。可是这次进入皇宫后，竟然没有警卫，也没有锁门，进去后只看见箱子打得开开的，窗户也被拿掉了，这可让神偷不知所措，稀里糊涂就束手就擒了。

曾几何时，我们的生活中复杂的事物越来越多，好多电器的功能复杂得脱离实际，几乎与使用者"老死不相往来"，而且功能越复杂并不见得越好。比如录音机带的收音功能，无论是收听质量还是使用寿命，远远不如老式的半导体收音机。科学的发展从来都是由简单到复杂，人们对自然界的认识由知之不多到知之甚多，但是，切不能忽略了科学的更高级形式——由复杂到简单。

14 世纪英格兰圣方济各会的修士威廉，曾在巴黎大学和牛津大学学习，他知识渊博，能言善辩，被人称为"驳不倒的博士"。他提出了一个"奥卡姆剃刀"的原理，其大意是：大自然不做任何多余的事。如果你有两个原理，它们都能解释客观事实，那么你应该使用简单的那个，因为最简单的解释往往比复杂的解释更正确；如果你有两个类似的解决方案，选择最简单的、需要最少假设的解释最有可能是正确的。如果用一句话来解释"奥卡姆剃刀"原理的话，就是"把烦琐累赘一刀砍掉，让事情保持简单"。

"奥卡姆剃刀"理论问世以后，成就了一个又一个杰出的科学家，如哥白尼、牛顿、爱因斯坦等，都是在"削"去理论或客观事实上的累赘之后，才"剃"出了精练得无法再精练的科学结论。

通用电气公司的韦尔奇是商界传奇人物，被众多媒体誉为"20世纪最伟大的CEO""全球第一职业经理人"。他也是深得威廉的真传，提出了"成功属于精简敏捷的组织"的管理思想，用一把锐利的剃刀剪去了通用电气身上背负了很久的复杂、臃肿、官僚等弊病，使得通用电气公司能够在短短20年时间，从一个痼疾丛生的超大企业变成一个健康高效、活力四射、充满竞争力的企业巨人。

经过数百年岁月的沧桑砺洗，"奥卡姆剃刀"早已超越了原来狭窄的领域，具有更广泛、丰富和深刻的意义。如果在生活中，我们能勇敢地拿起"奥卡姆剃刀"，以简单的心态做人，把复杂事情简单化，你就会发现心情变得更轻松了，而且距离成功也更近了。

1931年，中国女棋手谢军在马尼拉向前国际象棋女子世界冠军奇布尔尼泽挑战，虽然最后夺魁成功，但她在比赛中常常不善于控制自己的情绪，事不顺心便焦躁恼气，输了棋更是寝食不安，甚至还哭鼻子。为此，当时的东南亚中国象棋棋王陈罗平多次去探望谢军，并且语重心长地向谢军介绍围棋巨匠吴清源的座右铭——"不生气"。

2年后，在蒙特卡洛，谢军接受约谢莉阿妮的挑战。这一回，谢军已经悟出了在这世界级的卫冕激战中，棋手的"不生气"是最重要的。因此，每晚临睡前，她要练半个小时的毛笔字，写的多是"静""顺其自然""不生气"等字。开赛以来，她胃口极佳，睡觉又稳。即使输了一盘后，照样说说笑笑，外出散步，打扑克，下厨做菜，最终以 8.5 : 2.5 的悬殊比分蝉联国际象棋女子世界冠军。

什么是不生气？ 不生气就是心存简单，不痴心妄想、不矫情造作。 它是一种潇洒自如的生活态度。 顺其自然，不会为一些鸡毛蒜皮的小事耿耿于怀，更不去刻意掩饰什么或者戒备什么。 如果说做事是越简单越有效，那么做人则是越简单越幸福。

欲望越少越幸福

欲望，是生命体与生俱来的东西。 动物有欲望，植物也是如此：当一个人爱上另一个人之后，会不惜一切地想要得到对方的心；当一只素食的熊猫饥肠辘辘的时候，它会去主动捕杀其他动物；当一棵小草被石头压住时，它甚至会选择顶开它……欲望在一定程度上促进了社会的发展和人们梦想的自我实现。但是，欲望也需要有一定的限度，如果一个人管不住自己的欲望，任它随心所欲，就必然会给自己带来痛苦和不幸。

曾经有这样一个故事：

有一个人想从地主那里得到一块土地，地主看了看他，想了一下说："清早，你从这里往外跑，跑一段就插根旗杆，只要你在太阳落山前赶回来，插上旗杆的地都归你。"那人开始拼命地跑，他跑一段就插一根旗杆，眼看太阳快落山了，他还觉得自己的地不够宽。后来看时间不早了，于是就拼命地往回赶。结果，虽然他成功跑了回来，但却由于精疲力竭而一个跟头栽下去再也没起来。后来，地主找了两个人挖了个坑，把他埋了。牧师在给这个人做祈祷的时候指着土坑叹着气说："一个人要多少土地呢？就这么大。"

一个人的欲望越多，他离快乐也就越远。多一分欲望就少一分快乐，相反，少一分欲望也就多一分快乐。生活中，我们很多时候之所以觉得自己活得累，就是因为我们的要求太多，不断地索取，自然会使得自己身心俱疲。

曾有人问卡耐基："用什么方法才能致富？"
卡耐基回答："节俭。"

那人又问："现在谁是比你更富有的人？"

　　卡耐基脱口说："知足的人。"

　　那人继续追问："知足就是最大的财富吗？"

　　卡耐基想了一下，引用罗马哲学家塞尼迦的一句名言回答了他："最大的财富，是无欲。如果你不能对现有的一切感到满足，那么纵使你拥有全世界，你也不会幸福的。"

　　生活，需要一定的物质做基础，但物质的索取必须有一个度。人的需求其实是很低的，我们根本没有必要让欲望成为禁锢我们灵魂的毒瘤，让它将我们的幸福渐渐吞噬。人应该在满足自己的基本需求的同时，尽可能地抑制住自己的欲望，不要让它无限制地膨胀。要知道，欲望就像气球，越大越诱人，但这种膨胀的气球也会很快破灭——只有顺其自然的人，才会拥有一份属于自己的安宁生活。

　　著名作家理查·卡尔森博士说："很多年前，我曾活得忙碌不堪，追求成就成为我的一切。我不断地做记录，今天完成了多少事，赚了多少钱……三餐总是无固定的场所，随便解决，总与自己比赛，看看自己可不可能赢得比别人更多的成就。"然而，就在他结婚那天，他最好的朋友却在前往他婚礼的途中死于车祸。当时这件事给他的心灵带来了一次巨大的震动。之后，卡尔森博士明显放慢了生活的步调，因为这个时候，他了解到了自己过去曾穷追不舍的那些东西，其实并没有自己想象的那么重要。他终于意识到平安是福，生活过得安宁一点才是好的。

有人把人生比作一条长河，有源头，有流程，有终点，但是不管它有多长，最终也要流入海洋。既然人生终有尽头，为什么活着的时候不能少点欲望，让自己的生活过得安宁一点呢？

叔本华有句名言："生命就是一团欲望，欲望不能满足便是痛苦，满足了便是无聊，人生就在痛苦和无聊之间摇摆。"这句名言告诉我们，要想让生活过得安宁一点，就应该少一点欲望，这样即使人生在痛苦和无聊之间摇摆，相信它的摆幅也不会太大。

平淡生活，才能快乐常在

我们时常抱怨每天的生活平淡无味，其实，这不过是发现了一个真理——生活原本就是平淡无奇的。人之所以有不同的生活，是因为有诸种因素的影响，但从根本上说，是由于不同的心态所致。曲折是有的，高潮是有的，但更多的还是平淡无奇，甚至是充满艰难困苦和拼搏，这都要靠一颗从容稳定而又积极热情的心去体验。

生命只有一次，时间无比宝贵，你出多高的价钱也买不下来。你觉得日子平淡，事情不如意，或者有什么事情自己没有做好，这有多大的关系？抓住现在，重新开始！小孩子搭积木，喜欢推倒重来。我们也要积极探索，多几次新的尝试，正视生活中的一切。现实不可改变，那就接受，接受下来，再去寻求改变的可能。没有过不去的事情！你仔细地想想，是不是这样？

人间的不幸和悲剧，除了战争、灾难和犯罪之外，主要是由什么因素造成的？不正是由陈腐的观念和不良的情绪造成的吗？不妨想一想：你所认识的那些感到幸福和自由的人们，他们似乎在任何一处都找得到快乐，其奥秘何在呢？

为了揭开这个奥秘，我们可以做个小游戏。你口袋里有一枚一角的硬币，一般你不会珍惜，丢失了也不会在乎。但是，当它滚落到某个角落里或者地沟里，你花了一番力气终于找到它，它就变得比原先宝贵了。这就是寻找快乐的奥秘。快乐和不幸是事情的结果和个人所选择、期望的目标是否符合导致的不同的结果。目标越重要，实现它的困难就越大，一旦达到目的，如愿以偿，愉快的感觉也就越强烈。

有选择才有目标，有追求才有兴趣，有付出才有收获。如果不是这样，你说什么生活有意思？

没有钱，简直要命，当然会使生活变得更加没有意思。有了钱，就有意思，可这有意思在于为了挣钱而付出了辛苦。如果一个人终日养尊处优，无所事事，他也同样会感到生活乏味没有意思。

没有下海的人准会说那下海的弄潮儿活得有意思。可是已经在商海里扑腾了几回、发现挣钱很难的人又会说，海上风光如海市蜃楼，也没有多大意思！

由此可见，问题不在于生活本身有没有意思，而在于你以什么样的心态、意识去感受，在于你有没有选择的兴趣和追求的信心。

乐观地面对生活

今天，我们面临的压力越来越大。赡养老人、教育子女、工作上的烦恼、人际交往的复杂……这些问题无时无刻不在侵扰着我们。无奈、烦躁、忧虑、彷徨，甚至是悲伤、绝望的情绪，时时笼罩着我们，使得我们越来越觉得疲惫，越来越觉得无助。在事业、家庭的双重压力下，我们的腰杆变得不再笔直；在跟同学、同事的比较之中，我们的远大志向消失得无影无踪。我们开始不自觉地变得悲观，变得消极，变得不知道如何释放我们的情绪。

那么，我们的问题到底出在哪里？我们的生活真的就那么不顺吗？

鲁滨逊·克罗索是《鲁滨逊漂流记》里面的主人公，他被海浪带到一个荒无人烟的小岛上，度过了漫长的 26 年。

鲁滨逊到达小岛的第一天，他列出了两份清单：一份列出自己的不幸以及面对的困难，另一份列出自己的幸运以及拥有的东西。他在第一份清单上写下"流落荒岛，摆脱困境已属无望"，在第二份清单上写下"船上人员，除了我以外全部葬身海底"。鲁滨逊利用一切，改变了自己的命运，利用枪、陷阱捕捉猎物，然后还自己搭建了房子。最终，鲁滨逊没有被饿死。这都源自那两份清单。

这个故事是我们从小就知道的，从鲁滨逊的身上我们也可以汲取不少东西。在面对问题时，我们是否也可以试着先列两份清单，写一写自己所拥有的，看看命运真的是否就如此不公？再向好的方面想想，也许你就会发现其实我们已经过得很好了，我们已经拥有了很多，我们的生活也已经很幸福了，至少我们不用露宿街头，忍饥挨饿。这样，凡事乐观地去想，我们就会打开自己的心结，更好地生活下去，心境也会更加明朗。

凡事向好的方面想，并不是盲目乐观，而是科学地对待困难和挑战，从挫折和挑战中寻找人生突破口和良机。仔细审视我们周围普通人的生活和成长经历，不难发现这样一个事实：只要扎扎实实地生活，正视现实、不甘沉沦、努力向前，任何困难都会被战胜，任何逆境都会过去。

有这样一个家长与孩子互动的游戏，叫"凡事往好处想"。

> 妈妈问孩子："今天上学发现，口袋的 10 元钱不见了，请往好处想……"
>
> 孩子回答："还好不见的不是 100 元……"
>
> 父亲回答："捡到的人一定很高兴……"
>
> 妈妈问孩子："今天上学后开始下起大雨，请往好处想……"
>
> 孩子回答："还好舅舅家住得近，可以给我送伞……"
>
> 妈妈问孩子："很用功地准备期中考试，结果成绩非常不理想，请往好处想……"
>
> 孩子回答："还好不是期末考试……"

这个游戏很有趣，凡事往好处想，整个心情就变得不一样了。

记得有个故事，一个女孩遗失了一块心爱的手表，一直闷闷不乐，茶不思、饭不想，甚至因此而生病了。

神甫来探病时问她："如果有一天你不小心丢了 10 万元钱，你会不会再大意遗失另外 20 万元呢？"

女孩回答："当然不会。"

神甫又说："那你为何要让自己在掉了一块手表之后，又丢掉了两个礼拜的快乐，甚至还赔上了两个礼拜的健康呢？"

女孩如梦初醒，跳下床来，说："对！我拒绝继续损失下去，从现在开始我要想办法，赚回一块手表。"

人生，本来就是有输有赢，更是有挑战性的，输了又何妨。只要真真切切地为自己而活，这就是真正的生活。有些人就是因为不肯接受事实重新开始，以致越输越多，终至不可收拾。凡事都向好的方面想，是一种积极进取的人生态度。在竞争日益激烈的今天，每个人都面临着许多挑战，但更多的是机遇。向好的方面想，就是弱化挑战，放大机遇，以饱满的精神迎接机遇、把握机遇。

乐观的人处处可见"青草池边处处花""百鸟枝头唱春山"；悲观的人时时感到"黄梅时节家家雨""风过芭蕉雨滴残"。

因此，无论何时何地身处何境，都要用乐观的态度微笑着对待生活，微笑是乐观击败悲观的有力武器。微笑着，才能将不利于自己的局面一点点打开。

下篇

不抱怨

扫码点目录听本书

第一章 还在抱怨吗？看看会带来什么

扫码点目录听本书

抱怨会将你带入死胡同

抱怨会带来严重的后果，如混乱的人际关系、大惊小怪的情绪、健康困扰、金钱焦虑，这些后果会让你走入死胡同。

从口中说出的抱怨字眼会让我们的思维朝着消极的方向延伸，我们的处境会因此而受到影响。

你可曾注意，当人们聚在一起，大家是如何进行对话的？有人可能提到一本他最近看过的书，话题就转到书本上一阵子：如果书本围绕露营展开，对话可能就朝着交谈者喜爱或觉得刺激的露营旅行经验来展开。总之，如果是大家都喜欢讨论的议题，那整个讨论会变得越来越令人开心、舒畅。而当有人抱怨时，我们就要特别注意了，如果不及时停止抱怨，我们恐怕难避漩涡。

许多文学作品中都揭露过这样的现象，英国喜剧《四个约克夏人》就讽刺过这样的情形。

四位严谨优雅的约克夏绅士坐在一起，品酒聊天，十分惬意。他们的对话起初是积极而正面的，后来不知不觉变得消极悲观；再后来，他们开始以抱怨来互相较劲，最后难收残局，不欢而散。

刚开始，有一个人表示，几年前他能买得起一杯茶就算很好运了。第二个人就要和他较劲，你还想买茶，我有冰茶喝就不错了。

抱怨的声浪加速蔓延，他们的论调随即演变得荒唐可笑，每个人都竭力证明自己过的才是最艰苦的生活。一位绅士回忆自己成长时住的房屋很破旧，第二个约克夏人则转动眼珠子说道："房子！有房子住就很不错了呢！我以前是 26 个人同住一个屋，什么家具都没有，地板还只有一半，我们怕掉下去，就挤成一团窝在角落里。"

他们你来我往地用抱怨互相较劲。

"噢！幸运的人啊，还有房间住，我们以前都住走廊！"

"喔，我们以前还梦想能住走廊呢！我的住所是垃圾场的水箱。每天早上醒来，身边是一堆臭鱼烂虾！"

"朋友，恐怕我们说的不是一个性质的房子，我说的'房子'只是地上的一个洞，用防水布盖住，这对我们来说就算房子了。"

"我们还从地上的洞里被赶出来，最后寄宿在干涸的湖洞里。"

"你运气真好，还有湖洞住，我们 150 人住在马路中央的鞋柜里。"

最后，一位绅士赢得了这场抱怨比赛，他声称："我得在晚上十点钟起床——就是睡觉前半个小时，然后喝一杯凉水，在磨坊里每天工作十几个小时，还要给老板工钱，请他准许我来上班。"

你认为赢得这种抱怨比赛很有意义吗？那好，去吧，继续发牢骚，直到每个人都放弃，宣布你是全世界最厉害的抱怨鬼。胜利的奖品则是不快乐的人际关系、巨大的情绪波动、健康的困扰、每天为金钱担忧的生活。

在人际关系中，抱怨会影响你的人际交往，吓跑朋友。我们通常在向他人抱怨时，可能会暂时尝到获得注意力或同情心的甜头，也可以回避去做让你自己紧张的事。但是事物都有两面性，它将带来负面的影响。长年抱怨的人，可能会被朋友抛弃，因为朋友们发现自己的能量被这个抱怨者榨干了，在潜意识里就不想再与他交往。

你是否发现自己正身处在怨声载道的人群里呢？你的耳边是不是抱怨声不断呢？那么，郑重地告诉你——通常，我们都会去接近和自己相似的人，疏远和自己不相似之人。所以，这个时候，你应该反省下自己，是不是自己即将成为或已经成为抱怨一族。

抱怨也会影响工作，抱怨会让自己最终走投无路。许多员工抱怨老板抠门，抱怨工作时间过长，抱怨公司管理制度过严……有时，善良之人听过抱怨会宽慰你几句，这可以使自己内心的压力暂时得到一定的缓解。诚然，口头的抱怨就其本身而言，暂时不会带来直接损失。但是，它会腐蚀人的思想，进而使你在工作上敷衍了事。抱怨使人思想肤浅、心胸狭隘，头脑中充满了抱怨又如何来思考未来发展呢？这只会使你与公司的理念格格不入，自己未来的发展也会走上死胡同，最后一事无成，只好被迫离职。

一天，约翰站在一家商店的皮鞋专柜前，和店里的年轻员工闲聊。这位年轻人告诉约翰说，他在这家商店服务已经7年了，但老板却对他有些许的不满，他的工作业绩并未得到赏识，他非常郁闷，但同时他又对自己信心十足："像我这样一个学历不低、年轻有为的小伙子，找一份满意的工作也不是件难事！"

正说着，有位顾客走到他面前，要求看看袜子。岂料这位店员就像没看见顾客一样，仍继续向约翰发牢骚。虽然那位顾客已经显出不耐烦的神情，但店员仍在继续刚才的抱怨。最后，等他把话说完了，才爱理不理地对顾客说："这儿不是袜子专柜。"

那位顾客又问："袜子专柜在什么地方？"店员不耐烦地回答："你问总服务台好了，会有人告诉你袜子专柜在什么地方。"

7年多来，这个内心抑郁的可怜的年轻人一直不知道自己为什么没遇到"伯乐"，没有得到老板的赏识而升迁。

3个月后，当约翰再次光顾这家商店时，那个年轻的店员已经不在这儿了。商店的另一名店员告诉约翰，上个月，公司人员调整时，他被解雇了。

几个月后，一次偶然的机会，约翰在一条商业街上又碰见了那个小伙子，只见他灰头土脸的，一改往日的"意气风发"。他说，时下经济不景气，这几个月他一直都在为找工作而忙碌。

说完后，他匆匆离去，赶去参加一个招聘的面试，虽然工作性质与原来的没有什么不同，薪水也不比原来的高多少，但这次机会他非常珍惜。

试想，这位年轻人如果懂得珍惜原来的工作机会，努力工作，就不会被解雇了。 是他自己的抱怨使他走入了死胡同，他的结局完全是自作自受。

　　抱怨，就如同酗酒、抽烟、吸毒一样，一旦染上就难以摆脱，久而久之，它就会对我们自身的成长造成极大的阻碍，使自身陷入绝境。

抱怨是产生隔阂的根源

　　抱怨对婚姻最无益处，它让夫妻间失去信任，直至离心。

　　家是遮风挡雨的地方，更是家庭成员的心灵港湾。 经营一个和谐幸福的家不容易，我们应当多抽出一点时间陪陪家人，以免随着时间的流逝，疏远了亲人，拉大亲人间的距离。

　　家人关系的疏远不是瞬间发生的，不过有些因素确实有损家庭和睦。 有些人经常对家人横加指责，并且恶语相加。 这么做可能导致家庭中弥漫着火药味，久而久之家庭氛围会变得沉重，以至亲人之间不愿交谈。

　　一对夫妻就因抱怨而离心：

　　　　从他结婚开始，他的妻子就没对他满意过，不断地取笑他的工作，轻视他所做的每一件事情，他的事业也险些被葬送。

　　　　那时候他是一个推销员，每天充满热情地工作，因为他相信美好的明天属于自己。当他回到家里，满心希望会得到妻子的鼓励，但通常他迎来的只是一顿冷嘲热讽："今天的生意怎么样？有没有带回佣金呀？经理的训话你就不用说了，我想你应该知道马上就要付房租了。"

任凭妻子讽刺挖苦，他还是努力奋斗着。现在的他，已经是一家著名公司的执行副总裁了。而他们的婚姻，在他不能继续忍受下去时最终瓦解。如果可以选择给自己关爱和支持的女孩，为什么还要勉强接受嘲讽呢？

但是，前妻却无法接受这样的事实。她跟朋友诉苦："我为他省吃俭用，做牛做马辛苦了这么多年，当他有了钱以后，就去找更年轻的女人。真是男人有钱就变坏！"她没有意识到是自己对丈夫的抱怨使夫妻之间产生了隔阂，使婚姻生活无法维持。

如果有人告诉她：导致丈夫离开她的原因是她对他的唠叨、抱怨、挑剔，而不是什么年轻貌美的女孩。她一定不会相信，她也许还会说："我用这种方式是想刺激他，没有压力就没有动力。"但谁会喜欢这种刺激呢？一位妻子，整天讽刺、挖苦自己的丈夫，抱怨对生活的不满，这严重伤害了丈夫的自尊，会摧毁他的自信。抱怨对婚姻最无益处，它会让夫妻之间渐渐产生隔阂，最终导致婚姻破裂。

抱怨是逐渐养成的，刚开始的抱怨，你也许无意识，一旦成为习惯，就会像对麻醉药上瘾一样很难改掉。如果一个女孩在二十几岁刚结婚时，就整天向丈夫嚷着买别墅，那么等她到40岁时，她会贪得无厌，对什么都不满，从而成为一个无可救药、令人讨厌的抱怨专家。

夫妻一起生活，争吵和摩擦不可避免。任何一个家庭，偶尔的磕磕碰碰难以避免，当然也不会因为一般的争执而使情感产生裂缝。但长期的、无休止的抱怨谁都无法接受，最终会影响夫妻之间的感情。男人每天到家听到的都是抱怨和唠叨，那么不管他站在多高的事业高峰上，最后都会被毁掉；同样，如果一个女人经常听到丈夫的抱怨，柔软的心会变得越来越坚硬，最后变成铁石心肠，无法挽回。

什么样的思维创造什么样的生活。当我们抱怨时，我们就是把自己的想法集中在负面的东西上，实际上这与我们所追求的东西背道而驰。

现在的一些年轻女性总喜欢抱怨男人。譬如"男人很自私""男人都是没良心的""不能相信男人"等。当然，这些女性都生活得不幸福、不快乐。她们想不想要幸福？当然想，但是她们的抱怨却向外发送了"男人不好"的信息，她们的生活里当然没有"好男人"。

如果你想要维护家庭生活的幸福快乐，请记住：立刻停止喋喋不休的抱怨。

抱怨是不幸婚姻的始作俑者

相比较而言，一般性的病痛不会对人造成大的危害，药物可以治愈，但喋喋不休的抱怨却是一种顽固性的精神疾病，很可能会使全家人的生活遭殃。

心理学家陶乐丝·狄克斯认为："一个男性能否从婚姻中获得幸福，将要与他结婚的人的脾气和性情是否与他相和是最重要的影响因素。 一个女人即使拥有再多的美德，但如果她脾气暴躁又唠叨、挑剔、性格孤僻，那么再多的美德也无法改变这些缺点。 许多男性丧失斗志，放弃了可能成功的机会，就是因为他的伴侣常常给他泼冷水，打击他的每一个想法和希望。 她总是无休止地挑剔，不停地抱怨丈夫，为什么他不能像她认识的某个男性那样会挣钱，为什么他没有好工作……有这样的妻子在耳边挑剔抱怨，男人怎能不变得垂头丧气？"

　　对于一个男人来说，与奢侈浪费相比，妻子的挑剔唠叨会让他觉得更加不幸。 关于这一点，专家的研究便足以说明一切。 著名心理学家刘易斯·特曼博士曾对 1500 多对夫妇做过详细的研究。结果显示：在丈夫眼里，妻子的唠叨和挑剔是最不能容忍的。 两个著名的研究机构——盖洛普民意调查和詹森性情分析的研究结果也是如此：男人们都把唠叨、挑剔列为女性的首位缺点。

　　抱怨，是内心缺乏爱和包容的表现，是只顾自己痛快不管别人感受的表现。 抱怨者将自己内心产生出来的浊气毫无修养地泼向对方，而从不替对方考虑。 往往抱怨多的人是缺乏自爱和自信的人，他们渴望通过抱怨和牢骚来获得精神慰藉。

　　有些抱怨也可能是变相鼓励的一种手段，但这种手段让人难以接受。 抱怨只会像烟头烫气球一样，两败俱伤。

　　　有一位女士向心理学家寻求帮助，她与丈夫最近出了些问题，希望能够得到心理专家的帮助，以缓和矛盾，改善夫妻关系。

"我们几乎不交流，我一开口说话，他不是出去就是关上房门躲在里面玩游戏。"她既气愤又委屈地说。

心理学家仔细一问后发现，原来她常常不满丈夫的一些行为，一开口就是对丈夫的抱怨批评。于是心理学家建议她："如果你停止抱怨批评，或者改变一下谈话内容和态度，你们的关系或许会好很多。"

她十分不解："可是，我也不是胡乱批评的，都是有根据的！"

心理学家尝试用其他的方式引导她做出改变，她都坚信自己没做错。最后，心理学家对她说："你认为的对错，与你的婚姻关系相比较，孰轻孰重？在'我是对的'和'有效果'之间，你必须做一个选择，你会选择哪个？"

无休止的抱怨会破坏婚姻。当我们无休止地向对方抱怨时，就好像是不起眼的水滴正在一点点地侵蚀着幸福的岩石——这种潜在的祸患危害性更强。

俄国大文豪托尔斯泰的夫人亦曾发现此理，却为时已晚，她只能在临死前向她的女儿忏悔："你父亲的去世是我的过错。"她的女儿们一言不发，放声痛哭。女儿们都知道父亲的死，罪魁祸首是母亲喋喋不休的抱怨和唠叨。

照理说，托尔斯泰的夫人应该十分幸福——她的丈夫细心体贴，他们拥有美满的家庭。

照理说，托尔斯泰的夫人应该十分满足——金钱、地位他们都不缺少，享尽天伦之乐。

但托尔斯泰的夫人喜爱奢华，渴望显赫，爱慕虚荣，她追求更多的财富，而托尔斯泰却认为私有的一切是一种罪恶。夫妻之间便有了矛盾，她吵闹、抱怨、咒骂……

刚结婚时他们幸福和睦。但结婚48年后，他竟连看她一眼都不能忍受。

一次，托尔斯泰坚决主张让他的著作任人翻印，而他的夫人却开出条件要抽利。他一反对，她就发疯似的大哭大闹，甚至倒在地板上打滚，一哭二闹三上吊。

82岁的时候，年迈的托尔斯泰忍无可忍，在1910年一个大雪纷飞的夜里，他离开了妻子，朝着酷寒和黑暗走去，再也没有回来。11天后，托尔斯泰因肺炎昏倒在一个车站。直到死，他都无法原谅妻子带给他的折磨。

妻子的吵闹和抱怨竟让丈夫至死都无法原谅。也许人们认为，某些时候她的抱怨并不能算过分。是的，就算抱怨是有理由的，但一味地抱怨谁能受得了？这样究竟对她有什么好处呢？只会把事情弄得更糟糕。"我想我实在是疯了。"当托尔斯泰的夫人觉悟时，什么都无法挽回了。

你的丈夫或妻子可能会有很多缺点，但你也不能喋喋不休地批评、抱怨，抱怨只会让我们失去得更多。不要吹毛求疵、追求完美，否则只会给自己带来痛苦。我们要多发现对方的优点，并给予赞赏。不要企图改造、控制或驱使你的配偶，这样做只会浇灭对方的爱。因为，能改变人的不是常人，而是上帝。

抱怨性的话语往往与坏事成正比

抱怨性的话语属于消极的情绪，在这消极意识的误导下会产生不好的影响。同时，当你抱怨得越多，坏事也会越眷顾你。

回想一下，当我们不断发牢骚的时候，能有什么积极的改变吗？抱怨老板时，老板会觉得像你这样的员工很难缠，工资奖金的发放自有道理，你的抱怨是在向老板抗议吗？从此，你在老板那里的印象就更加不好了，在以后的工作中，你会失去更多。一个人想方设法给别人留下良好的印象还来不及，为什么要用毫无意义的抱怨来自毁形象呢？抱怨只会让事情越来越糟糕。

公司要裁员，王晓和小静都在裁员之列，按照公司的规定，被解雇的人员第二个月必须离开公司。

王晓回家后，痛哭了一场，抱怨公司不近人情。第二天到了公司，她逢人就抱怨："我平时在公司干得这么卖劲儿，我有哪点不好呢？这么多人，凭什么解雇我啊？老板真是不公平。"而且越到最后，话说得越难听，甚至有些话里的意思是，她被裁是有黑幕的，是有人背后打她的小报告。她甚至还把宣泄不完的愤怒都发泄在工作上，工作懒散懈怠，能拖延的就拖延，整天在公司混日子。

小静和王晓的遭遇是相同的，但态度却完全不一样。

虽然小静也很难过，但毕竟这是自己工作了多年的公司，而且待遇各方面都很好，所以她没有向任何人抱怨，她觉得公司这样做也是有苦衷的。于是她暗下决心，即便要离开也要把工作做好，以后再寻找更好的机会，说不定这还是一次机遇呢。在公司里，她在工作之余也会和同事们表示遗憾，非常舍不得大家，并且及时地交接工作，以免给同事的工作带来麻烦。

很快，一个月的时间过去了。最后只有王晓被裁了，人事主管的解释是："经公司多方考虑，只裁一个人，小静在工作上认真负责，且毫无差错，所以留下了她。"

不仅工作中如此，生活中也更是如此。抱怨就意味着负面情绪和结果。遇到困难、心情不好的时候，看淡一点，静静地思考一下面临困境的原因在哪里，有没有弥补的措施。这才是最积极有效的方法，才能改变事态的发展。

哈里在伦敦郊外一著名的度假村工作。一个周末，哈里在厨房忙得焦头烂额，服务生端着一个盘子走进厨房对他说，有位客人点了这道油炸马铃薯，但他认为马铃薯切得太厚了。

哈里看了一下盘子里的马铃薯，以前的也都是这么切的呀。从来也没有客人抱怨过切得太厚，但他二话没说，重新将马铃薯切薄些，又做了一份请服务生送去。

几分钟后，服务生端着盘子气呼呼走回厨房，对哈里说："那位客人一定是故意找茬，肯定是遇到什么不顺心的事了，然后将气借着马铃薯发泄在我身上，对我牢骚怨气，还是嫌切得太厚。"

哈里还是没说什么，忍住脾气，静下心来，又把马铃薯切得更薄一些，炸成诱人的金黄色，又在上面撒了些盐，还是让这名服务生端去。

没多久，服务生端着空盘子走进厨房，他对哈里说："客人非常高兴，餐厅的其他客人也都赞不绝口，他们又多点了几份。"

这道薄薄的油炸马铃薯片从此成了哈里的招牌菜，哈里也一举成名，非常受客人欢迎。

哈里之所以取得了成功，就是因为他没有抱怨，而是一次次地静心思考，不断改进，事情也就往好的方面发展了。

因此，抱怨在生活中是毫无意义的。清空自己的不满，多些积极的话语吧！这样，你的生活或是工作也会越来越好。

抱怨者，人人避而远之

经常抱怨的人，他们消极厌世、悲观绝望。抱怨的人经常通过重复的语言，抱怨重复的事情，在重复中寻找平衡。在抱怨的过程中，抱怨者要找人倒苦水，把自己唉声叹气的情绪和不满传达出去，而接受者必然是抱怨者的倾诉对象，久而久之，人们就会发现，经常和抱怨者在一起，自己也就感染上了抱怨的恶习。 所以，人们为了拯救自己，让自己乐观积极地生活，自然就会躲避、远离那些抱怨者。

爱抱怨的人通常讨人嫌。 抱怨的人都会存在这样一个特点：语言重复、事件重复、小题大做、无病呻吟。 这是抱怨者经常表现出的状态，一般人都不喜欢这种状态，因为人们在一起渴望交流，而不是听人发牢骚，况且是极其无聊、毫无意义的抱怨。 人们的时间精力是有限的，人们希望把这种有限的精力放到有意义的事情上面，听无聊的抱怨浪费了时间和精力，人们自然有反感情绪。 时间久了，人们会对经常抱怨的人产生厌烦心理，因为与那种人在一起，不仅会被动成为负面情绪接受者，而且会产生消极悲观的生活观念，把人们心中对于生命美好的心绪都消磨掉。 对于心中怀有希望的人而言，抱怨使内心产生反感和抵触，但是这种情绪又不能随意发泄，只能是避而远之。

抱怨就是唉声叹气的无病呻吟。 抱怨者抱怨的事情往往是无足轻重的，既琐碎又毫无价值。 为了将抱怨的事情表现得深刻，抱怨者往往会唉声叹气，情绪激动，恼羞成怒，有时候可能会失控似的破口大骂，这种生动的表演不但不会赢得怜悯，反而让人生厌。 人生活在世上，愁苦的事情很多，压力很大，还要承担抱怨者这种痛苦的呻吟，这才是没事给自己增加烦恼，于是聪明的人会远离这种唉声叹气的抱怨，寻求精神的安静与心理的平和。 久而久之，抱怨者就会因为自己这种"精彩"的表演，断送自己的人脉，失去同事、朋友和家人。

抱怨就像批评一样不受欢迎。 人们不仅不喜欢批评，也讨厌抱怨，因为人们的内心是渴望远离黑暗，朝向阳光的。 而抱怨就是把人们的内心蒙上灰色，这使人们既不喜欢，也不愿意接受。

就像有人说的：病重的朋友不会拖垮我，因为他乐观开朗，在他身上我看到希望和光明；而抱怨的人却使我内心沉重，因为我浪费时间精力去怜悯同情。这也是人们选择朋友的一个原则。豁达的人带给对方的是快乐和希望，而抱怨的人只会加重对方的负担，使对方压抑低沉。这就像批评一样，带给人的是不快，人们当然不会喜欢，时间久了，对于抱怨的人，人们见了也会感到不快乐，远离他是最好的选择。

抱怨是人际交往的大敌，没有人喜欢抱怨的人，经常抱怨的人，最后会成为孤家寡人。抱怨的人会令人害怕，人们不想浪费时间去听人抱怨，人们为了用有限的精力去创造有价值的事情，就会避开抱怨的人，这样一来，抱怨者就用抱怨的方式，把身边的朋友一个个地推开了。

用鼓励替代抱怨

你做得很好，以后也要像现在这样哦！

妈妈我会继续努力的！

与其发怒与抱怨，不如正向鼓励

如果身边人的表现没有达到你心中的预期，可以多尝试正向激励，多多鼓励可以调动他们的积极性。

这个项目确实卡得很严，没能办成，真抱歉。

这件事难度很大，你尽力了，我很感激。

情绪稳定对于人际交往十分重要

一味抱怨和发脾气会让你周身充满了负能量，让想靠近你的人都不自觉地疏远你，所以我们对身边人要多输出正面情绪。

用积极的话语替代抱怨

这次的提案虽然还有瑕疵，但跟以前比有很大进步，我们来讨论下如何改进吧。

抱怨只会带来负面的情绪和结果，把重点放在如何解决问题上才是最积极有效的方法，才能改变事态的发展。

第二章 别抱怨，每个人的人生都有坎坷

人生没有过不去的坎

"没有永久的幸福，也没有永久的不幸。"在生活中，尽管我们每个人都会遇到各种各样的挫折和不幸，而且有的人不仅仅要承受一种磨难，甚至受打击的时间可以长达几年、十几年，但是让人极度讨厌的厄运也有它的"致命弱点"，那就是它不会持久存在。

人们在遭受了生活的打击之后，总是习惯抱怨自己的命运不好，身边没有能够帮忙的朋友，家世也不好，没有可依靠的父母，等等。其实抱怨并不能解决问题，当问题发生的时候，我们一定要相信——厄运不久就会远走，好运迟早会到来。

匹兹堡有一个女人，她已经35岁了，过着平静、舒适的中产阶层的家庭生活。但是，她突然连遭四重厄运的打击。丈夫在一次事故中丧生，留下两个小孩。没过多久，一个女儿被烤面包的油脂烫伤了脸，医生告诉她，孩子脸上的伤疤终生难消，作为母亲的她为此伤透了心。她在一家小商店找了份工作，可没过多久，这家商店就关门倒闭

了。丈夫给她留下一份小额保险，但是她耽误了最后一次保费的续交期，因此保险公司拒绝支付保费。

碰到一连串不幸事件后，女人近乎绝望。她左思右想，为了自救，她决定再做一次努力，尽力拿到保险补偿。在此之前，她一直与保险公司的普通员工打交道。当她想面见经理时，一位接待员告诉她经理出去了。她站在办公室门口无所适从。就在这时，接待员离开了办公桌。机遇来了。她毫不犹豫地走进了经理的办公室，结果看见经理独自一人在那里。经理很有礼貌地问候了她。她受到了鼓励，沉着镇静地讲述了索赔时碰到的难题。经理派人取来她的档案，经过再三思索，决定应当以德为先，给予赔偿，虽然从法律上讲公司没有承担赔偿的义务。工作人员按照经理的决定为她办了赔偿手续。

但是，由此引发的好运并没有到此终止。经理尚未结婚，他对这位年轻寡妇一见倾心。他给她打了电话，几星期后，他为她推荐了一位医生，医生为她的女儿治好了病，脸上的伤疤被清除干净；经理通过在一家大百货公司工作的朋友给她安排了一份工作，这份工作比以前那份工作好多了。不久，经理向她求婚。几个月后，他们结为夫妻，而且婚姻生活相当美满。

这个故事很好地阐释了厄运与好运的意义。厄运不会一直存在于我们的生活里，虽然现在深陷困境，但是会在不久之后等到厄运的夭折。

易卜生说："不因幸运而故步自封，不因厄运而一蹶不振。

真正的强者，善于从顺境中找到阴影，从逆境中找到光亮，时时校准自己前进的目标。"

任何时候，都不要因厄运而气馁，厄运不会时时伴随你，阴云之后的阳光很快就会来临。

冬天总会过去，春天迟早会来临

四时有更替，季节有轮回，严冬过后必是暖春，这符合大自然的发展规律。 在人类眼中，事物的发展似乎也遵循着这一条规律。 否极泰来、苦尽甘来、时来运转等成语无不反映了人们的一种美好愿望：逆境达到极点就会向顺境转化，坏运到了尽头好运就会到来。 所以，我们坚信，没有一个冬天不可逾越，没有一个春天不会来临。 这是对生活的信心，也是对生活的希望，有了信心与希望，无论事情多糟糕，我们也会有面对现实的勇气和决心。

约翰是一个汽车推销商的儿子，是一个典型的阳光男孩。他活泼、健康，热衷于篮球、网球、垒球等运动，是中学里一个众所周知的优秀学生。后来约翰应征入伍，在一次军事行动中，他所在部队被派遣驻守一个山头。激战中，突然一颗炸弹飞入他们的阵地，眼看即将爆炸，他果断地扑向炸弹，试图将它丢开。可是炸弹却爆炸了，他重重地倒在地上，当他向后看时，发现自己的右腿右手全部炸掉，左腿变得血肉模糊，肯定必须截掉了。一瞬间，他想哭，却哭不出来，因为弹片穿过了他的喉咙。

人们都以为约翰不能生还，但他却奇迹般地活了下来。是什么力量使他活了下来？是格言的力量。在生命垂危的时候，他反复诵读贤人先哲的这句格言："如果你懂得苦难磨炼出坚韧，坚韧孕育出骨气，骨气萌发出不懈的希望，那么苦难最终会给你带来幸福。"约翰一次又一次默念着这段话，心中始终保持着不灭的希望。然而，对于一个三截肢（双腿、右臂）的年轻人来说，这个打击实在太大了！在深深的绝望中，他又看到了一句先哲格言："当你被命运击倒在最底层之后，再能高高跃起就是成功。"

回国后，他步入了政界。他先在州议会中工作了两届。然后，他竞选副州长失败。这是一次沉重的打击，但他用这样一句格言鼓励自己："经验不等于经历，经验是一个人经过经历所获得的感受。"这指导他更自觉地去尝试。紧接着，他学会驾驶一辆特制的汽车并跑遍全国，发动了一场支持退伍军人的事业。那一年，总统命他担任全国复员军人委员会负责人，那时他34岁，是在这个机构中担任此职务最年轻的一个人。约翰卸任后，回到自己的家乡。1982年，他被选为州议会部长，1986年再次当选。

后来，约翰成为了亚特兰城一个传奇式人物。人们经常可以在篮球场上看到他摇着轮椅打篮球。他经常邀请年轻人与他进行投篮比赛，他曾经用左手一连投进了18个空心篮。一句格言说："你必须知道，人们是以你自己看待自己的方式来看你的。你对自己自怜，人家则会报以怜悯；

你充满自信，人们会待以敬畏；你自暴自弃，多数人就会嗤之以鼻。"一个只剩一条手臂的人能成为一名议会部长，能被总统赏识，担任一个全国机构的要职，是这些格言给了他力量。同时，他的成功也成了这些格言的有力佐证。

天无绝人之路，生活有难题，同时也会给我们解决问题的能力与方法。约翰之所以能够生存下来并创造辉煌的事业，是因为他坚信人生没有过不去的坎儿，坚信冬天之后春天会来临。他在困难面前没有低头，而是昂首挺进，直至迎来生命的春天。

生活并非总是艳阳高照，狂风暴雨随时都有可能来临。但是每一个人都需要将自己重新打理一下，以一种勇敢的人生姿态去迎接命运的挑战。请记住，冬天总会过去，春天总会来到，太阳也总要出来的。度过寒冬，我们一定会生活得更好。

不要把自己禁锢在眼前的苦痛中

世事无常，我们随时都会遇到困厄和挫折。遇见生命中突如其来的困难时，你都是怎么看待的呢？不要把自己禁锢在眼前的困苦中，眼光放远一点，当你看得见成功的未来时，便能走出困境，达到你梦想的目标。

当我们遭遇厄运的时候，当我们面对失败的时候，当我们面对重大灾难的时候，只要我们仍能在自己的生命之杯中盛满希望之水，那么，无论遭遇何种坎坷，我们都能保持快乐的心情，我们的生命才不会枯萎。

在断崖上，不知何时长出了一株小小的百合。它刚发芽的时候，长得和野草一模一样，但是，它心里知道自己并不是一株野草。它的内心深处，有一个纯洁的念头："我是一株百合，不是一株野草。唯一能证明我是百合的方法，就是开出美丽的花朵。"它努力地吸收水分和阳光，深深地扎根，直直地挺着胸膛，对附近的杂草置之不理。

在野草和蜂蝶的鄙夷下，百合努力地释放内心的能量。百合说："我要开花，是因为知道自己有美丽的花；我要开花，是为了完成作为一株花的庄严使命；我要开花，是由于自己喜欢以花来证明自己的存在。不管你们怎样看我，我都要开花！"

终于，它开花了。它那洁白的花朵和秀挺的风姿，成为断崖上最美丽的风景。年年春天，百合努力地开花、结籽。最后，这里被称为"百合谷地"，因为这里到处是洁白的百合。

我们生活在一个竞争十分激烈的社会，有时在某方面一时落后，有时困难重重，有时失败连连，甚至有时被人嘲笑……无论什么时候，我们都不能放弃努力；无论什么时候，我们都应该像那株百合一样，为自己播下希望的种子。

内心充满希望，可以为你增添一分勇气和力量，可以支撑起你一身的傲骨。 当莱特兄弟研究飞机的时候，许多人都讥笑他们是异想天开，当时甚至有句俗语说："上帝如果有意让人飞，早就使他们长出翅膀。"但是莱特兄弟毫不理会外界的说法，终于发明了飞机。当伽利略以望远镜观察天体，发现地球绕太阳而行的时候，教皇曾诅咒他下狱，命令他改变主张，但是伽利略依然继续研究，并著书阐明自己的学说，他的研究成果后来终于得到了证实。最伟大的成就，常属于那些在大家都认为不可能的情况下却能坚持到底的人。坚持就是胜利，这是成功的一条秘诀。

暂时的落后一点都不可怕，自卑的心理才是可怕的。人生的不如意、挫折、失败，对人是一种考验，是一种学习，是一种财富。我们要牢记"勤能补拙"，既能正确认识自己的不足，又能放下包袱，以最大的决心和最顽强的毅力克服这些不足，弥补这些缺陷。人的缺陷不是不能改变，而是看你愿不愿意改变。只要下定决心，讲究方法，就可以弥补自己的不足。

在不断前进的人生中，凡是看得见未来的人，也一定能掌握现在，因为明天的方向他已经规划好了，知道自己的人生将走向何方。留住心中的"希望种子"，相信自己会有一个无可限量的未来，心存希望，任何艰难都不会成为阻碍。只要怀抱希望，生命自然会充满激情与活力。

笑迎人生风雨

生活中难免有痛苦和失落，但是我们不能总是用悲观的心去对待生活，而应该在艰难中给自己一点希望，让自己坚强起来，再苦也要笑一笑。

钟爱东，百亩鱼塘的主人，被评为"巾帼科技兴农带头人"。

　　从一名普通的下岗女工到身价千万的养殖大王，不惑之年的钟爱东仍然勤劳淳朴。事业几经起落，她说，横下一条心，没有过不去的坎。

　　1997年1月1日，是钟爱东不能忘却的日子。这一天，本以为捧上"铁饭碗"的她下岗了。她在这家工厂工作了近20年，还成了厂里的"一把手"。钟爱东说，她把全部的心血、最好的青春年华，都给了工厂，甚至没有时间照顾年幼的孩子。"当时觉得，心里有什么东西被人硬掰了下来。"钟爱东说。那天，她哭了。

　　下岗后，她接到的第一个电话，是花都区妇联打来的，她说，就是这个电话，在最艰难的时候教会她"用笑容去迎接困难"。钟爱东在当厂长的时候就经常与周围的农民接触，知道养殖水产有赚头，看准这一点，她拿出了仅有的2000元"压箱底钱"，又东奔西走借了些款，一咬牙承包了200亩低洼田。资金不够，就赚一分投入一分，滚动式周转。几年下来，天天"泡"鱼塘、搞技术，200亩低洼田变成了水产养殖地。钟爱东说，那时照看鱼塘就是她全部的生活了。她每天早上都要花一个小时绕池塘走上几圈。

　　钟爱东没想到，生活中的第二次打击来得这么快。那一天，是钟爱东伤心的日子。一场大洪水湮灭了她刚刚兴旺起来的鱼塘。站在堤坝上，看着不断上涨的洪水一点点吞没了鱼塘，钟爱东绝望地回了家。"哪里跌倒就从哪里爬起来。"钟爱东说，这是当时丈夫说的唯一的话。倔强的她这次没有流泪，她开始带着工人挖塘、养苗，引进新技术、新鱼种，被洪水湮灭的鱼塘一点点"回来"了。

钟爱东成了远近闻名的"鱼王"，鱼塘越做越大，还办起了企业。多年的艰难经营，"养鱼为生"的钟爱东对技术情有独钟：一个没有创新、没有新产品的企业，就像脱水的鱼。

钟爱东有个温暖的四口之家，她说，在最困难的时候，家人的支持成了她的精神支柱。"当初好多次想到放弃，是他们帮我挺过了难关。"屡经磨难，钟爱东说，最重要的是要学会如何看待失败，"下岗、失败都不用怕，路是自己走出来的，认定目标走下去，一定会成功。"

生命，有起有落，有悲有喜，起伏不定，但是太阳却依然明亮，月亮仍然美丽，星星依旧闪烁……一切的一切仍旧是那么和谐，而生命，依然有着美丽的色彩，亟待我们去开发。明天，总是美好的，只要我们有心，只要我们在艰难中咬紧牙关，我们就能够在痛苦中盼来新一轮的朝阳。

砸烂差的，才能创造更好的

成功的人往往都是一些不那么"安分守己"的人，他们绝对不会因取得一些小小的成绩而沾沾自喜。眼前的小成就会阻碍你继续前行，因此，只有砸烂差的，才能创造更好的。

一位雕塑家有一个 12 岁的儿子。儿子要爸爸给他做几件玩具，雕塑家只是慈祥地笑笑，说："你自己不能动手试试吗？"

为了做好自己的玩具，孩子开始注意父亲的工作，常常站在大台边观看父亲用各种工具，然后模仿着用于玩具制作。父亲也从来不向他讲解什么，放任自流。

一年后，孩子好像初步掌握了一些制作方法，玩具做得颇像个样子。这时，父亲偶尔会指点一二。但孩子脾气偏，从来不将父亲的话当回事，我行我素，自得其乐。父亲也不生气。

又一年，孩子的技艺显著提高，可以随心所欲地摆弄出各种人和动物形状。孩子常常将自己的"杰作"展示给别人看，引来诸多夸赞。但雕塑家总是淡淡地笑，并不在乎似的。

忽然有一天，孩子存放在工作室的玩具全部不翼而飞，他十分惊疑！父亲说："昨夜可能有小偷来过。"孩子没办法，只得重新制作。

半年后，工作室再次被盗！又半年，工作室又失窃了。孩子有些怀疑是父亲在捣鬼：为什么从不见父亲为失窃而吃惊、防范呢？

偶然一天夜晚，儿子夜里没睡着，见工作室灯亮着，便溜到窗边窥视：父亲背着手，在雕塑作品前踱步、观看。好一会儿，父亲仿佛做出某种决定，一转身，拾起斧子，将自己大部分作品打得稀巴烂！接着，将这些碎土块堆到一起，放上水重新和成泥巴。孩子疑惑地站在窗外。这时，他又看见父亲走到他的那批小玩具前，只见父亲拿起每件玩具端详片刻，然后，父亲将他所有的自制玩具扔到泥堆里搅和起来！当父亲回头的时候，儿子已站在他身后，瞪着愤怒的眼睛。父亲有些羞愧，他温和地抚摸儿子的脸蛋，吞吞吐吐道："我……是……哦，是因为……只有砸烂较差的，我们才能创造更好的。"

10 年之后，父亲和儿子的作品多次同获国内外大奖。

父亲不愧是位雕塑家，他不但深谙雕塑艺术品，更懂得雕塑儿子的"灵魂"。

每一个渴望出人头地的人都必须谨记：只有不断砸烂较差的，才能完全没有包袱，创造出更好的，走进成功的殿堂。

笑对人生中的坎坷与挫折

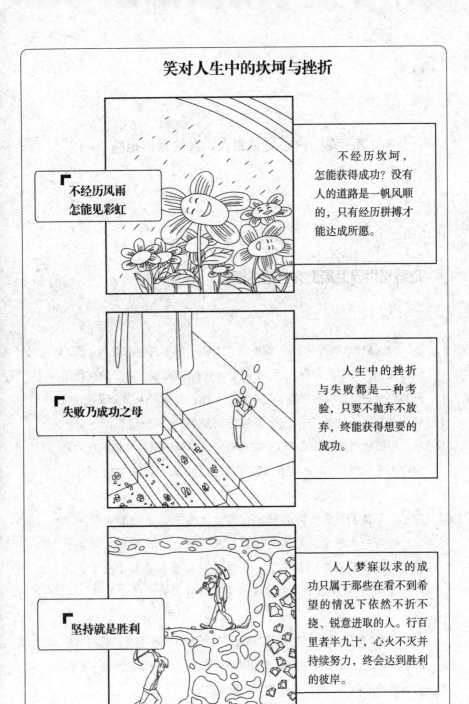

**不经历风雨
怎能见彩虹**

不经历坎坷，怎能获得成功？没有人的道路是一帆风顺的，只有经历拼搏才能达成所愿。

失败乃成功之母

人生中的挫折与失败都是一种考验，只要不抛弃不放弃，终能获得想要的成功。

坚持就是胜利

人人梦寐以求的成功只属于那些在看不到希望的情况下依然不折不挠、锐意进取的人。行百里者半九十，心火不灭并持续努力，终会达到胜利的彼岸。

第三章　内心足够强大，自然远离抱怨

抱怨是世界上最没有价值的语言

今天抱怨这个，明天抱怨那个，仿佛一刻不说抱怨的话，我们就感受不到心里的平衡。 可是只是一味地去抱怨，对于改善处境没有丝毫益处，只有先静下心来分析自己，并下定决心去改变，付诸行动，事情才能向你所希望的方向发展。 一分耕耘，一分收获，不要企望在抱怨或感叹中取得进步，事情的进展是你的行为直接作用的结果。 事在人为，只要你去努力争取，梦想终能成真。

画家列宾和他的朋友在雪后去散步，他的朋友瞥见路边有一片污渍，显然是狗留下来的尿迹，就顺便用靴尖挑起雪和泥土把它覆盖了。没想到列宾看到后却生气了，他说："几天来我总是到这来欣赏这一片美丽的琥珀色。"

在我们的生活中，当我们埋怨别人给我们带来不快，或抱怨生活不如意时，想想那片狗留下的尿迹：它是"污渍"，还是"一片美丽的琥珀色"，都取决于你自己的心态。

不要抱怨你的工作不好，不要抱怨你住在破宿舍里，不要抱怨你的男人穷或你的女人丑，不要抱怨你没有一个好爸爸，不要抱怨你空怀一身绝技没人赏识你。现实有太多的不如意，就算生活给你的是垃圾，你同样能把垃圾踩在脚底下，登上世界之巅。

孔雀向王后朱诺抱怨，它说："王后陛下，我不是无理取闹来诉说，您赐给我的歌喉，没有任何人喜欢听，可您看那黄莺小精灵，唱出的歌声婉转，它独占春光，风头出尽。"

朱诺听到如此言语，严厉地批评道："你赶紧住嘴，嫉妒的鸟儿，你看你脖子四周，如一条七彩丝带。当你行走时舒展的华丽羽毛，就好像色彩斑斓的珠宝。你是如此美丽，你难道好意思去嫉妒黄莺的歌声吗？和你相比，这世界上没有任何一种鸟能像你这样受到别人的喜爱。一种动物不可能具备世界上所有动物的优点。我们赐给大家不同的天赋，有的天生长得高大威猛；有的如鹰一样的勇敢，鹊一样的敏捷；有的则有可以预告未来的能力。大家彼此相融，各司其职。所以我奉劝你停止抱怨，不然的话，作为惩罚，你将失去你美丽的羽毛。"

抱怨对事情没有一点帮助，与其不停地抱怨，不如把力气用于行动。

抱怨的人不见得不善良，但常不受欢迎。抱怨的人认为自己经历了世上最大的不平，但他忘记了听他抱怨的人也可能同样经历了这些，只是心态不同，感受不同。

宽容地讲，抱怨实属人之常情。然而抱怨之所以不可取，原因在于：抱怨等于往自己的鞋里倒水，只会使以后的路更难走。抱怨的人在抱怨之后不仅让别人感到难过，自己的心情也往往更糟，心头的怨气不但没有减少，反而更多了。常言道：放下就是快乐。与其抱怨，不如放下，用超然豁达的心态去面对一切，这样迎来的将是一番新的景象。

天下有很多东西是毫无价值的，抱怨就是其中一种。

抱怨往往来自心理暗示

暗示是一种奇妙的心理现象，可分为他暗示与自我暗示两种形式。他暗示从某种意义上说可以称之为预言，虽然它对我们的生活也起一定作用，但却不及自我暗示的力量大。

自我暗示就是自己对自己的暗示。所有为自我提供的刺激，一旦进入了人的内心世界，都可称为自我暗示。自我暗示是思想意识与外部行动两者之间沟通的媒介。它还是一种启示、提醒和指令，它会告诉你注意什么、追求什么、致力于什么和怎样行动，因而它能支配影响你的行为。这是每个人都拥有的一个看不见的法宝。

自有人类以来，不知有多少思想家、传教士和教育者都一再强调不抱怨的重要性。但他们都没有明确指出：不抱怨其实也是一种心理状态，是一种可以用自我暗示诱导和修炼出来的积极的心理状态。

成功始于觉醒，心态决定命运。这是当今时代的伟大发现，是成功心理学的卓越贡献。成功心理、积极心态的核心就是自我主动意识，或者称作积极的自我意识，而这种意识的来源和成果就是经常在心理上进行积极的自我暗示。反之也一样，消极心态、自卑意识，就是经常在心理上进行消极暗示。不同的心理暗示也是形成不同的意识与心态的根源。所以说，心态决定命运，正是以心理暗示决定行为这个事实为依据的。

不同的心理暗示，会给你带来不同的情绪。

我们多数人的生活境遇，既不是一无所有、一切糟糕，也不是什么都好、事事如意。这种一般的境遇相当于"半杯咖啡"。你面对这半杯咖啡，心里会产生什么念头呢？消极的自我暗示是为少了半杯而不高兴，情绪消沉；而积极的自我暗示是庆幸自己已经获得了半杯咖啡，那就好好享用，因而情绪振作、行动积极。

由此可见，心理暗示这个法宝有积极的一面也有消极的一面，不同的心理暗示必然会有不同的选择与行为，而不同的选择与行为必然会有不同的结果。有人曾说："一切的成就，一切的财富，都始于一个意念。"我们还可以再说得浅显全面一些：你习惯于在心理上进行什么样的自我暗示，就是你贫与富、成与败的根本原因。因而，我们一直强调，发展积极心态、取得成功的主要途径是：坚持在心理上进行积极的自我暗示，去做那些你想做而又怕做的事情，尤其要把羞于自我表现、惧于与人交际的心理改变为敢于自我表现、乐于与人交际的心理。

每个人都带着一个看不见的法宝。这个法宝具有两种不同的作用，这两种不同的力量都很神奇。一种力量会让你鼓起信心勇气，抓住机遇，采取行动，去获得财富、成就、健康和幸福；另一种力量则会让你排斥和失去这些极为宝贵的东西。

这个法宝的两面就是两种截然不同的心理上的自我暗示，关键就在于你选择哪一面，经常使用哪一面。

一个人的心理暗示是怎样的，他就会真的变成那样。如果经常给自己一些对现状不满的心理暗示，自然会产生抱怨。所以，我们要调动自己的情绪心理，充分利用积极的心理暗示，让自己从内心中剔除抱怨，不断地给自己激励与鼓舞的正面暗示。这样，你才能感受到精神与行动的统一，才能感受到在不抱怨的世界里那股来自宇宙间的神奇力量。

怨天尤人不如改变心态

电视剧《好想好想谈恋爱》中有这样一段：女主人公谭艾琳和男朋友伍岳峰分手之后，巨大的伤痛让她几乎崩溃，她将自己所有的情绪都用来抱怨：

"你现在打死伍岳峰他也不会明白，其实最受损失的是他，而不是我。我是他生命中唯一的一次爱情机会，他错失了，他以后再也没有机会了，他以为他的天底下有几个谭艾琳？他真是有眼无珠，他以后只有哭的份了，这就叫过了这村就没这店了，他肠子都得悔青了。

"有的男人对我来说重如泰山，有的轻如鸿毛。伍岳峰就是鸿毛。我像扔个酒瓶似的把他彻底打碎了，他根本不懂女人，离开他是我的幸运和解脱，他将永远处处碰壁，对，碰壁，碰得头破血流。而我经过历练，炉火纯青，笑到最后的是我。他完蛋了，他会一蹶不振，追悔莫及，太好了。"

诸如此类的抱怨她几乎如同潮水一样的倾倒给自己所有的朋友，直到有一天，朋友实在忍受不住她的抱怨："你已经唠叨了一个星期。说实话我听得已经有点儿头晕耳鸣了，再听下去我会疯掉的。"于是，在之后的日子中，她与同样失恋的男人章月明一起倾诉彼此的不幸，在章月明的不断抱怨中，谭艾琳自己渐渐开始沉默，直到有一天她也听够了大喊道："别说了，太无聊了，一个男人或一个女人一辈子愤怒的是爱情，谩骂的是爱情，得意的是爱情，沮丧的还是爱情，一辈子就忙活爱情吗？你别再跟我唠叨了，我受够了。别人没有义务承担你感情的后果，这是应该你自己解决的问题，你爱一个人就是愿打愿挨的事，没有人逼你，知道吗？敢做就得敢当。"

的确，就像谭艾琳那样，当自己不断地抱怨的时候，对于自己已经成为别人眼中的"怨妇"毫无知觉。可当看到另一个人如同自己一样整天抱怨的时候，就会突然觉醒，原来自己竟是如此可怜、可悲。在别人的事情中看到了自己的影子，才突然醒悟：如此的抱怨多么地令人厌倦。

生活中，我们常常以为自己通过抱怨可以博得别人的同情，但就像鲁迅笔下的祥林嫂一样，不幸的事情在别人的耳朵里已经长茧，当初的同情也可能化成嘲笑，最终成为别人茶余饭后的笑柄。而对于我们每一个人来说，遇到不幸的事情，抱怨根本不能让失去的东西重新回来，反而更加影响自己的生活，失去的越来越多。

当一个人开始抱怨的时候，他能想到的只是自己当初如何的不幸，才造成如今的结果，越想越伤心，越想越生气，当这种情绪不断蔓延的时候，根本没有心情去做别的事情。比如当抱怨自己的生活条件不佳，不仅不能为改善自己的生活起到任何作用，反而影响到自己为自己创造更好条件的机会和时间。如果将抱怨的时间用来努力想办法改善自己的生活条件的话，那么很可能当初和自己条件相当的人在一年之后仍然在抱怨，而自己却已经在咖啡厅里悠闲地享受生活了。所以说，抱怨远远不如调整好自己的状态，努力地改变现状，这样更容易使自己摆脱困境。

虽然有时候我们常常会因为遇到了困难而暴躁不安，可是苦难不会因为你的暴躁而消失。所以，当我们苦闷的时候可以尝试着放松心情，暗示自己这是很正常的事情，没有什么大不了的。可以适当地倾诉，但是不能一直沉浸在不幸的事情上。充满信心，昂首挺胸地迎接生活的挑战才是打好胜仗的前提条件。人生处处都有希望，只要你想去做，尽力做，就能做得更好。

内心足够强大，生命就会屹立不倒

在每个人的生命中，会发生各种各样的事情，让你或大喜，或大悲。无论如何，这些事情就像我们生命中的坐标一样，它们或深或浅、或明媚或黯淡的色调，构成了我们的人生画卷。

在人生的岁月里，起伏不定常常带给人们不安全感。所以，人们常常抱怨磨难，抱怨那些让我们的生活变得艰苦的事情，抱怨那些让我们的内心承受煎熬的经历。可是，人们在抱怨的时候并没有想到，这些磨难就像烈火，我们只有经过烈火的锤炼，才能变得更加坚韧、更加刚强。

　　德国有一位名叫班纳德的人，在风风雨雨的 50 年间，遭受了 200 多次磨难的洗礼，成为世界上最倒霉的人，但这些也使他成为世界上最坚强的人。

　　他出生后的第 14 个月，摔伤了后背；之后又从楼梯上掉下来，摔残了一只脚；再后来爬树时又摔伤了四肢；一次骑车时，忽然不知从何处刮来一阵大风，把他吹了个人仰车翻，膝盖又受了重伤；13 岁时掉进了下水道，差点窒息；一辆汽车失控，把他的头撞了一个大洞，血如泉涌；又有一辆垃圾车，倾倒垃圾时将他埋在了下面；还有一次，他在理发屋中坐着，突然一辆飞驰的汽车驶了进来……

　　他一生遭遇无数灾祸，在最为晦气的一年中，竟遇到了 17 次意外。

　　令人惊奇的是，他至今仍旧健康地活着，心中充满着自信。他历经了 200 多次磨难的洗礼，还怕什么呢？

人生不可能一帆风顺，一旦困境出现，首先被摧毁的就是失去意志力和行动能力的温室花朵。经常接受磨炼的人则能创造出崭新的天地，这就是所谓的"置之死地而后生"。

"自古雄才多磨难，从来纨绔少伟男"，人们最出色的成绩往往是在挫折中做出的。我们要有一个辩证的挫折观，经常保持充足的信心和乐观的态度。挫折和磨难使我们变得聪明和成熟，正是不断从失败中汲取经验，我们才能获得最终的成功。我们要悦纳自己和他人，要能容忍不利的因素，学会自我宽慰，情绪乐观、满怀信心地去争取成功。

如果能在磨难中坚持下去，磨难就是人生不可多得的一笔财富。有人说，不要做在树林中安睡的鸟儿，要做在雷鸣般的瀑布边也能安睡的鸟儿，就是这个道理。磨难并不可怕，只要我们学会去适应，那么磨难带来的逆境，反而会让我们拥有进取的精神和百折不挠的毅力。

我们在埋怨自己生活多磨难的同时，不妨想想班纳德的人生经历，或许还有更多多灾多难的人们，与他们相比，我们的困难和挫折算得了什么呢？只要我们内心足够自信与强大，生命就能屹立不倒。

习惯抱怨生活太苦、运气太差的人，是不是也能说一句这样的豪言壮语："我已经经历了那么多的磨难，眼下的这一点痛又算得了什么？"

只要相信自己，就没有什么外在因素可以伤害或摧毁你。至于受老板的责骂、受客户的折磨、被别人批评之类的小事，你还会在乎吗？

幸福就在你心中

幸福就是在遇到事情的时候，选择好的心态，用积极和乐观的态度发现生活中的乐趣，而不是用悲观的眼睛去丈量生活的土地。

一位少妇，回家向母亲倾诉，说婚姻很是糟糕，丈夫既没有很多的钱，也没有好的事业，生活总是周而复始，单调无味。母亲笑着问："你们在一起的时间多吗？"女儿说："太多了。"母亲说："当年，你父亲上战场，我每日期盼的，是他能早日从战场上凯旋，与他整日厮守，可惜，他在一次战斗中牺牲了，再也没有能够回来，我真羡慕你们能够朝夕相处。"母亲沧桑的老泪一滴滴掉下来，渐渐地，女儿仿佛明白了什么。

一群男青年，在餐桌上谈起自己的老婆，说总是被管束得太严，几乎失去了自由，一副大丈夫的凛然正气，扬言回家要和老婆斗争到底。邻桌的一位老叟默默地听了，起身向他们敬酒，问："你们的夫人都是本分人吗？"男青年们点头。老叟叹了一口气，说："我爱人当年对我也是管得太死，我愤然离婚，后来她抑郁而终，如果有机会，我多希望能当面向她道一次歉，请求她时时刻刻地看管着我，小伙子，好好珍惜缘分呀！"男青年们望着神色黯然的老叟，沉默不语，若有所悟。

一位干部，从领导岗位上退了下来，一时间萎靡不振，判若两人。妻子劝慰他："仕途难道是人生的最大追求吗？你至少还有学历还有专业技术呀，你还可以重新开始你的新的事业呀。你一直是个善待生活的人，我们并不会因为你做不做领导而对你另眼相待，在我的眼里，你还是我的丈夫，还是孩子的父亲。我告诉你亲爱的，我现在甚至比以前更加爱你。"丈夫望着妻子，久久不语，眼里闪烁着晶莹的泪光。

一位盲人，在剧院欣赏一场音乐会，交响乐时而凝重低缓，时而明快热烈，时而浓云蔽日，时而云开雾散。盲人惊喜地拉着身边的人说："我看见了！我看见了山川，看见了花草，看见了光明的世界和七彩的人生……"

一位病人，医生郑重地告诉他，手术成功，化验结果出来了，从他腹腔内摘除的肿瘤只是一般的良性肿瘤，经过一段时间的疗养便可康复出院，并不危及生命。他顿时满面春风，双目有神，紧紧地握着医生的手，激动地说："谢谢，谢谢，是你给了我第二次生命……"

幸福在哪里？带着这样的问题，芸芸众生，茫茫人海，我们在努力寻找答案。其实，幸福是一个多元化的命题，我们在追求着幸福，幸福也时刻伴随着我们。只不过，很多时候，我们身处幸福的山中，在远近高低的角度看到的总是别人的幸福风景，却往往没有悉心感受自己所拥有的幸福天地。

别把抱怨当成习惯

从前，有一个国家，连一匹马都没有。这个国家的国王非常忧虑，他下决心不惜重金四处购买骏马。

不久，买来了 500 匹高大的骏马，国王见后，心中非常欢喜，立即命令加以训练。

当500匹战马被训练得能够冲锋陷阵的时候，邻国和他建立了邦交，互派使节，表现得非常和气。

国王以为可以高枕无忧了。

这样的和平一直持续了好几年。国王看到这500匹马一直养尊处优，而且养马这一笔经费确实为数不少，不禁又烦恼起来。后来，他想出了一个主意："何不把这些马送去从事生产呢？这样不仅减少了开支，而且还能增加国家财政的收入，岂不是两全其美！"于是，他下令将这500匹马牵到磨坊去磨米。

这500匹马每天被工人们用布紧紧蒙住眼睛，又用鞭子抽打，逼着它们拉着石磨旋转。起初，马非常不习惯，但后来，500匹战马慢慢地被驯服了，对拉磨也就习以为常了。

国王知道这些情况后，笑道："这些马既能保国，又能生产，我的主意真是一举两得啊！"

不久，邻国突然进兵侵犯国境，国王即刻下令召集那500匹马应战。国王亲自领着500骑兵，浩浩荡荡向战场进发。

到了战场，两军交锋，国王的500匹战马虽然壮硕，但平常习惯了拉磨，此时面对敌军也不断地旋转着。骑兵们着急地提鞭抽打，没想到抽打得越快，马旋转得越快。敌军见状大喜，遂驱军直进，横杀直刺，好不痛快，国王的骑兵被杀得落花流水，四处逃窜。

在生活中，不如意的事情时有发生，你是否经常抱怨不断呢？不要让抱怨成为习惯，否则，就会像那些习惯了拉磨的战马一样，陷入永无止境的旋转轮回。

有这样一个寓言故事：

有一天，素有森林之王之称的狮子来到了天神面前："我很感谢你赐给我如此雄壮威武的体格、如此强大无比的力气，让我有足够的能力统治这整片森林。"

天神听了，微笑地问："这不是你今天来找我的目的吧？看起来你似乎为了某事而困扰呢！"

狮子轻轻吼了一声，说："天神真是了解我啊！我今天的确是有事相求。因为尽管我的能力再好，但是每天鸡鸣的时候，我总是会被鸡鸣声给吓醒。祈求您，再赐给我力量，让我不再被鸡鸣声吓醒吧！"

天神笑道："你去找大象吧，它会给你一个满意的答复的。"

狮子兴冲冲地跑到湖边找大象，还没见到大象，就听到大象跺脚所发出的"砰砰"响声。

狮子加速地跑向大象，却看到大象正气呼呼地直跺脚。

狮子问大象："你干吗发这么大的脾气？"

大象拼命摇晃着大耳朵，吼着："有只讨厌的小蚊子，总想钻进我的耳朵里，害我都快痒死了。"

狮子离开了大象，心里暗自想着："原来体型这么巨大的大象，还会怕那么瘦小的蚊子，那我还有什么好抱怨的呢？毕竟鸡鸣也不过一天一次，而蚊子却是无时无刻地骚扰着大象。这样想来，我可比它幸运多了。"

狮子一边走，一边回头看着仍在跺脚的大象，心想："天神要我来看看大象的情况，应该就是想告诉我，谁都会遇上麻烦事。既然如此，那我只好靠自己了！反正以后鸡鸣时，我就当作鸡是在提醒我该起床了，如此一想，鸡鸣声对我还算是有益处呢！"

故事的深意不言而喻。稍微遇上一些不顺心的事，就习惯性地抱怨老天亏待我们，那么我们将错失许多美好的机会。对生活不满的时候，看看别人，或者给自己换一种心态，你就将看到不一样的人生。

不要抱怨生活的不公平

在现实中，我们难免要遭遇挫折与不公正的待遇，每当这时，有些人往往会产生不满，满腹牢骚，希望以此引起更多人的同情，吸引别人的注意力。从心理角度上讲，这是一种正常的心理自卫行为。但这种自卫行为同时也是许多人心中的痛，因为牢骚、抱怨会削弱责任心，降低工作积极性，这几乎是所有人为之担心的问题。

通往成功的征途不可能一帆风顺，遭遇困难是常有的事。事业的低谷、种种的不如意让你仿佛置身于荒无人烟的沙漠，没有食物也没有水。这种漫长的、连绵不断的挫折往往比那些虽巨大但却可以速战速决的困难更难战胜。 在面对这些挫折时，许多人不是积极地去找寻方法化险为夷，绝处逢生，而是一味地急躁，抱怨命运的不公平，抱怨生活给予的太少，抱怨时运的不佳。

奎尔是一家汽车修理厂的修理工，从进厂的第一天起，他就开始喋喋不休地抱怨，"修理这活太脏了，瞧瞧我身上弄的""真累呀，我简直讨厌死这份工作了"……每天，奎尔都是在抱怨和不满的情绪中度过。他认为自己在受煎熬，在像奴隶一样卖苦力。因此，奎尔每时每刻都窥视着师父的眼神与行动，稍有空隙，他便偷懒耍滑，应付手中的工作。

转眼几年过去了，当时与奎尔一同进厂的3个工友，各自凭着精湛的手艺，或另谋高就，或被公司送进大学进修，独有奎尔，仍旧在抱怨中做他讨厌的修理工。

抱怨的最大受害者是自己。 生活中你会遇到许多才华横溢的失业者，当你和这些失业者交流时，你会发现，这些人对原有工作充满了抱怨、不满和谴责：要么就怪环境条件不够好，要么就怪老板有眼无珠，不识才……总之，牢骚一大堆，积怨满天飞。 殊不知这就是问题的关键所在——吹毛求疵的恶习使他们丢失了责任感和使命感，只对寻找不利因素兴趣十足，从而使自己发展的道路越走越窄。 他们与公司格格不入，变得不再有用，只好被迫离开。如果不相信，你可以立刻去询问你所遇到的任何10个失业者，问他们为什么没能在所从事的行业中继续发展下去，10个人当中至少有9个人会抱怨旧上级或同事的不是，绝少有人能够认识到自己失业的真正原因。

提及抱怨与责任，有位企业领导者一针见血地指出："抱怨是失败的一个借口，是逃避责任的理由。爱抱怨的人没有胸怀，很难担当大任。"仔细观察任何一个管理健全的机构，你会发现，没有人会因为喋喋不休的抱怨而获得奖励和提升。这是再自然不过的事了。想象一下，船上水手如果总不停地抱怨：这艘船怎么这么破，船上的环境太差了，食物简直难以下咽，以及有一个多么愚蠢的船长……这时，你认为，这名水手的责任心会有多大？对工作会尽职尽责吗？假如你是船长，你是否敢让他做重要的工作？

一个人的发展往往会受到很多因素的影响，这些因素有很多是自己无法把握的，工作不被认同、才能不被发现、职业发展受挫、上司待人不公、别人总用有色眼镜看自己……这时，能够拯救自己走出泥潭的只有忍耐。比尔·盖茨曾告诫初入社会的年轻人："社会是不公平的，这种不公平遍布于个人发展的每一个阶段。"在这一现实面前，任何急躁、抱怨都没有益处，只有坦然地接受现实并战胜眼前的痛苦，才能使自己的事业有进一步发展的可能。

失去可能是另一种获得

人生就像一场旅行，在行程中，你会用心去欣赏沿途的风景，同时也会接受各种各样的考验。这个过程中，你会失去许多，但是，你同样也会收获很多，因为失去是另一种获得。

有一位住在深山里的农民，经常感到环境艰险，难以生活，于是便四处寻找致富的好方法。一天，一位从外地来的商贩给他带来了一样好东西，可在阳光下，那东西看上去只是一粒粒不起眼的种子。但据商贩讲，这不是一般的种子，而是一种叫作"苹果"的水果的种子，只要将其种在土壤里，几年以后，就能长成一棵棵苹果树，结出数不清的果实，拿到集市上，可以卖好多钱呢！

　　欣喜之余，农民急忙将苹果种子小心收好，脑海里随即涌现出一个问题：既然苹果这么值钱、这么好，会不会被别人偷走呢？于是，他特意选择了一块荒僻的山野来种植这种颇为珍贵的果树。

　　经过几年的辛苦耕作，浇水施肥，小小的种子终于长成了一棵棵苗壮的果树，并且结出了累累硕果。

　　这位农民看在眼里，喜在心中。因为缺乏种子的缘故，果树的数量还比较少，但结出的果实也足以让自己过上好一点儿的生活。

　　他特意选了一个吉祥的日子，准备在这一天摘下成熟的苹果，挑到集市上卖个好价钱。当这一天到来时，他非常高兴，一大早便上路了。

　　当他气喘吁吁爬上山顶时，心里猛然一惊，那一片红灿灿的果实，竟然被外来的飞鸟和野兽们吃了个精光，只剩下满地的果核。

　　想到这几年的辛苦劳作和热切期望付之东流，他不禁伤心欲绝，大哭起来。他的财富梦就这样破灭了。在随后的岁月里，他的生活仍然艰苦，他只能苦苦支撑下去，一天一天地熬日子。不知不觉之间，几年的光阴如流水一般逝去。

一天，他偶然来到了这片山野。当他爬上山顶后，突然愣住了，因为在他面前出现了一大片茂盛的苹果林，树上结满了累累硕果。

这会是谁种的呢？他思索了好一会儿才找到了答案：这一大片苹果林都是他自己种的。

几年前，当那些飞鸟和野兽在吃完苹果后，就将果核吐在了旁边，经过几年的时间，果核里的种子慢慢发芽生长，终于长成了一片茂盛的苹果林。

现在，这位农民再也不用为生活发愁了，这一大片林子中的苹果足以让他过上幸福的生活。

从这个故事当中我们可以看出，有时候，失去是另一种获得。一扇门如果关上了，必定有另一扇门打开。你失去了一种东西，必然会在其他地方收获另一种东西。关键是，你要有乐观的心态，相信有失必有得，要舍得放弃，正确对待自己的失去。

化愤怒为力量

与其生气抱怨，不如拼命努力

一味生气反驳甚至发脾气并不会让你在别人心中的地位提高，用实力证明自己才是硬道理。

抱怨不能解决问题，实干才能带来改变

人不能一味逃避责任，畏惧苦难。我们与其生气，不如干起来，实干才能带来改变。

挫折不值得生气，它是对你人生的升华

遇到挫折不要消沉，恰恰是苦难打磨了你的人生，锻炼了你的能力。把生气的功夫用来提升自我，你会有很大的收获。